广视角·全方位·多品种

皮书系列为"十二五"国家重点图书出版规划项目

权威·前沿·原创

两岸文化蓝皮书

BLUE BOOK OF
CROSS-STRAITS CULTURE

两岸文化产业合作发展报告
（2012）

ANNUAL REPORT ON COOPERATION AND DEVELOPMENT OF
THE CROSS-STRAITS CULTURAL INDUSTRIES(2012)

主　编／胡惠林　肖夏勇
副主编／单世联
主　办／上海交通大学两岸文化产业合作研究基地

社会科学文献出版社
SOCIAL SCIENCES ACADEMIC PRESS (CHINA)

图书在版编目(CIP)数据

两岸文化产业合作发展报告.2012/胡惠林,肖夏勇主编.
—北京：社会科学文献出版社,2012.6
（两岸文化蓝皮书）
ISBN 978-7-5097-3405-6

Ⅰ.①两… Ⅱ.①胡… ②肖… Ⅲ.①文化产业-产业合作-研究报告-中国-2012 Ⅳ.①G124

中国版本图书馆 CIP 数据核字（2012）第 091005 号

两岸文化蓝皮书

两岸文化产业合作发展报告（2012）

主　　编／胡惠林　肖夏勇
副 主 编／单世联

出 版 人／谢寿光
出 版 者／社会科学文献出版社
地　　址／北京市西城区北三环中路甲 29 号院 3 号楼华龙大厦
邮政编码／100029

责任部门／皮书出版中心（010）59367127　　责任编辑／姚冬梅
电子信箱／pishubu@ssap.cn　　　　　　　　责任校对／孙光迹
项目统筹／姚冬梅　　　　　　　　　　　　　责任印制／岳　阳
总 经 销／社会科学文献出版社发行部（010）59367081　59367089
读者服务／读者服务中心（010）59367028

印　　装／北京季蜂印刷有限公司
开　　本／787mm×1092mm　1/16　　　　印　张／18.75
版　　次／2012 年 6 月第 1 版　　　　　　字　数／274 千字
印　　次／2012 年 6 月第 1 次印刷
书　　号／ISBN 978-7-5097-3405-6
定　　价／59.00 元

本书如有破损、缺页、装订错误，请与本社读者服务中心联系更换
▲ 版权所有　翻印必究

《两岸文化产业合作发展报告（2012）》编委会

顾　　问　赵少华　张　杰

主　　任　侯湘华　郑成良

副 主 任　肖夏勇　胡惠林

委　　员（按姓氏笔画为序）

刘玉珠　齐勇峰　祁述裕　李　炎　李义虎
李向民　肖夏勇　张晓明　陈春霖　郑　凡
单世联　郝振省　胡惠林　贾磊磊　章建刚
蒋　宏　廖　兵　熊澄宇

摘　要

　　《两岸文化产业合作发展报告（2012）》是由上海交通大学"文化部两岸文化研究基地"主持编撰的专题性研究报告。

　　两岸人民同属中华民族，两岸文化同根同源。实现中华民族的伟大复兴和实现中华文化的伟大复兴，是两岸和平发展的共同目标。推进两岸文化产业合作发展、提高中华文化国际竞争力是两岸共同愿望。反映两岸文化产业合作发展形势，研究两岸文化产业合作发展政策，提供两岸文化产业合作发展交流平台，促进两岸文化产业共同繁荣发展是本报告的宗旨。

　　本报告设"总报告"、"两岸文化论坛"、"地区文化产业合作与交流"和"两岸文化产业合作与交流大事记"等专题。

　　"总报告"由大陆和台湾的研究报告组成，这是本报告的特色；"两岸文化论坛"是一个交流对话平台，由两岸有代表性的人士发表见解，就共同主题展开论述；"地区文化产业合作与交流"着重反映不同地区、不同行业两岸文化产业合作交流现状及经验，反映两岸文化产业合作发展中需要破解的问题；"两岸文化交流与合作重要文件"重点反映了两岸就加强文化产业合作交流达成的一系列共识；而"两岸文化产业合作与交流大事记"则记录了若干年来两岸为促进文化合作交流与发展所作出的一系列努力。

　　本报告将为促进两岸文化产业合作发展的信息交流、政策研讨、凝聚共识提供一个公共平台。

Abstract

Annual Report on the Development and Cooperation of Cross-strait Cultural Industries is the fruit of the efforts of the Research Base for Cross-straits Cultural Industries Cooperation, which is located in Shanghai Jiao Tong University.

In light of the common Chinese heritage, Chinese people on both sides of the straits realize the great rejuvenation of the Chinese nation must be accompanied by the thriving of Chinese culture, which is the common pursue of the peaceful cross-straits development. They share a common wish to promote development and cooperation of cultural industries in both sides and enhance the international competitiveness of Chinese culture. The purposes of this report are to reflect the cooperation of the cultural industries in both sides; to study the development cooperation policies for cultural industries; and to be the cooperation and exchange platform to promote the common development and prosperity of cross-straits culture.

There are some sections in this report including General Reports, Cross-straits Culture Forum, Cross-straits Cultural Policy and Memorabilia.

The general reports contain research reports from Taiwan and mainland China, which is the distinguishing feature of this report. The Cross-Straits Cultural Forum is a platform for cross-straits cultural dialogue. Regional Exchange and Cooperation of Cross-straits Cultural Industries reflect the current situation of the cross-straits cooperation in different lines and different areas and highlight the problems and issues in the development and cooperation. The Documents Collection presents the consensus between both sides. The Memorabilia records the endeavor for the development and cooperation of across-straits culture.

This report will provide a public platform for information exchange, policy discussion and consensus building on the development and cooperation of cross-straits cultural industries.

目 录

ⅠB Ⅰ　总报告

B.1　加强两岸文化产业合作　促进两岸文化产业共同发展
　　………………………………加强两岸文化产业合作课题组 / 001
B.2　两岸文化产业交流与合作研究报告 ………胡惠林　段　莉 / 022

B Ⅱ　两岸文化论坛

B.3　大陆文化发展与两岸文化交流前瞻 ……………蔡　武 / 042
B.4　台湾文化发展与两岸文化交流愿景 ……………盛治仁 / 048
B.5　两岸文化创意产业合作与展望 …………………方芷絮 / 052
B.6　大陆文化产业政策的现状与展望 ………………刘玉珠 / 057
B.7　两岸文化产业优势分析与合作之道 ……………单世联 / 062
B.8　探索文化创意产业的根 …………………………王定乾 / 075
B.9　促进两岸音乐产业的创新互补发展 ……………庹祖海 / 079

B Ⅲ　地区文化产业合作与交流

B.10　京台两地文化创意产业交流与合作 ……台盟北京市委员会 / 084

001

B.11 利用世博契机，推进沪台文化创意产业交流与合作
　　　　……………………………………… 台盟上海市委 / 089
B.12 鄂台文化产业交流合作的调研报告 ………… 台盟湖北省委 / 097
B.13 滇台文化交流与合作的情况调研 …………… 台盟云南省委 / 100
B.14 促进津台文化交流与合作的几点建议
　　　　………………………………… 台盟天津市委　天津市台联 / 107
B.15 文化——两岸交流的纽带 …………………… 台盟安徽省委 / 114
B.16 台湾文化创意产业发展概况 ………………… 林炎旦　林义斌 / 126

BⅣ 两岸文化产业合作与交流大事记

B.17 两岸文化产业合作大事记（1980~2011年）……………… / 146
B.18 大陆广电系统与台湾交流活动大事记
　　　（1984~2011年）………………………………………… / 180
B.19 大陆新闻出版系统与台湾交流活动大事记
　　　（1985~2011年）………………………………………… / 209
B.20 中华文化联谊会两岸文化交流大事记
　　　（1987~2011年）………………………………………… / 224

BⅤ 两岸文化交流与合作重要文件

B.21 2005年以来两岸文化交流与合作重要文件选编 ………… / 251

B.22 后记 ……………………………………………………… / 284

皮书数据库阅读使用指南

CONTENTS

B I General Reports

B.1 Strengthening Cooperation to Achieve the Common Development of Cross-strait Cultural Industries *Research Group* / 001

B.2 Research Report on the Cooperation and Exchange of Cross-strait Cultural Industries *Hu Huilin, Duan Li* / 022

B II Cross-straits Culture Forum

B.3 Preview on Cultural Development in Mainland China and Cross-Straits Cultural Exchange *Cai Wu* / 042

B.4 Vision on the Cultural Development in Taiwan and Cross-Straits Cultural Exchange *Sheng Zhiren* / 048

B.5 Current Situation and Prospects for Cultural Industries Policies in Mainland China *Fang Zhixu* / 052

B.6 Outlook on the Cooperation of Cross-strait Cultural and Creative Industries *Liu Yuzhu* / 057

B.7 Respective Advantages of Cultural Industries in Both sides and Their Way to Cooperation *Shan Shilian* / 062

B.8 Promoting the Mutual Complement Development and Innovation in Cross-straits Music Industry *Wang Dingqian* / 075

B.9 Exploring the Roots of Cultural and Creative Industries *Tuo Zuhai* / 079

BⅢ Regional Exchange and Cooperation of Cross-straits Cultural Industries

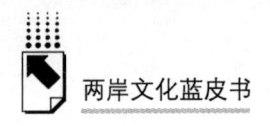

B.10 Report on Cooperation and Exchange of Cultural and Creative Industries between Beijing and Taiwan
Beijing Municipal Committee of the Taiwan Democratic Self-Government League / 084

B.11 Promoting the Cooperation and Exchange of Cultural and Creative Industries between Shanghai and Taiwan by Virtue of Chance of World Expo 2010
Shanghai Municipal Committee of the Taiwan Democratic Self-Government League / 089

B.12 Report on the Cooperation and Exchange of Cultural Industries between Hubei and Tanwan
Hubei Provincial Committee of the Taiwan Democratic Self-Government League / 097

B.13 Report on Cultural Cooperation and Exchange between Yunnan and Tanwan
Yunnan Provincial Committee of the Taiwan Democratic Self-Government League / 100

B.14 Report on the Cultural Cooperation and Exchange between Tianjin and Taiwan
Tianjin Municipal Committee of the Taiwan Democratic Self-Government League / 107

B.15 Culture: Link for Cross-straits Exchanges
Anhui Provincial Committee of the Taiwan Democratic Self-Government League / 114

B.16 General Situation on the Development of Cultural and Creative Industries in Taiwan
Lin Yandan, Lin Yibin / 126

BⅣ Memorabilia

B.17 Chronology of Cross-straits Cultural Industries Cooperation (1980-2011) / 146

| CONTENTS

B.18 Chronology of the Exchange of Broadcast and TV system between
Taiwan and mainland China(1984-2011) / 180

B.19 Chronology of the Exchange of News Publishing System between
Taiwan and mainland China(1985-2011) / 209

B.20 Chronology of Chinese Culture Friendship Association
(1987-2011) / 224

B V Documents Collection

B.21 The Documents Collection of Exchange and Cooperation of
Cross-straits Culture / 251

B.22 Postscript / 284

总 报 告
General Reports

B.1
加强两岸文化产业合作 促进两岸文化产业共同发展

加强两岸文化产业合作课题组*

一 引言

改革开放30多年来，两岸往来频繁，和平发展的框架基本建立。"十一五"以来，随着经济发展，两岸文化交流与文化产业合作日趋紧密，除正常的文化、教育交流外，两岸文化产业合作逐步深入，在演出演艺、影视文化、图书版权、文化会展、民族民间工艺、文化旅游等方面都取得了可喜的成绩。在两岸政治、经济交流与合作不断扩大的背景下，进一步

---

* 课题单位：云南台盟省委、云南大学国家文化产业研究中心；执笔：李炎、郑怡然、亓翠娟、刘艺丹。李炎，云南大学文化产业研究院院长，国家文化产业研究中心副主任，教授，博士研究生导师。

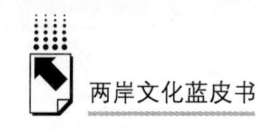

加强两岸文化交流与文化产业合作,对于促进两岸文化认同、满足两岸人民的文化需求、提升两岸的文化软实力、推动两岸关系和平发展和提升中国的国际形象具有十分重要的作用。随着文化竞争力在国际竞争中地位的不断提升,推动两岸文化交流与文化产业合作已成为民心所向、大势所趋。

二 加强两岸文化交流与文化产业合作的背景及意义

改革开放以来,大陆政治、经济、文化取得了全面发展,两岸交流与合作的步伐不断加快、领域不断深入。随着大陆和台湾经济的快速发展,为顺应全球化时代中华民族的崛起,两岸需要进一步加强交流与合作,推动文化交流与文化产业合作,让中华文化走向世界,提升中华民族的国际形象。2008年,两岸关系出现历史性转机,在"九二共识"基础上恢复制度化协商,两岸在政治上达成一定共识,为推动两岸文化交流与文化产业合作提供了政治保障。两岸全面双向"三通"的实现,促进了两岸产业合作圈的形成,两岸经济关系加快走向正常化、制度化和机制化。2010年ECFA(《海峡两岸经济合作框架协议》)的签订,标志着两岸关系和平发展大框架中经济领域取得了突破性的进展,两岸经济交流、合作领域的扩大、层次的提升,为两岸文化交流与文化产业合作奠定了良好的经济基础。两岸往来便捷、经济关系密切、各项交流活跃、同胞感情融洽、共同利益广泛。两岸政治、经济的交流与合作,为推动两岸文化交流与文化产业合作提供了前所未有的条件。

三 加强两岸文化交流与文化产业合作的
现状、不足与前景

近年来,随着两岸政治、经济交流的不断深入,两岸文化交流与文化产业合作的步伐不断加快,交流与合作的领域逐步扩大。两岸文化交流与

| 加强两岸文化产业合作　促进两岸文化产业共同发展

文化产业合作已成为两岸增强互信的一个重要平台和实现两岸统一的先导。

（一）两岸文化交流与文化产业合作的现状

"十一五"期间，随着经济的大发展，两岸文化交流与文化产业合作日益紧密，达到了前所未有的高度，合作的领域已经深入到了演艺业、影视业、图书出版业、工艺美术业、文化旅游业、现代休闲农业、会展节庆、文化教育等各个领域。

——以邓丽君歌曲和校园歌曲进入大陆为代表，开启了大陆与台湾地区演艺产业的交流与合作。两岸开放往来20余年，其间海峡也曾风云变幻，但演艺产业的交流始终是维系两岸互动关系最重要的纽带。自1993年5月至2010年10月，台湾共邀请40团次入台演出，剧种有京剧、河北梆子、川剧、越剧、唐山皮影、淮剧、湘剧等9种，演出地点遍布全台各地。近年来，大陆各地与台湾的演艺业交流如火如荼，有效地促进了两岸文化的交流。海峡两岸论坛到2011年已成功举办了三届，其间举办的"海峡两岸青年交流音乐会"让两岸的青年艺术家对两岸传统文化产生了共鸣。

——以台湾、香港、大陆影视合作为契机，进一步扩大了大陆与台湾地区的文化交流与文化产业合作。近年来，随着两岸关系不断良性互动，国家广电总局发布了一系列促进两岸合拍电视剧、鼓励台湾业者到大陆拍摄节目等惠及台湾业界的利好政策，两岸影视合作蓬勃发展。2009年，经国家广电总局核准，从台湾引进电视节目500个小时，占内地引进同类节目总量的1/4；台湾购买大陆电视剧相比2008年增长了100%，达4200小时。目前，台湾引进大陆的电视剧已超过4000小时/年；大陆每年引进台湾电视剧的小时数已超过引进剧总量的1/4；两岸合拍片时长也已超过300小时/年。最近几年，大陆与台湾的合拍片仅占大陆合拍片总量的8%，两岸影视合作的空间和市场都具有很大潜力。

——以两岸版权与图书贸易为主体，扩展了以中华传统文化为主体内容的文化交流与文化产业合作。"十一五"期间，大陆电子书出版、互联网出版、手机出版、动漫网游出版等数字出版产品形态不断丰富，数字出版消费市场日益成熟，2010年总产值已超过1000亿元。虽然相较于台湾，大陆数字出版业起步较晚，但庞大的消费人群以及ECFA的签署实施为台商提供了巨大的商机。2011年6月12日，第三届海峡新闻出版业发展论坛在厦门举行，围绕"科技进步与出版印刷业发展"的主题，两岸新闻出版行业500多名代表就出版数字转型、绿色印刷和数字印刷的发展展开交流探讨。国家新闻出版总署出台的在福建先行试行的五条出版方面的惠台政策，将进一步为两岸版权与图书贸易的交流与合作提供更加优惠的政策与发展环境。

——以两岸研究机构与高校的学术交流与合作为纽带，加深了两岸文化交流与文化产业合作。在大陆与台湾地区的文化交流中，两岸研究机构、高校等发挥了重要的作用，两岸通过实施诸如"两岸清华合作研究计划"、"联合培养双硕士学位"、"闽台高校联合培养人才项目"等合作方式，通过建立诸如"闽台高校教育综合改革试点"等平台，有利促进了两岸文化交流与教育发展。2010年，文化部决定将上海交通大学确定为"两岸文化产业合作研究基地"；中国传媒大学成立的两岸高校"文化创意产业联盟"，联合大陆与台湾两地的多家研究机构和高校，围绕两岸文化交流与文化产业合作开展了形式多样的学术交流与研究。台湾于2010年8月承认大陆41所高校学历，同时宣布开放大陆学生赴台读书。台湾高校2011年首次在大陆招生，48所公立院校、86所私立院校面向北京、上海、浙江、江苏、福建、广东六省市招收2141名大陆学生。台湾首次招收大陆学生标志着在两岸高等教育市场开放方面又上了一个新台阶。

——以两岸经济与文化交流和合作的论坛为平台，推进了两岸政府和民间组织间的文化交流与合作。近年来，两岸各类论坛形式多样，为两岸文化交流与文化产业合作提供了有力的平台。"两岸经贸文化论坛"至今已成功举办了七届，已成为两党和两岸各界人士真诚交流对话的重要平台。在"十二五"开局之年、《海峡西岸经济区规划》正式颁布、两岸签订 ECFA 起步实施的大背景下,第三届海峡论坛于 2011 年 6 月 11~17 日在福建举办。至 2010 年已连续举办三届的"海峡两岸文化产业博览交易会",以中华文化为纽带,着力打造一个综合性文化产业交易平台,是唯一由海峡两岸共同主办的综合性文化产业盛会。

(二)两岸文化交流与文化产业合作存在的问题

近年来,尽管两岸在文化交流与文化产业合作方面取得了显著的成绩,有效促进了两岸关系的和平发展,但在文化交流方面仍存在一些障碍与问题。只有认清了这些障碍和问题,才能促进两岸文化交流与文化产业合作的有序进行。

(1) 两岸政治制度、意识形态存在较大差别,不利于传统文化的交流与传承。长期以来,大陆实行社会主义制度,台湾实行资本主义制度,导致两岸人民思想意识、价值观念、生活方式等存在差别,这种差别容易产生分歧和矛盾,不利于文化交流与传承。

(2) 与经贸交流相比,两岸文化交流与文化产业合作力度不够。两岸文化产业合作虽有所发展,但与两岸紧密的经贸交流相比还有很大差距。受政治因素的干扰,文化产业的合作不够广泛,成本较高,效益不明显。

(3) 在文化交流与文化产业合作领域尚未建立长期有效的机制和体制,在文化交流与文化产业合作方面的政策和措施尚不够完备,还存在交流不对等、信息不畅、经费不足等诸多问题。

(三)加强两岸文化交流与文化产业合作的前景

1. 两岸政治互信进一步巩固,为文化交流与文化产业合作提供了良好的社会环境

2005 年,台湾国民党、亲民党、新党领导人相继访问大陆,两岸关系的"坚冰"开始融化,有力地推动了两岸的交流合作。2005 年连战大

陆行之后，国民党与共产党重新确立了坚持"九二共识"、反对"台独"的政治路线，为两党重建互信奠定了基础。2008年，两岸在"九二共识"的基础上恢复制度化协商，"大三通"格局基本形成。两岸同胞对改善两岸关系、促进交流合作的愿望更加强烈，对两岸关系和平发展更加充满信心。

2. 两岸文化产业的快速发展，为两岸文化交流与文化产业合作奠定了坚实的基础

2010年，大陆文化产业增加值占GDP的比重约为2.6%，上海、北京、广东、湖南和云南的文化产业增加值已超过5%，预计到"十二五"末，文化产业增加值有望进一步增长，占到中国GDP总值的5%左右，文化产业有望成为大陆新的支柱形产业。大陆文化市场空前繁荣，文化产品和服务不断丰富，文化消费空间巨大。文化产业的快速发展为两岸文化交流与文化产业合作提供了基础与保障。台湾市场经济发育较早，文创产业发展较好，在企业组织、员工素质、产品营销及产业链等方面具有优势，大陆在发展文化产业方面的优势是文化资源丰富、消费市场广大、发展空间宽广，加强文化交流与文化产业合作，有利于双方优势互补、互利共赢。大陆广阔的文化消费市场及快速提升的文化消费需求，也是台湾与大陆文化交流与文化创意产业发展的重要基础条件。

3. 两岸长期的文化交流，为进一步增强两岸文化交流与文化产业合作积累了经验

自台湾开放台胞来祖国大陆探亲以来，岛内演艺界和文化界人士便开始与大陆同行接触，推动着两岸文化交流。两岸长期的文化交流不仅涉及正常的文化、教育交流，而且已经深入到演艺业、影视业、图书出版业、工艺美术业、文化旅游业、现代休闲农业、节庆会展等各个领域，文化产业合作与文化交流的局面已经打开。两岸文化交流不仅内容丰富，而且交流的渠道和层次也不断深化。在长期的交流过程中，双方积累了宝贵的经验，为以后进一步加强交流与合作提供了借鉴。

4. 大陆惠台政策的进一步完善，将为两岸文化交流与文化产业合作提供更好的发展环境

近年来，大陆政府非常重视台湾同胞的根本利益，先后推出了一系列具有战略性和可操作性的利于两岸文化交流与文化产业合作的政策措施，各省、市、区也结合自身的文化资源和文化市场，出台了不少利于与台湾文化交流与文化产业合作的投资、税收、土地、金融方面的优惠政策，始终把维护台湾企业和台胞的利益作为文化交流与文化产业合作的出发点。大陆惠台政策进一步落实和推广，必将推动两岸文化交流与文化产业合作的快速发展。

四 两岸文化交流与文化产业合作的重点与特色

"十二五"期间，两岸文化交流与文化产业合作的重点应充分考虑大陆"十二五"规划的内容，考虑全球经济进入后危机时代和两岸经济进入后ECFA时代给两岸经济发展带来的新机遇与挑战，探索在新的历史条件下把握机遇，不断深化两岸文化交流与文化产业合作的内容与模式，着力打造文化经济尤其是文化产业成为两岸新的经济增长极。

（一）影视文化交流与产业合作

中华文化在海峡两岸和全世界有广阔市场，发展潜力巨大。两岸文化合作项目已经在广播、电影、电视、网络等各个领域全面展开，项目合作进一步深化。两岸开展交流合作的广播影视机构日益增多，合作方式日益多样化，合作成果日益显著。特别是最近几年，国家广电总局陆续制定出台了支持协助台湾广播影视机构来大陆制作节目、台湾演职人员参与大陆节目制作和两岸合拍影视剧等多项政策，为促进两岸文化交流与文化产业合作创造了有利的政策环境。

在影视产业的发展中，台湾的优势在于科技发达，网络进步；创作环境自由，创新人才辈出；民间创造力呈现多元性与多样性。其弱势则在于

市场小，规模小，无法靠内需市场形成产业，国际市场的开发力弱；资金来源不足，缺乏投资的鼓励政策等。而大陆的优势与劣势几乎和台湾相反，二者正好可以形成优势互补。

在未来的发展合作中，两岸广播影视业要在文化产业合作的体制机制、内容形式、传播手段等方面加大创新创意的力度，推动两岸文化交流与文化产业合作迈上一个新台阶。

——不断完善协作机制，继续拓展交流合作领域，努力提高交流合作的层次；共同遵循市场经济规律，充分采取商业运作机制，大力推动两岸影视产业繁荣发展，不断增强中华文化的整体实力和国际竞争力。

——打造两岸影视制作业峰会。由海峡两岸影视界共同打造两岸影视制作业的高端论坛，就ECFA背景下扩大两岸广播影视交流合作的有效办法，策划推进交流合作持续发展的方向路径等问题进行深入研讨，并就具体项目商洽，促进两岸影视项目对接合作。

——"请进来，走出去"，加强影视交流。各省、市、区可通过政府牵头或民间组织邀请台湾媒体到大陆进行采访报道，同时积极组织大陆媒体赴台开展交流活动。通过这种"请进来，走出去"的方式，使两岸的新闻媒体人士和社会各界能够亲身体验两岸多姿多彩的民族风情、神奇美丽的自然风光和日新月异的发展变化，对中华传承文化和历史有更深、更全面的了解和认识。

重点项目：

> **海峡两岸影视文化与现代传媒平台工程** 依托两岸影视创意、拍摄的良好合作基础，以及大陆各区域建有的影视文化基地，建立6~8个"海峡两岸影视文化与现代传媒中心"。参照福建省漳州市的海峡现代影视文化城的模式，充分利用大陆现有的影视基地、国家影视实验区和西部地区的外景、民族文化等影视拍摄资源，建设6~8个同类型的海峡两岸影视文化与现代传媒平台，推动两岸影视文化交流与产业合作。

（二）创意文化交流与产业合作

台湾的文化创意产业起步较早。受 2002 年台湾文化创意政策推动，台湾文化创意产业发展态势良好，相关产业产值、从业人数大幅攀升，特别是涌现了一批优秀的文化创意型企业。与大陆相比，台湾文化创意产业在发展过程中形成了比较完善的政策、体制、理念以及产业模式，在许多领域取得了较大的发展，处于领先地位。大陆近年来也出台了相关政策，大力推动文化创意产业的发展，加强文化创意产业的交流与合作，将有利于推动两岸文创产业的持续发展。

——依托"文博会"，打造文创交流合作平台。文化创意产业博览会是大陆文化创意产业对外展示交易的一个重要窗口，应邀请台湾以专馆形式推出文创主题展览，参与组织文化论坛、文化产品推介会等，有效推动两岸文创产业对接、项目合作和成果转化，成为两岸文化交流的长期平台。可在重点办好"中国北京国际文化创意产业博览会"、"上海台北双城文化创意产业博览会"的基础上，鼓励中西部地区联合台湾相关机构和企业，举办类型化、特色化的文化创意博览会，推动两岸文化创意产业向多层次、多形态方面发展。

——借助品牌活动，促进民间文化交流。"文博会"、"海峡两岸文化创意产业展"、"京台文化节"等品牌活动已经成为两岸文化交流合作的重要窗口。在品牌活动的带动下，两岸的行业协会、文化创意企业也要广泛开展民间合作交流，涉及领域包括文艺演出、新闻出版、广播影视、网络游戏、设计创意等多个文化创意产业重点行业。

——促进海峡两岸文化创意产业合作向大陆中部、西部地区拓展。重点在西部地区建立以少数民族文化交流与合作为主题的文创产业合作空间，以西部优良的自然资源与丰富多元的少数民族文化资源，吸引台湾文创产业企业、投资的进入，搭建大陆与台湾少数民族文化、传统文化保护传承与开发利用的共享、交流、合作平台，发展少数民族演艺、民族民间工艺等特色文化创意产业。

重点项目：

> **两岸文化创意产业园建设工程** 以文化创意产业的交流合作为主题，依托厦门海西经济区，浙江、广东等东南沿海地区丰富的民间美术工艺和妈祖文化，建设3~4个文化创意产业园区；依托北京台湾会馆、上海苏州河沿岸文化创意园区，引进台湾文化创意产业的高端业态和精品项目，打造"京台、京沪文化交流与创意产业园区"；依托云南、青海、贵州丰富的民族民间工艺文化资源，引进台湾工艺美术项目，如"岩石神化"、"琉璃工坊"和原住民艺术开发的创意理念，建设3~4个民族文化创意园区或基地。鼓励大陆不同地区的文化创意园区、企业和机构，利用台北、高雄、台南、花莲等地区的文化创意园区良好的发展环境和平台，进入台湾与台湾文创园区和企业联手发展，建设3~4个"两岸文创基地"，推动两岸文化创意产业的交流与合作。
>
> **两岸文化创意联盟** 依托两岸文化创意机构，在政府支持下成立两岸文化创意联盟，通过联盟建设两岸文化创意交流平台、文化创意产品交易平台、文化创意人才交流平台、中华知识产权保护机构、两岸文化创意企业协会等民间组织；通过文化创意研究基金的设立，开展文化创意交流、文化创意展示、两岸文化创意论坛等各种形式的活动，推动文化创意人才的培养、文化创意产品的推出。

（三）会展文化交流与产业合作

20世纪80年代以来，大陆会展业以年均近20%的速度递增，行业经济效益逐年攀升，场馆建设日臻完善，已成为国民经济的"助推器"和新亮点。台湾举办的电脑展、自行车、数位产品、图书、影视等大型展览，是亚洲一流的国际性展览，蕴藏众多的商机，台湾会展已成为亚洲重要的国际展览中心之一。加强会展文化交流与产业合作，整合两岸会展资源，充分吸纳两岸丰富的会展经验和科技手段，利用大陆广阔的市场潜力,有利于共同开拓国际会展市场。

——打造海峡两岸"茶博会"、"花博会"。福建省从2007年起开始举办海峡两岸茶业博览会,吸引来自台北、台东、高雄、台中、云林、嘉义等地的众多茶企业跨海前来参展。海峡两岸花卉博览会至2011年已举办12年,并于2009年拓展提升为"海峡两岸现代农业博览会"。此类博览会可以进一步打造推广,融成果展示、产品销售、科技交流、项目推介与洽谈签约、相关论坛于一体,着力体现"两岸合作、地方特色",使之成为突出对台、辐射全国、面向世界的农业经贸盛会。

——拓展会展领域,打造节庆会展产业。依托两岸丰富的传统节庆文化资源和地方性、民族性节庆资源,以展融节,以节带展,推动两岸会展节庆文化的交流,全方位促进大陆不同地区与台湾的会展交流与产业发展合作。

——加强现代科技的展示,推动现代科技与文化产品的融合。加强两岸现代科技的展示,联手举办不同层次、形式多样的现代科技产品展览,推动两岸现代科学技术与文化产业的融合,提升两岸文化创意产品的科技附加值。

——关注二、三线城市会展资源,共创未来商机。借助大陆二、三线城市会展产业发展的基础与平台,鼓励中小城市与台湾不同地区开展形式多样的节庆会展交流与合作,举办特色文化会展,推动两岸会展节庆的交流与产业合作。

重点项目:

两岸文化产品博览会 在"天津-台湾名品博览会"基础上,依托两岸文化产业的不同门类及各省、市、区良好的会展设施和文化品牌,构建"台湾名品及海峡两岸文化产品博览会"。丰富文化产品博览会的内容,提升"两岸文化产品博览会"的层次,将举办时间和地点拓展到大陆其他区域,突出文化交流和文化产业互促发展的主题。每年可选择不同的地点,结合不同地区的文化产品举办博览会,以丰富和拓展博览会的内容与形式。

（四）民族文化交流与产业合作

依托大陆与台湾民族民间传统资源，借助台湾文化旅游工艺品和文创产业发展的先进理念和产业基础，加强两岸民族文化交流，重点推进少数民族文化、妈祖文化和传统民族工艺、少数民族艺术与大众文化消费的对接，加强两岸民族文化交流与产业合作，共同推进民族文化交流与产业合作。

——借鉴台湾民间工艺与经济发展、民众生活紧密结合的民艺创意成功经验，依托台湾在民族工艺、旅游工艺和日常生活的审美设计方面的理念、创意、设计和人才、品牌的优势，加强两岸民族工艺的交流。借力"民博会"、"艺博会"及各地举办的"民族民俗民间博览会"、"工艺品博览会"、"民间艺术节"等节庆会展平台，提升两岸民族工艺品的创意附加值和科技附加值，强化中华民族工艺文化品牌。重点推动"台湾生活工艺展"与大陆不同地区工艺美术博览会的交流与合作，全面推动两岸民族工艺品的交流与合作，带动两岸民族工艺走向国际市场。

——鼓励西部民族地区少数民族演艺业与台湾演艺业的交流与合作，培育和推出一批具有鲜明地方文化特色和民族特色的演艺节目进入台湾演艺市场，利用台湾成熟的市场运作模式，培育具有市场价值的民族演艺产业，助推西部民族演艺业的发展。

重点项目：

> **海峡两岸传统文化与技艺交流传承中心**　依托大陆与台湾丰富的地方文化、历史文化、民族文化资源，结合中华传统文化的精髓，建立"海峡两岸传统文化与技艺交流传承中心"，协调两岸民族文化交流合作。利用两岸成功的经验，培育传统文化与技艺保护的传承人，有效促进两岸以传统文化为联结的文化交流机制，促进两岸在文化保护与传承方面的深度合作。

> **民族文化产品交流与贸易平台** 借助现代网络与营销平台,在地方政府支持下,建设4~6个可以覆盖东、中、西部地区的传统美术工艺与民族文化产品交流和贸易平台。通过平台加强两岸传统文化与民族文化的交流与合作,共同推进非物质文化遗产的保护与开发。强化地方和民族文化产品的特色,丰富民族文化产品的文化内涵,提升民族民间工艺产品的现代创意、工艺技艺和品牌价值,推动两岸民族文化与产业的发展。

(五)图书版权交流与产业合作

两岸新闻出版业在不同体制下成长壮大,在管理方式、行销模式等方面各有所长。台湾业界熟悉市场规则、长于营销,推广华文出版物富有经验;大陆出版物市场需求空间巨大,正努力按产业化、市场化、国际化要求发展。两岸版权文化交流与产业合作空间广阔。两岸业界要加强往来,互相学习,优势互补,共同发展,着力打造海峡两岸图书出版发行的强势品牌,努力促进两岸出版业的发展繁荣。

——加强两岸版权与图书出版在体制与机制上的交流,探索适合两岸版权保护与图书出版和贸易合作的机制与体制,完善两岸知识产权保护与图书贸易市场、发行渠道及经营环境,促进版权交流规范化和常态化,增加版权交易的数量,提高版权交易质量和效率。

——拓宽合作通道,实现版权贸易多元化。版权贸易是目前两岸出版合作的最基本形式。两岸图书交易要突破简单的双向买卖的层面,围绕图书策划、版权交易、市场培育、国际发行渠道、品牌建设等方面,探索两岸版权贸易和同步销售的合作,为华文图书走向世界携手打拼,将两岸合作推到一个多元化、多链接的新阶段。

——加强品牌营销,合力互办书展、期刊展。各地要办好两岸之间的书展、期刊展、版权贸易洽谈会、图书交易会、出版联谊会、出版研讨会

等，吸引台湾出版界来大陆参展，大陆出版界也要赴台湾举办书展、期刊展。继续办好"华文出版联谊会"、"大陆书展"、"海峡两岸图书交易会"，着力打造两岸版权洽谈与交流的强势品牌，为两岸业界人士共同探讨行业发展趋势和相互交流提供重要平台。

——强化交流贸易，共同构建两岸版权贸易平台。出版已经从传统的文化事业蜕变成为兼具规模化、商业化和产业化的现代服务业。依托"中国·福州海峡版权创意产业精品博览交易会"，以"海峡、版权、创意、精品、交易"为主题，布局构建"两岸版权（创意）产业最大规模的合作和交流平台"，带动两岸版权图书交流与产业合作。

重点项目：

海峡两岸出版物贸易中心 依托大陆沿海地区便利的交通、信息条件与出版业发展较好的资源基础和市场条件，借助海峡两岸图书交易会构建的平台，利用互联网建立配套的现代出版物贸易机构，联手建设"海峡两岸出版物贸易中心"。重点推进两岸传统的纸质图书版权合作向数字版权合作跨越、作家单品种版权贸易向整体包装作家打造品牌服务转化、单方引进国际版权向两岸共同引进版权发展、单纯的图书版权贸易向维护作者和出版社双方权益发展、机械的版权合约向双方自觉信守承诺提高诚信度发展、单品种图书的版权贸易阶段向两岸共同策划选题发展，促进海峡两岸图书交流与合作。

（六）文化观光交流与产业合作

海峡两岸文化观光产业的互动发展有着广阔的前景，台胞赴大陆旅游人数逐年增长，台湾客源已成为大陆接待入境旅游的重要组成部分；台湾地区开放大陆居民赴台旅游，也明显拓展了台湾入岛旅游客源市场，带动了台湾文化观光与文化旅游业的发展。在两岸未来的发展合作中，要着力合作开发两岸的旅游资源及旅游产品，满足两岸人民的文化观光需求，包括宗教朝拜、寻根谒祖、风情体验、文化交流、投资考察、文教交流等；努力构建海峡两岸旅游交通网络，保障旅游服务品质，共建旅游突发事件的安全保障合作机制等，为两岸旅游文化观光业的发展拓展更大的发展空间，实现合作双赢的目标。

——以"旅博会"为形式，拓展两岸文化观光业。举办海峡两岸旅游博览会，吸纳两岸旅游业者共同参与。共推海峡旅游，实行现场展销合一的方式向市民和客商推介旅游产品；共商合作共赢，围绕两岸旅游市场、两岸旅游合作机制、相关产业政策和法规、旅游目的地与景区管理、旅游可持续发展等进行研究探讨，旨在推动两岸旅游产业不断拓展升级。目前，此类博览会办得较好的是台北举办的"海峡两岸台北旅展"、福建举办的"海峡两岸旅游博览会"。

——以中华传统为线索，推动两岸文化旅游。利用重大历史事件、伟人纪念日等，举办两岸人民真心交融和深度体验的文化旅游活动，通过参访相关历史胜地、了解现代发展成就、开展志愿服务等系列活动，激发两岸人民为振兴中华、为民族复兴携手努力的担当与共振，推动两岸文化旅游的深度发展。2011年是辛亥革命一百周年，中国宋庆龄基金会举办的两岸青年学生纪念辛亥革命百年系列活动，就值得各地推广和借鉴。

——依托地方文化旅游资源，开发不同的对台旅游特色产品。在文化观光业交流与合作方面，大陆可开发对台旅游的特色产品，有计划、有步骤地建设一批涉台旅游景点。可考虑选择一批能突出大陆各省份特色且台湾旅客感兴趣的景点进行重点设计和编排。针对台湾游客希望了解大陆、了解改革开放成果的心理需求，可进一步开发新农村建设、现代城市文明展示等，让台湾游客在观光之外，加深对大陆的认识与了解。

重点项目：

海峡两岸文化旅游合作交流平台 借助丰富多样、类型不一的大陆和台湾的文化旅游资源，在两岸旅游主管部门的支持下，建立开放式、整合式的"海峡两岸文化旅游合作交流平台"。通过互联网技术支持，实现旅游精品和文化品牌的创意、服务的互惠合作；总结武当山"海峡两岸交流基地"的道教文化旅游的成功经验，依托不同地区的文化旅游资源，建设一批"海峡两岸交流基地"，为两岸文化旅游合作交流奠定良好的基础。

台湾自由行 2011年在厦门举行的第三届海峡论坛大会上，国家旅游局发布消息：大陆居民赴台"个人游"于6月28日正式启动，首批试点城市为北京、上海和厦门。两岸双方还同意开放福建居民赴金门、马祖、澎湖地区的个人旅游。"个人游"触及旅游业的核心客源群体，比如青年客源、商务公务客源，消费能力比较强；在产品形态上也以个性化、专题化的旅游产品为主，如春天的"观鸟游"、冬天的"温泉游"等，可以让大陆游客真正"深度接触"台湾。

（七）生态文化交流与产业合作

加入WTO，大陆农业正处于传统农业向现代农业转型的发展阶段，产业化是传统农业向现代化农业转变的桥梁和纽带。台湾生态农业产业化进程及经验为大陆农业产业化提供了有力的借鉴。在两岸未来的发展合作中，要加强与台湾农业的合作，建立两岸科研、教育、推广相结合的多元化技术推广体系，为大陆农业产业化提供强大的动力源泉；要加强两岸在农业产业化发展中生态保护与资源开发的交流与合作，共同推进两岸优质、高效、特色产业的发展，加快与国际市场接轨，提高两岸农业竞争力在国际农业产业中的地位和影响力。

——以"台湾农民创业园"为示范，进一步推进两岸农业合作交流的新模式。建设好农业部会同国台办先后在大陆14个省、市设立的29个台湾农民创业园，以及在9个省、市、区设立的9个海峡两岸农业试验区。学习和借鉴台湾农业科技发展的先进经验，加强两岸农业开发、管理和人才的交流与培养，探索台湾农民的先进观光农业在大陆的发展模式，推进两岸农业交流与合作。

——打造生态文化品牌，加强两岸现代农业观光园的建设。加强两岸在现代农业观光业领域的交流与合作，借鉴台湾现代农业观光业发展的先进理念，利用不同地区的生态环境、农业资源、特色经济作物，建设一批具有文化特色的现代农业观光园区，推动两岸现代农业观光业的交流与合作。重点推动福建、浙江、海南、广西、云南、贵州等地区与台湾在现代观光农业园区的交流与合作，重点建设一批"茶文化"、"花文化"和"热带作物"观光园区。

重点项目：

> **"三生"观光休闲农业园建设工程** 依托目前大陆各地台湾农民创业园的发展，进一步促进传统产业的升级，借鉴台湾文创产业和现代产业发展的经验，促进两岸的合作互促，重点在大陆的中西部地区发展现代农业服务业，涉及观光产业、娱乐产业、物流业等。推动大陆各地台湾农民创业园的发展，促进两岸休闲农业和乡村旅游的合作与交流，加快引进台湾成熟的农业生产、田园景观、农耕文化相结合的观念和技术，开展"生产、生活、生态"协调发展的"三生"观光休闲农业合作，推进乡村旅游配套设施建设，使农业观光、乡村旅游成为两岸生态农业的重要产业。

五 两岸文化交流与文化产业合作的对策与建议

中华民族的伟大复兴必然伴随着中华文化的复兴。中华文化是两岸同

胞共同的宝贵财富，也是维系两岸关系的基础。经过两岸同胞的不懈努力，两岸关系进入了和平发展的新阶段，两岸各领域的交流合作在短短两年的时间里齐头并进，蓬勃发展，取得了一系列重大进展。随着两岸民众往来日益频繁，"三通"之后更重要的是实现心灵的沟通，深化感情的融合。只有不失时机地推进和深化两岸文化交流与文化产业合作，两岸关系的基础才能在今后的道路上经受风雨的考验。

（一）重构两岸共同的传统文化记忆，在交流与共赢发展中达成文化认同

两岸相互隔绝数十年，加之受20世纪90年代后期"去中国化"政策影响，台湾同胞对中国的历史文化认同意识趋于淡化。为此，两岸应共同确立文化交流合作专案，如共写戏曲、共编教科书、共建两岸文化博物馆、共同保护文化遗产与共同申遗、共推民俗文化繁荣、共设宗教联合会、共办孔子学院等，促进两岸人民共同参与中华文化的传承与创新。

——共同传承中华文化的优秀传统。中华文化积淀着民族最深层次的精神追求，因此，我们应当以礼敬的态度来对待这些优秀的文化遗产，深刻认识民族传统文化的历史意义和现实价值，从中吸取智慧和力量，进而更加积极地弘扬中华文化。

——共同塑造中华文化的时代形象。和谐是中华文化的主流。在人类社会进入21世纪的今天，倡导和谐与合作，应当成为中华文化在世界上的时代形象。两岸的专家学者可以共同研究，加强交流，争取达成更多共识。

——共同构建两岸同胞的民族和文化认同。大陆和台湾是我们的共同家园，两岸同胞同为中华民族的子孙，都是中华文化的传人。两岸各界尤其是文化界的有识之士应当不断身体力行，不断加强中华文化的传播弘扬，促使两岸同胞更紧密地联系在一起、凝聚在一起。

（二）以中华文化为根基，推动海峡两岸文化交流制度化，构建两岸文化交流新格局

以"推动两岸文化教育交流合作迈上范围更广、层次更高的新台阶"

为目标，进一步健全与完善推动两岸文化交流的常规性和规范性机制，有效地集中大陆与台湾两地的资源、资金和智慧，推动两岸文化交流由感性交流向理性交流阶段跨越。

——建立健全两岸政府文化部门协调交流机制，规划两岸文化交流与文化产业合作的领域、产业门类和重点。健全政府之间文化交流与文化产业合作的主管机构，推动两岸政府间文化交流与文化产业合作的发展。

——健全民间文化交流与文化产业合作机构，发挥民间团体、学术机构和企业在文化交流与文化产业合作中的主体地位，形成两岸文化创意产业联盟机制，推动行业协会的交流与合作，并在此基础上形成两岸文化交流与文化创意联盟，推动两岸文化交流与文化产业合作。

——共同举办具有重大意义的节庆活动，如纪念清明节具有慎终追远的意蕴，庆祝中秋节具有月圆、家圆的意涵，这都有助于两岸在文化上更紧密地联结。两岸共同设置中华文化大奖，以文化复兴、文化传承、文化创意为主体，鼓励两岸开展形式多样的文化交流与文化创意活动。

（三）加强两岸文化贸易与产业合作，完善两岸文化贸易与文化创意产业的相关政策与措施

在提升对台经济工作中的政治含量，突出台湾文化创意优势和特色，务实促进文化产业交流与合作的基础上，尽快完善两岸文化贸易与文化创意产业的相关政策与措施，推动两岸文化贸易与文化创意产业的发展。

——进一步加大资金扶持力度。在"2011两岸文化产业研讨会"上，国家开发银行已经向517个台资项目发放贷款469亿元，以后国开行将重点支持两岸文化产业合作。

——税收减免，降低准入条件。在经济合作交流的基础上，降低对文化产业项目与合作的准入条件。进一步扩大经贸交流的同时，适当减少对文化交流项目的税收。

——进一步完善文化投融资体系。建立海峡两岸创意产业投资基金会，通过推进文化投融资体制改革，建立"多渠道、全方位"的文化产

业投融资体系，调动企业和市场的活力，吸引台湾创投基金关注并投资大陆文化创意产业，鼓励大陆文化产业基金投资京台文创合作项目，为文化产业的发展提供有效资金保障。

——加大对知识产权等的法律保护力度。2010年6月29日，《海峡两岸知识产权保护合作协议》与《海峡两岸经济合作框架协议》（ECFA）一同完成签署。加大两岸文化交流的法律保护力度，能更好地维护两岸同胞的知识产权权益，更好地维护和激发两岸同胞的创造力、创新力，更好地推动两岸经济文化交流。

（四）建立两岸人才交流合作机制，加强两岸文化交流与文化产业合作机构的建设与人才培养

鼓励成立与完善相应的加强两岸文化创意产业合作的常设民间机构，推动台湾代表性文创机构在大陆设立办事机构和代表机构。同时研究制定相关政策和配套措施。

——广泛开展两岸人员交流、演出、展览、研讨、联谊等活动，促成海峡两岸定期轮流举办各种主题的两岸艺术节、两岸艺术展演等综合性文化交流活动。

——积极倡导两岸文化界在相互尊重的基础上相互借鉴，共同打造艺术精品。

——大力支持大陆各地与台湾各县、市开展文化往来，促成更多的两岸图书馆、美术馆、博物馆、文物保护机构和文化研究机构开展馆际交流，全方位推动两岸文化交流与合作。

——促进两岸高校学术交流与文化合作。充分利用台湾高校与国际教育接轨的优势，全面开展两岸高校文化交流的活动与项目。进一步扩大高校间学生往来与互动的区域与范围。

——时机成熟时商议签订两岸文化交流合作协议。与两岸经贸交流合作一样，两岸文化交流合作的扩大和深化亦有必要签订两岸文化交流合作协议，以实现两岸文化交流合作的常态化、规范化、制度化与长期化。

共同的文化根源,是两岸文化交流的内在精神动力,是实现民族团结、和平统一的精神财富。加强两岸文化交流与文化产业合作,有利于实现两岸经济交流与文化交流的互补,促进两岸关系的和平发展;有利于两岸产业结构的调整,完善经济形式,提升两岸在国际竞争中的综合实力,实现可持续发展;有利于构筑互利双赢、共同发展的平台,增进双方互信的基础,进而创造和平发展的新局面;有利于增强民族认同感,增进两岸同胞的感情;有利于深化两岸同胞的了解、密切两岸同胞的关系,符合两岸人民的根本利益。在两岸政府、社会的大力支持下,围绕重点,探索路径,完善机制,夯实基础,两岸文化交流与文化产业合作将会进入一个新的发展阶段。

B.2
两岸文化产业交流与合作研究报告

胡惠林 段 莉[*]

1979年之前，两岸文化产业交流与合作研究尚未起步。

1979年，随着改革开放政策的推行，大陆发表《告台湾同胞书》，积极推进两岸交流，两岸关系开始"解冻"。随后，台湾行政部门提出"两岸交流文教先行"的政策。两岸真正的互动始于1993年的"汪辜会谈"，文教交流首次被纳入共同议题。2005年台湾国民党主席连战访问大陆后，两岸建立了经贸文化交流的沟通机制。2010年6月，两岸签署的《海峡两岸经济合作框架协议》（ECFA）使两岸文化产业交流与合作开始步入纵深发展阶段。在此过程中，两岸文化产业交流与合作的相关研究也渐次展开。

在该领域，学者们从多角度探讨了两岸文化产业交流与合作的历程、模式、机遇和策略等相关问题，取得了丰硕的成果。据笔者不完全统计，截至2011年5月，两岸业界、学者举办相关论坛、会议约50（场）次，进行了多领域的深入交流，已出版相关研究著作10本（包括论文集）、论文约50多篇。总体来看，学者们在该领域的研究主要集中于四个方面：发展状况研究，机制与模式研究，机遇与挑战研究，策略与对策研究。这些研究总体上呈现了研究领域广阔与重应用策略型研究等特点。以下分别述之。

---

[*] 胡惠林，上海交通大学二级教授，博士研究生导师，国家文化产业创新与发展研究基地办公室主任，《中国文化产业蓝皮书》主编、《中国文化产业评论》主编；段莉，上海交通大学文化产业与管理专业博士研究生。

一　发展状况研究

早期两岸主要是以文化交流为主，后来才逐渐开始文化产业的交流与合作，并有不断深化的趋势。截至目前，两岸文化产业"在广告、视觉艺术、工艺、时尚设计、电影、音乐、表演艺术、出版等核心的文化创意产业领域已经开展了不同层次的合作与分工关系，两岸的市场、人才和资源方面的联系日益紧密"。[①] 在此过程中，学者们对两岸文化产业交流与合作发展的研究也日渐增多，这些研究主要集中于出版产业、传媒产业、演艺、旅游、动漫等领域，在此分别作一梳理。

（一）两岸出版产业的交流与合作研究

两岸出版界的交流与合作是研究相对较多的领域，成果较为丰硕。在这一方面，研究者们已经从多个角度梳理、介绍了两岸出版产业的交流与合作发展历程。比较有代表性的综合类研究成果是张志强所著的《20世纪中国的出版研究》（2009），该书专设"20世纪港澳台地区的出版研究"一章，对两岸出版产业研究进行了论述。两岸学者对该领域的关注与研究，在其间清晰可见。研究两岸出版交流合作历程的成果主要有：台湾学者陈恩泉的专著《海峡两岸出版交流二十年（1988～2008）》、论文《两岸出版交流平台的建立与合作出版——两岸出版交流的过去、现在与未来》（2009），萧真美所撰写的论文《两岸出版界交流现况与检讨》（1998），大陆学者陈红的论文《两岸图书出版交流研究》（1995），傅岩山的论文《论两岸三地出版交流与合作共荣》（2003），周根红的论文《交流·融合·繁荣——改革开放以来两岸出版交流的发展历程》（2008）等。

这些研究普遍认为两岸出版业的交流与合作从人员交流起步，经合办

[①] 李向民：《努力打造统一的两岸文化产业链》，载于叶取源等主编《中国文化产业评论》第4卷，上海人民出版社，2006，第38页。

论坛、书展增进了解,将共同推进华文出版业的发展。其中,台湾出版协会理事长陈恩泉认为,1988年在上海举办的"海峡两岸图书展览"开启了两岸交流的大门,华文出版联谊会的定期举办是共同建立的交流机制。他同时谈到了两岸合办书城、共办图书交易会的经济效益问题。① 台湾学者萧真美1998年所写的相关论文从两岸出版交流政策分析开始,初步梳理了两岸出版界交流的历程和现状,对相关交流活动的影响进行了研究。她认为,两岸出版界交流的热络,增进了两岸的认识与了解,却也出现了著作权保护方面各自为政、缺乏共同法则等问题。大陆学者陈红在《两岸图书出版交流研究》(1995)一文中详细论述了排拒禁绝、间接交流、双向交流三阶段两岸出版交流概况及各阶段的特点,她认为,大陆主张的"中文一体"与台湾主张的"华文统一市场",将奠定和拓宽未来双方进一步交流、合作的基础与前景。② 傅岩山在梳理两岸三地出版交流的历史与现状、政策与法规的基础上,分析了两岸三地出版发展的方向。

此外,台湾"陆委会"曾委托林训民、陈信元开展"大陆出版集团对台湾出版界的影响"等研究。在他们的论文《大陆出版集团化之趋势与两岸出版交流的互动》(1998)中,他们详细研究了大陆出版、印刷、发行集团化发展对两岸出版交流与合作的影响。

(二) 两岸传媒产业的交流与合作研究

两岸传媒产业的交流与合作研究,一方面以新闻业务合作历程梳理为主,另一方面以广电影视产业合作研究为主。尽管这一领域的研究中有许多研究的对象界定不一且有所交叉,但不乏有内容翔实、严谨,研究角度独到之作。

在新闻业务交流与合作方面的代表论文有:学者陈力丹、闵大洪、郭镇之合写的《从对峙到交流——海峡两岸新闻界交往回顾》(1993),程

---

① 陈恩泉:《两岸出版交流平台的建立与合作出版——两岸出版交流的过去、现在与未来》,载于中共中央台湾工作办公室海研中心等编《第五届两岸经贸文化论坛文集》,九州出版社,2009,第136页。
② 陈红:《两岸图书出版交流研究》,《暨南学报(哲学社会科学版)》1995年第10期。

道才、黄磊合写的《海峡两岸新闻交流初探》(1996)，王彬彬的论文《简论两岸新闻交流20年》(2010)，以及高辉的《两岸新闻交流回顾及前景浅析》(2008)等。这些论文以翔实的史实，梳理了两岸关系"解冻"以来的两岸新闻业务往来，有些研究对这一历程进行了概括性的分析。其中，程道才、黄磊认为，新中国成立以来的两岸新闻交流从隐性走向显性经历了三个历程，两岸新闻交流的发展是两岸政治、经济关系逐步缓和、改善的结果，这种新闻交流活动也在一定程度上推动了两岸政治和经济关系的发展。[①] 王彬彬则认为，两岸新闻交流与合作由非正式的转为正式的，由单向的转为双向的，由单一民间的转为民间、官方共同的，呈现了多样化的特点，然而在"量"的方面有所改观之后，"质"的方面还严重不足，表现为不对称、不平衡。她提出，未来应从制度层面协商建立互信机制，实物层面共同推进新闻的社会责任，合作层面共同制作媒体产品、举办活动，扩大彼此受众的范围。[②]

广电产业交流合作方面多以比较研究为主，主要研究成果有：林崇能的论文《两岸进入WTO后的都市有线电视经营》(2004)，陶大坤的《两岸广电传媒集团公司治理模式比较分析——以上海文广、公广集团和东森公司为例》(2010)，以及赵怡、刘立行两位学者的《关于两岸媒体交流的观察与建议》(2010)等。其中，林崇能以高雄和上海为例，较为完整地从技术、产业经济学角度对两岸有线电视产业进行了比较研究。陶大坤则以上海文广、公广集团和东森公司为个案，就两岸的广电传媒集团公司治理模式展开了比较分析，进而借鉴台湾经验，提出了大陆传媒集团公司治理方式与架构的改善建议。赵怡、刘立行以2008年、2009年两年间两岸电视节目输入时数为例，详细分析了两岸电影、电视、新闻领域交流合作的障碍，反映了两岸交流的失衡问题。[③] 另外，张应辉、邓敏容合写的

---

① 程道才、黄磊：《海峡两岸新闻交流初探》，《新闻大学》1996年第4期。
② 王彬彬：《简论两岸新闻交流20年》，《新闻传播》2010年第11期。
③ 赵怡、刘立行：《关于两岸媒体交流的观察与建议》，载于财团法人国家政策研究基金会网站，http://www.npf.org.tw/post/12/7886。

《两岸电视的交流与合作》(2008) 梳理了两岸电视从经由香港中转交流到以风光片为交流桥梁，再到两岸电视剧相互渗透合作的发展历程。

两岸影视产业合作方面的代表性论文有：学者叶勤的《简论两岸电影的交流与互动》(2008)，刘翠霞的《海峡两岸影视互动30年》(2009)，台湾学者项俊超的《中国电视剧产业发展及其外销到台湾市场之研究》(2010)，陈飞宝的《初探海峡两岸电影文化交流和影响》(1990)，以及孙慰川的《改革开放30年海峡两岸的电影交流与合作述评》(2008) 等。这些论文都对两岸电影产业的交流与合作历程进行了梳理，从不同角度分析了两岸电视产业合作领域的重大问题。其中，叶勤认为，两岸电影产业合作经历了三个阶段：平行发展，初步接触；交流合作、相互影响；华语电影新局面。[1] 刘翠霞则在文中特别提到1993年"第二届海峡两岸暨香港电影研究会"，第一次把大陆、台湾、香港的电影视为一个互相关联和影响的整体，为后来"华语电影"的提出奠定了基础。项俊超对两岸电视剧交流合作历程进行了梳理，通过对中国大陆电视剧政策规范与市场交易、台湾电视台播出的中国大陆电视剧的数量与题材的研究，发现中国大陆电视剧目前已成为台湾电视市场具有特色的文化商品。他认为，大陆电视剧由台湾电视台引进播出后的重新配音，是具有"全球在地化"的特殊现象。[2]

(三) 两岸演艺产业的交流与合作研究

1992年6月台湾正式开放大陆演艺团体赴台演出后，表演艺术跃居文教交流之首。[3] 两地文艺界交流演出的场次逐年有增，研究也随之增加。学者李学明的《海峡两岸交流史稿》(1991)、杨立宪等主编的《台湾2004》(2004) 等专著中都设有专章（节），对两岸演艺产业的交流与

---

[1] 叶勤：《简论两岸电影的交流与互动》，《东南学术》2008年第4期。
[2] 项俊超：《中国电视剧产业发展及其外销到台湾市场之研究》，台湾淡江大学硕士学位论文，2010，第110页。
[3] 刘胜骥：《两岸表演艺术交流之发展》，《中国大陆研究》2005年第3期。

合作状况进行了研究。

在这方面较有代表性的研究论文有：彭耀春的《三度汇流与激扬——本世纪海峡两岸戏剧交流评述》(1997)、台湾学者刘胜骥的《两岸表演艺术交流之发展》(2005)等。这些论著史料翔实，观点清晰，部分研究成果几乎可以全面涵盖所有演艺门类。其中，彭耀春从一个较为宏观的角度考察了两岸戏剧交流的历史，他认为从20世纪80年代以后，两岸开始第三次戏剧汇流。他从艺术评论的角度对这一过程进行了梳理，提出两岸戏剧三度汇流在文化发展上表现为具有现代意义的世界文化背景下进行民族文化重构的共同努力。[①] 刘胜骥对1992年以来两岸音乐剧、戏剧、舞蹈及民俗技艺等的演艺交流进行了分类研究，认为两岸演艺交流呈多元化趋势，初期以单向演出为主，缺乏双向的实质交流，后期通过两岸文艺界人士的接触交流，逐渐加深了彼此间的认识了解，近期则发展出"文化合作"的雏形。[②] 在此基础上，他分析了两岸表演艺术方面的优劣势，认为大陆的后备人才资源多，而台湾的观念新、创造力与自由度丰富，未来两岸的合作交流空间会更大。[③]

此外，部分学者也展开了该领域的个案研究。学者魏然在《台湾文化产业论稿》(2010)一书中，特别以台湾云门舞集、赖声川表演工作坊为例，分析了台湾表演艺术团体对大陆市场的认知和两岸演艺文化整合的可能性。曾若虹的《人才·市场——由歌仔戏首届大专班毕业分配引发的思考》(2006)一文中，分析了两岸歌仔戏人才与市场之间的矛盾，提出了歌仔戏市场由原先的单一封闭走向开放和整合的发展思路。

（四）两岸旅游产业的交流与合作研究

2008年6月13日两岸签署《海峡两岸关于大陆居民赴台旅游协议》

[①] 彭耀春：《三度汇流与激扬——本世纪海峡两岸戏剧交流评述》，《台湾研究·文学》1997年第2期。
[②] 刘胜骥：《两岸表演艺术交流之发展》，《中国大陆研究》2005年第3期。
[③] 刘胜骥：《两岸表演艺术交流之发展》，《中国大陆研究》2005年第3期。

之后，两岸旅游业合作迎来了发展高峰，相关研究也随之深入。这方面的主要代表论文有：学者李非的《论两岸文化旅游的开发与合作》(2007)，林绍华、郑耀星的《基于区域合作的海峡两岸旅游合作发展条件分析》(2010)，兰晓原、郑向敏、张钟元的《海峡两岸旅游合作动力机制研究》(2009)，以及黄梦哲、黄忠伟的《海峡两岸旅游企业比较》(2010)等。

这些论文从不同的角度研究了两岸旅游产业交流与合作现状，分析了合作发展的资源情况、动力机制等。其中，李非分析了两岸文化旅游资源的共同特质、合作要素，认为两岸旅游合作特点为台湾游客赴大陆观光多于大陆游客赴台，台湾游客赴大陆旅游有相当部分是与文化旅游相关。他将台湾赴大陆旅游分为宗教朝拜型、寻根谒祖型、文化交流型、文化投资型、旅游交流型、文教交流型六类。[1] 林绍华、郑耀星在分析海峡两岸旅游合作的资源环境、市场环境和区位交通环境、文化底蕴等资源特色的基础上，评价了两岸旅游业合作的前景。兰晓原等学者将两岸旅游合作划分为起步期、磨合期、发展期，指出两岸旅游合作的动力机制应由"政府主导"向"市场主导、政府引导"转变，做到政府归位、企业到位、民间组织补位，从而实现海峡两岸旅游合作发展的可持续性。[2] 黄梦哲、黄忠伟从景区经营、商业模式、旅社导游、餐饮住宿、零售购物等方面对两岸旅游企业进行了比较研究，指出了台湾旅游业可为大陆所借鉴之处。

（五）两岸创意产业的交流与合作研究

目前关于两岸创意产业合作的研究主要集中于动漫产业，加之福建是大陆对接台湾动漫产业转移的首选之地，因此，相关研究多围绕闽台两地合作展开。这方面比较有代表性的成果有：陈国清的《厦门承接台湾动漫产业转移对策研究》(2007)，李诠林的《闽台区域文化创意产业流通的几个历史阶段及其未来走向》(2007)，吴瑞花、廖桂容的《福建省承

---

[1] 李非：《论两岸文化旅游的开发与合作》，载于中国民主建国会联络委员会等编《两岸文化创意产业发展论集》，陕西人民出版社，2007，第34页。

[2] 兰晓原、郑向敏、张钟元：《海峡两岸旅游合作动力机制研究》，《旅游研究》2009年第3期。

接台湾动漫产业的优势与挑战》（2010），刘向辉的《两岸动漫产业技术交流与合作的价值取向与机制研究——以校代场的校企合作模式初探》（2009）等。

  这些研究从不同角度对福建对接台湾动漫产业进行了探讨。其中，陈国清分析了台湾动漫产业的发展情况和成功经验，介绍了厦门市动漫行业引进台资的情况，并对厦门承接台湾动漫产业转移的优劣势、面临的机遇和挑战进行了分析，提出了承接台湾动漫产业转移的战略选择及具体对策。[①] 李诠林从历史的角度对闽台文化交流及创意产业合作展开多角度的考察，内容涉及戏剧、文化节庆、传媒影视等领域。他认为闽台区域的文化创意产业在清末即有歌仔戏班的演出、泉州生产而专售台湾的洪潮和历书等雏形形态。在动漫产业合作方面，他引用台湾中华数字文化创意发展协会副理事长翁正修和林俐达教授的话，认为"可以将动漫产业的代工先从台湾转移到福建，然后闽台再在更高的层面上进一步合作"，"海峡东西两岸的产业对接是'海西区'战略的主牌，所以动漫业应是很好的切入点"。[②] 吴瑞花、刘向辉等人的研究中多数持相同的观点：台湾漫画原创力不足，动画作为欧美和日本的代工厂的发展模式难以为继，亟须在与大陆的合作中寻找市场，实现产业转移，即把制作业务外包给祖国大陆企业，自己则逐步发展创意设计以及市场运作。[③]

  同时，一些学者以两岸文化创意产业为题展开相关研究。比较有代表性的成果有：李非的论文《论两岸创意经济的发展与合作》（2005）、康乐的《浅析海峡两岸文化创意产业示范区构建的可行性与定位问题》（2010）、陈曼冬的《两岸文化创意产业学术联盟第二次会议综述》（2010），以及何

[①] 陈国清：《厦门承接台湾动漫产业转移对策研究》，《厦门科技》2007年第5期。
[②] 李诠林：《闽台区域文化创意产业流通的几个历史阶段及其未来走向》，载于李建平等主编《海峡经济区发展探索》，社会科学文献出版社，2007，第308页。
[③] 蒋锦仕：《文博会佳音频传，闽台动漫合作渐入佳境》，http://blog.sina.com.cn/s/blog_4d819fe00100bkgi.html。

怀嵩的《两岸文化创意研究交流之观察——媒体科技创意产业文化经济学术汇聚论坛综述》(2008)等。其中,李非分析了两岸创意经济的发展背景、趋势及条件,提出了两岸合作的基本思路。康乐以厦门多个文化产业园区为参考,重点对海峡文化创意产业示范区构建的可行性与市场定位等问题进行了探究。陈曼冬就两岸创意产业学术及人才培养方面的合作进行了综述。何怀嵩就两岸学界对文化创意产业的研究的相关问题进行了比较。

此外,在这方面的主要研究成果还有邓文华的论文《海峡两岸数字艺术产业比较研究》(2008)值得关注。他将互联网艺术产业、手机媒体艺术产业、数字电影艺术产业、动漫产业、数字电影产业、游戏产业、DV艺术产业统归于数字艺术作一分析,其主要视角是从文艺学角度分析两岸此类艺术作品生产阶段主题、风格、"叙事"的趋同性,以及传播的同步性和"消费共鸣"现象,为深入的两岸文化产业合作研究提供了新的视角。

最后,需要说明的是,还有学者从宏观的视角对两岸文化产业的交流与合作状况进行了研究。这类研究以齐勇锋、张小争的论文《论两岸文化交流与文化产业合作的途径和机制》(2007)为代表。他们在文中初步归纳了两岸文化交流与文化产业合作的基本特征:①传统文化仍为两岸文化交流与文化产业合作的主体;②流行艺术交流与合作发展迅猛;③新闻媒体交流与合作开始起步;④两岸文化交流与文化产业合作极不平衡。①学者王花蕾从经济学角度分析认为,ECFA签订前,两岸文化产业的合作主要是少数具体企业或个人间的合作,且总体来看文化产业的投资和贸易合作规模都不大。②

总体来看,学者们围绕文化产业的各个层面,对两岸文化产业的交流与合作展开了较为深入而系统的研究,可谓是视角广阔、硕果累累。但是,在该领域却表现出了微观研究较多、宏观研究相对较少的特点。同时,在两岸交流比较频繁的一些领域,如节庆、会展、工艺品等方面,学

---

① 齐勇锋、张小争:《论两岸文化交流与文化产业合作的途径和机制》,载于叶取源等主编《中国文化产业评论》第5卷,上海人民出版社,2007,第252页。
② 王花蕾:《ECFA与两岸文化产业合作》,《宏观经济研究》2010年第9期。

者们较少关注。并且由于两岸间对文化产业的定义和分类不完全一致，因此关于两岸文化产业贸易情况的统计无法准确描述现状。①

二 机制与模式研究

随着两岸文化产业交流与合作的深入发展，对于合作机制与模式的研究成为另一个关注点，学者从不同的角度和领域出发对两岸文化产业合作的政策演变、合作模式分析展开了大量研究，取得了丰硕的成果。

目前学者们对两岸文化产业合作政策演变的研究，一类多集中于对两岸文化产业交流与合作政策演变的梳理，另一类则是对未来两岸政策趋向预测及建议性研究。政策演变的研究多是作为相关研究的背景研究而展开的，比较有代表性的成果有：台湾学者萧真美的论文《两岸出版界交流现况与检讨》（1998）、台湾学者蔡生当的《两岸交流与管制模式之研究（1987~2005）》、傅岩山的《论两岸三地出版交流与合作共荣》（2003）和陈忱的《文化产业人才培养与产业集群的形成——试论两岸文化产业合作》（2007）等。这些研究基本可呈现两岸在文化交流与文化产业合作方面的政策演变及作用，有不少研究值得关注。其中，萧真美从两岸政策演变为起点梳理两岸出版界交流与合作现状及问题。蔡生当详细分析了1987~2005年大陆与台湾在处理两岸交流时的政策演变与政策结构，其中也涉及关于文化交流方面的政策问题，他提出在国家安全核心理念下，建构交流管制的五种模式。② 傅岩山就两岸三地出版交流的法律与法规依据进行了分析。陈忱则详细比较了两岸文化产业政策规划的形成过程，并在此基础上提出了两岸文化产业合作的前景。③

---

① 王花蕾：《ECFA 与两岸文化产业合作》，《宏观经济研究》2010 年第 9 期。
② 蔡生当：《两岸交流与管制模式之研究（1987~2005）》，台湾大学硕士论文，2006，第 216 页。
③ 陈忱：《文化产业人才培养与产业集群的形成——试论两岸文化产业合作》，载于中国民主建国会联络委员会等编《两岸文化创意产业发展论集》，陕西人民出版社，2007，第 30 页。

未来两岸政策趋向预测及建议方面的代表成果有：台湾学者褚瑞婷的《两岸出版交流"建立规则"是首要》（2010），赵怡、褚瑞婷的文章《ECFA通过后两岸影视合作尚待解决的问题》（2010），王花蕾的《ECFA与两岸文化产业合作》（2010），刘小新、黄育聪的《"海峡文化"：实践探索与理论创新》（2008）等。这些研究多从两岸经贸合作相关政策机遇出发，探讨了两岸文化产业制度化发展的政策问题。其中，褚瑞婷对两岸现有出版制度中不利于合作的因素进行了分析，建议共同建立市场规则以共同发展。赵怡、褚瑞婷建议台湾方面取消或放宽大陆电影片进口的配额限制。王花蕾就两岸文化产业相关政策的不足进行了比较，提出应在ECFA框架下进一步提升两岸政策配合与协商，以改善产业链，提升整体水平。刘小新、黄育聪提出了"海峡文化"建设在理论层面、政策层面和实践层面的建设问题，他们认为，当前需进行闽台两岸文化政策比较研究，包括"政府文化行政"层面、"公民文化"层面、"市场或经济"层面，提出要对市场化政策、人才政策、媒体产业政策、文化产业园区政策、国际化政策等进行比较研究。[1]

两岸合作模式研究方面，学者们关注最多的是出版领域的合作模式，也有部分关注其他一些领域。对出版合作模式予以研究的代表性成果有：上海世纪出版集团总裁陈昕的论文《大陆出版产业的现状及两岸出版合作》（2009），台湾学者陈信元的《台湾出版品开拓中国大陆市场之探讨》（2010），王艾的《海峡两岸出版合作模式探讨》（2011）等。其中，陈昕认为目前两岸出版合作最基本的形式还是版权贸易，台湾主要出版企业几乎都曾在大陆以独资或合作的方式开展出版活动，并尝试进入选题策划和产品营销领域，此外，两岸也开展了一些更为紧密的合作。他列举了近年来两岸合作的成功模式，认为多数合作项目主要集中于低端市场。[2] 陈信

---

[1] 刘小新、黄育聪：《"海峡文化"：实践探索与理论创新》，载于福建社会科学院编著《三十年的探索：福建改革开放的回顾》，福建人民出版社，2008，第248页。
[2] 陈昕：《大陆出版产业的现状及两岸出版合作》，载于中共中央台湾工作办公室海研中心等主编《第五届两岸经贸文化论坛文集》，九州出版社，2009，第116页。

元对两岸出版业合作方式的变化及两岸出版产业合作的各种模式进行详细分析后认为,单纯的版权贸易将继续存在,但由于获利有限已不能满足各方的需求,两岸需要更高层次的出版合作,即"四共"模式:共同策划、共同投资、共担风险、共享权益,他对具体实施措施提出了建议。[①] 王艾在分析大陆与台湾版权、实体销售等合作的基础上,提出了合作购买国际版权、拓宽版权贸易思维、两岸联动策划选题、共建简繁体出版物销售渠道和开展战略合作等出版合作模式。[②] 类似的研究还有台湾"行政院大陆委员会"2002年的《两岸杂志事业合作途径探讨》专题研究,游涵的《低谷寻源——两岸出版合作动态浅析》(2003)等。

其他领域的合作模式研究有:杨国栋的论文《海峡两岸广播联盟协作新跨越》(2010),他以福建东南广播电台为例,分析了两岸广播业务合作的基本模式;温秀华的论文《架构新桥梁,打造大品牌——积极推动闽台两岸影视交流与合作》(2010),就福建与台湾影视合作的文化认同、栏目打造、产业合作模式等进行了分析;张素桂的论文《两岸电视媒体合作探析——从〈福建行·两岸情〉说起》(2008),从宏观层面和操作层面分析了《福建行·两岸情》的成功之处,认为两岸电视媒体合作的模式主要有节目交换、联制联播节目(联合采访、联办节目、联合直播)。

三 机遇与挑战研究

随着经济全球化和文化产业成为新经济增长点作用的凸显,《海峡两岸经济合作框架协议》签署之后,两岸文化产业合作面临新的发展机遇。对此,许多学者就相关问题展开了大量研究。学者胡惠林在《合作双赢 共同推进两岸文化产业繁荣发展》(2009)中指出:"大陆有广阔的市场和潜在的巨大资源,台湾有发展文化创意产业的运营经验,两岸联手,优势互

---

① 陈信元:《台湾出版品开拓中国大陆市场之探讨》,《研考双月刊》2010年第1期。
② 王艾:《海峡两岸出版合作模式探讨》,《中国出版》2011年第2期。

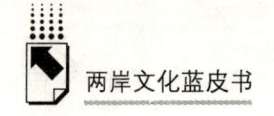

补，借助于'大三通'顺势而上，必将带来两岸文化产业的共同繁荣与发展。"①

对于两岸文化产业合作机遇的研究，已在各类文献中较为常见。例如，叶取源的《伟大的复兴需要伟大的文化》（2006）、蒯大申的《携手两岸四地，共同提升中华文化创意产业国际竞争力》（2006）、祁述裕的《关于建立海峡两岸共同文化市场的构想》（2006）、王花蕾的《ECFA与两岸文化产业合作》（2010）、陈忱的《两岸文化产业合作前景无限——兼谈文化产业人才培养与产业集群的形成》（2005）等。其中，叶取源从新时期中华文化复兴的高度出发，认为国家文化战略的重大发展，加入世贸组织后文化产业领域对非公有资本和境外资本的市场准入程度的提高，以及中央政府相关政策的调整，都为台商在祖国大陆发展文化产业提供了新的更大的舞台。②蒯大申认为，两岸四地文化创意产业合作前景基于海峡两岸经济合作态势、文化创意产业发展的国际态势、中华文化资源和文化市场的发展。祁述裕分析了两岸文化产业的互补性，认为两岸深厚的文化资源，推动两岸经贸合作及文化产业发展的相关政策的出台，大陆广阔的市场和台湾较好的产业发展积累，都是两岸文化产业合作发展的机遇所在。③王花蕾认为，ECFA的签订一定程度上清除了文化产业合作的障碍，大陆在会展业、专业设计、创意设计、进口电影配额等领域扩大了对台企的市场开放程度，台湾则在会展、设计、娱乐、文化及运动服务业等方面允许大陆服务提供者在台湾设立商业据点，并放宽了对大陆电影引进及合拍的限制。④陈忱认为，由于台湾文化产业发展相对成熟，有相对合理的产业结构和战略布局，高科技与传统文化产业结合较好，两岸在人才培养

---

① 胡惠林：《合作双赢 共同推进两岸文化产业繁荣发展》，载于中共中央台湾工作办公室海研中心等编《第五届两岸经贸文化论坛文集》，九州出版社，2009，第112页。
② 叶取源：《伟大的复兴需要伟大的文化》，载于叶取源等主编《中国文化产业评论》第4卷，上海人民出版社，2006，第3页。
③ 祁述裕：《关于建立海峡两岸共同文化市场的构想》，载于叶取源等主编《中国文化产业评论》第4卷，上海人民出版社，2006，第22页。
④ 王花蕾：《ECFA与两岸文化产业合作》，《宏观经济研究》2010年第9期。

与产业集群的形成两方面有着广泛的合作前景。①

对两岸文化产业合作挑战方面的研究，较有代表性的研究论文有：张冠华的《关于新形势下建构两岸经济合作框架的探讨》（2010），蒯大申的《携手两岸四地，共同提升中华文化创意产业国际竞争力》（2006），李向民的《努力打造统一的两岸文化产业链》（2006）等。这些研究论文从两岸文化产业结构、政策机制等方面对两岸文化产业交流与合作的机遇进行了研究。其中，张冠华认为，台湾产业结构有"早熟"之嫌，以内需为主要导向的台湾服务业正面临岛内市场狭小的瓶颈，迫切需要追随已外移的制造业向海外特别是大陆拓展服务市场，增强国际竞争力以增加潜力。② 蒯大申指出，两岸四地文化产业交流与合作的挑战是制度化协商机制的缺乏。由于没有共同的价格指标，各项经济计划的评估也没有一致的标准，因此，在建立产业分工体系方面不易达成共识。这就使两岸经济整合缺少必要的内聚力，限制了两岸经济合作向高层次发展。③ 李向民则认为，目前两岸文化产业的互动存在因沟通渠道不畅、市场开放度不同而形成的"文化壁垒"，两岸优势无法形成互补，进而增加了交易成本。④

此外，研究者们还对两岸文化产业交流与合作的态势进行了分析，研究成果以余美珠、李爽、袁书琪的《海峡两岸民间信仰文化旅游开发的SWOT分析》（2004），齐勇锋、张小争合写的论文《论两岸文化交流与文化产业合作的途径和机制》（2007），李非的《论两岸创意经济的发展与合作》等为代表，他们通过对两岸文化产业的交流与合作进行SWOT分析，展开了机遇与挑战研究。

---

① 陈忱：《两岸文化产业合作前景无限——兼谈文化产业人才培养与产业集群的形成》，载于陈忱著《文化产业的思考与对话》，国际文化出版公司，2006，第65页。
② 张冠华：《关于新形势下建构两岸经济合作框架的探讨》，载于余克礼主编《台湾研究论文集》（第二十三辑），台海出版社，2009，第154页。
③ 蒯大申：《携手两岸四地，共同提升中华文化创意产业国际竞争力》，载于叶取源等主编《中国文化产业评论》第4卷，上海人民出版社，2006，第36页。
④ 李向民：《努力打造统一的两岸文化产业链》，载于叶取源等主编《中国文化产业评论》第4卷，上海人民出版社，2006，第38页。

四 策略与对策研究

两岸文化产业合作发展的策略与对策研究是目前较为集中的研究领域，这类研究大致可分为三大方面：一是关于两岸文化产业共同市场建设研究；二是两岸文化产业合作机制创新研究；三是微观操作层面的策略与对策研究。

首先，对于两岸文化产业共同市场的建设与发展，大陆学者和台湾学者持有基本相似的观点，对此均展开了深入的研究。大陆有代表性的研究成果有：学者祁述裕的论文《关于建立海峡两岸共同文化市场的构想》（2006），李道新的《构建"两岸电影共同体"：基于产业集聚与文化认同的交互视野》（2011），谢清果的三篇论文《海峡两岸传媒共同市场构建的现实需要与理性前瞻》（2010）、《"海峡两岸传媒共同市场"构建的基本原则探析》（2011）、《"海峡两岸传媒共同市场研究"的问题意识与流变》（2011），以及陈秋华、修新田的《海峡两岸旅游共同市场内涵研究》（2011）等。这些研究从不同的领域出发，共同探讨了两岸文化产业共同市场构建的相关问题。其中，祁述裕分析了两岸共同文化市场建设的重要性、现有条件，在此基础上提出了建立两岸共同文化市场的基本思路。他认为，应在培育形成海峡两岸文化基本认同的基础上，依世贸组织有关协议进一步开放文化市场，从修订完善有关法律、建立文化创意产业园区等方面入手，建立两岸共同文化产业市场。① 李道新认为，目前内地的电影产业集群很大程度上忽略了在与国外及香港、台湾和澳门电影产业的关系中建立应有的互动框架，他提出从产业集群与文化认同两个维度构建"两岸电影共同体"的设想。② 谢清果的三篇文章从经济、政治、文化、

---

① 祁述裕：《关于建立海峡两岸共同文化市场的构想》，载于叶取源等主编《中国文化产业评论》第4卷，上海人民出版社，2006，第22页。
② 李道新：《构建"两岸电影共同体"：基于产业集聚与文化认同的交互视野》，《文艺研究》2011年第2期。

传媒生态等方面阐述了构建"两岸传媒共同市场"的现实必要性，并就两岸学者对两岸传媒业共同市场构建问题的研究演变进行了梳理，同时分析了两岸传媒共同市场应具有的特征。陈秋华、修新田深入分析了海峡两岸旅游共同市场的本质、特质、功能后认为，两岸旅游共同市场本质上是一项经济政策，主导因素在于两岸政治关系。

对这一问题，台湾学者陈信元在专著《出版与文学——见证二十年海峡两岸文化交流》（2004）中提到关于华文出版世界走向整合的简单描述："90年代一个重要的出版特征，将是中文读书世界从分裂中再度彼此渗透。"即"有一个编辑构思（出版构想），写作本源（学术人力资源），为所有使用中文写作的人群考虑，不管他身在台湾、香港、大陆、海外"。[1] 台湾学者陈恩泉在《两岸出版交流平台的建立与合作出版——两岸出版交流的过去、现在与未来》（2009）一文中提出，营造华文出版单一市场的方式有：整合两岸四地版权立法及执行存在的差异；共同购买国外版权，组织编辑、翻译、印刷分工，同步发行正、简体字版本；合作成立"反盗版基金"；共同探讨华文出版数字化的合作。[2]

宏观政策层面，部分学者就两岸文化产业合作中的两岸沟通机制等的创新进行了研究。代表性研究成果有：学者胡惠林的《合作双赢　共同推进两岸文化产业繁荣发展》（2009），齐勇锋、张小争的研究《论两岸文化交流与文化产业合作的途径和机制》（2007），周天柱的文章《世博文化与两岸文化产业合作》等。这些研究多认为当前两岸亟须建立一个专门机构来协调两岸文化产业合作，并从不同的角度研究了两岸合作机制的创新问题。其中，胡惠林认为，"可以考虑成立两岸文化产业合作发展

---

[1] 陈信元：《出版与文学——见证二十年海峡两岸文化交流》，台北扬智文化，2004年第1版，第199页。

[2] 陈恩泉：《两岸出版交流平台的建立与合作出版——两岸出版交流的过去、现在与未来》，载于中共中央台湾工作办公室海研中心等编《第五届两岸经贸文化论坛文集》，九州出版社，2009，第136页。

促进会；举办'两岸文化产业发展论坛'，积极探讨两岸文化产业发展中的问题；在已有'海峡两岸图书交易博览会'的基础上，积极探索建立两岸文化产业发展共同市场；建立'两岸高校文化产业研究与学科建设联席会议'"。① 齐勇锋、张小争认为，两岸文化产业合作应在两岸文化交流和文化产业合作方面采取互利互惠、民间先行、官民互动、点面结合、由易到难、多向驱动的策略。他们提出建立两岸党际之间、区域之间文化交流和文化产业合作的机制和平台，以及逐步放宽两岸文化交流和文化产业合作的政策限制等措施。② 周天柱认为，只有在外在市场与内在资本的双重激励下，才能共同推动文化产业发展，要在现有基础上大调整、大整合，急需建立一个旨在推动两岸文化产业合作、交流的权威机构，协商制定两岸可以接受、有利双赢的机制化、制度化的合作模式，使已有的合作品牌项目长期化、制度化、规范化，并在合作中不断推出具有新意的产业平台。③

此外，一些学者就产业链打造、产业升级、文化保护与传承等两岸文化产业合作的微观操作层面的策略进行了研究。比较有代表性的成果有：陈昕的文章《大陆出版产业的现状及两岸出版合作》(2009)，李向民的《努力打造统一的两岸文化产业链》(2006)，叶世明的《转化与再造——海峡两岸文化产业互动与发展的二重奏》(2006)，张羽的《从〈茶馆〉现象看海峡两岸的文化交流》(2007)等。

这些研究为两岸文化产业在不同领域内的合作提供了理论支持、发展思路。其中，陈昕认为，两岸出版业者应从供应链、价值链角度探讨双方的合作范围和前景，并基于比较竞争优势和互补性原则来选择合作领域。李向民认为，两岸应扩大文化交流，消除各类歧视性政

---

① 胡惠林：《合作双赢 共同推进两岸文化产业繁荣发展》，载于中共中央台湾工作办公室海研中心等编《第五届两岸经贸文化论坛文集》，九州出版社，2009，第112页。
② 齐勇锋、张小争：《论两岸文化交流与文化产业合作的途径和机制》，载于叶取源等主编《中国文化产业评论》第5卷，上海人民出版社，2007，第259页。
③ 周天柱：《世博文化与两岸文化产业合作》，《中国评论》2010年第9期。

策；进一步开放文化市场，逐步取消文化产品的贸易关税；加强在共同的重大文化产品和技术领域的合作等，以共同打造统一的两岸文化产业链。① 叶世明认为，两岸应先行选择生态农业、民俗艺术品业、文化旅游业等为先行转化的产业，实现两岸文化资源的经济转化和文化转化。同时，在文化创意产业领域确立一些重点项目，如游戏、动画、电影等产业，通过产业再造而实现共同发展。② 张羽对两岸戏剧文化资源的开发进行了分析，提出两岸文化部门应制定良性的文化交流政策，以促动戏剧戏曲文化的输出与输入；文化艺术交流应与两岸的产业文化相结合，力求使经典戏剧作品的创作和演出与文化消费并重；两岸艺术交流与学校、社区文化、文化媒体和文教基金会相结合，有利于文化资源的挖掘和传承。③ 对此，陈世雄的《论闽南文化圈》（2008）、张建鹏的《文化生态保护与海峡两岸文化整合初探》（2009）等论文中也持有类似的观点。

五 结语

总体来看，随着两岸文化产业交流与合作的深入，学者们已开始从对两岸文化交流的研究全面转向两岸文化产业交流与合作研究。围绕着两岸文化产业核心层面及重大问题，研究者们展开了广泛而深入的研究，研究领域广阔，成果较为丰富，主要呈现了以下几个特点。

第一，研究领域较广，但仍有空白。由于文化产业本身所包含的内容较多，其中很多产业如传媒、影视、出版业本身的体系较为庞杂，而且产业发展历程较为悠久，因此两岸文化产业合作领域需展开的研究较多。目

---

① 李向民：《努力打造统一的两岸文化产业链》，载于叶取源等主编《中国文化产业评论》第4卷，上海人民出版社，2006，第38页。
② 叶世明：《转化与再造——海峡两岸文化产业互动与发展的二重奏》，载于叶取源等主编《中国文化产业评论》第4卷，上海人民出版社，2006，第44页。
③ 张羽：《从〈茶馆〉现象看海峡两岸的文化交流》，载于叶取源等主编《中国文化产业评论》第5卷，上海人民出版社，2007，第288页。

前学者们对合作状况的研究基本涉及了文化产业合作的所有主要领域，研究领域较为宽广，特别是出版、影视等领域，多有学者对其发展历程进行了梳理。然而，很多领域内的两岸文化产业合作发展状况研究仍存有空白。同时，现有现状研究多从两岸文化交往的角度考察，并以政策转变对其影响为主要研究角度进行梳理，而从产业合作层面对其发展状况的研究较少。此外，以两岸文化产业合作历程及现状为研究对象而展开的系统性、整体性研究较少，无法从整体上分析两岸文化产业合作的发展状况。

第二，研究角度较为单一，较少有以交叉学科视野展开的分析。现有关于两岸文化产业合作的研究成果，一类多是从两岸文化交流发展历程的研究开始，逐渐涉及产业层面合作内容的研究，另一类则多是基于对两岸文化产业状况的基本判断和分析所做的对策性研究，这两种研究大多数为描述性分析。除个别文章如林崇能的论文《两岸进入 WTO 后的都市有线电视经营》从相关技术及产业经济学视野出发展开研究，邓文华的博士论文《海峡两岸数字艺术产业比较研究》从文艺学角度展开研究外，现有多数研究的视野和角度较为单一。两岸文化产业合作作为区域产业间的整合，迫切需要以资源、产品、市场等的互补性分析、合作模式的研究等为理论先导，以促进区域产业合作与产业升级，而目前在该领域内以产业经济学视野展开的系统性研究明显不足。

第三，应用型研究较多，理论研究较少。目前该领域的研究多集中于政策转向背景下的合作策略、对策的研究，相关理论研究明显不足。从宏观层面来看，在当前两岸共同主张实现"文化三通"[1]、"两岸文化产业合作制度化"，签署"文化交流协议"[2]，共建"两岸文化（产业）共同体

---

[1] 姜殿铭主编《台湾1997》，九洲图书出版社，1997，第551页。
[2] 此提法是蔡武在台湾参加"2010 两岸文化论坛"时表述的观点，他说，两岸在签署经济协议之后，文教交流也不应落后，希望能仿 ECFA 模式，签署相关文件，一起推进文化交流。具体参阅《大陆文化部长蔡武力推两岸签"文化 ECFA"》，来源：中国文化产业网，http://www.cnci.gov.cn/content%5C201096/news_59642.shtml。

（共同市场）"的背景下，围绕这些战略性观点而展开的相关理论研究尚待展开与深入。从中观层面来看，如"海峡文化"、"闽台文化"与两岸文化产业相契合的理论型研究的开展，对于区域间的文化产业合作实践意义深远。从微观层面来看，类似于两岸特定传统文化研究（如妈祖文化）与文化产业合作相结合的理论研究等，将为两岸文化产业可持续性合作发展提供理论支持。

两岸文化论坛

Cross-straits Culture Forum

B.3
大陆文化发展与两岸文化交流前瞻

蔡 武*

延绵五千年而生生不息的中华文化是连接海峡两岸中国人最牢固的精神纽带，是海峡两岸人民共同的血脉。她不但是我们中华民族凝聚力的坚实根基，是海峡两岸华夏儿女的精神家园，也是我们中华民族对这个世界的宝贵贡献，是全世界人民的共同财富。近年来，我们日益深刻认识到弘扬和传承中华优秀文化对实现现代化、适应全球化所具有的重大意义，在着力推进经济发展的同时，高度重视文化建设，推动文化建设大发展、大繁荣。

目前大陆文化建设呈现一派热气腾腾的景象，主要表现为以下几个方面。

第一，覆盖城乡的公共文化服务体系和网络基本形成。

我们始终认为，人民群众是文化的主人，为广大群众提供基本的文化

---

* 蔡武，中华文化联谊会名誉会长。

产品和服务，维护公民的基本文化权益，这是我们的责任。这些年来，我们不断增加对公共文化服务设施建设的投入，已经形成了以图书馆体系、博物馆体系为代表的公共文化服务体系，既有大中城市有代表性的标志性文化设施，如文博中心、演艺中心，又有区县级的图书馆、文化馆，乡镇的文化站，小区和乡村的文化中心和活动室。公共博物馆、图书馆、文化馆等均免费对城乡居民开放。

第二，大力推动文化产业发展。

我们认识到，在实行市场经济的条件下，文化发展不仅仅是建设公益性的文化事业，而且有必要发挥市场在资源分配中的基础性作用。大力发展经营性的文化产业，诸如影视制作、出版发行、广告印刷、动漫游戏、演艺娱乐、文化创意乃至数字内容等，都可以发挥社会资本作用，发挥市场机制作用，形成以企业为主体的产业发展格局。文化主管部门积极打造政策支撑、公共技术和信息服务、投融资服务、文化贸易和交流合作、人才培养等五大平台，把文化产业培育成新的经济增长点。我们的目标是要使文化产业逐步成长为国民经济的战略性支柱产业。公益性文化事业和经营性文化产业两种形态构成文化建设的两翼，我们要使双翼齐飞。

第三，文物保护成效显著。

中华民族的先民们给我们留下了世界上最为丰富的文化财富、文化资源、文化遗产，保护好、传承好、弘扬好中华文化遗产，是我们一代又一代中国人的责任。这些年来，在经历了历史风雨之后，大陆同胞日益深切体会到保护文化遗产的至关重要，文化遗产保护领域不断拓宽，保护体系逐渐完善，保护成效日益凸显，保护意识不断增强。不仅仅是中原文化、汉族文化遗产得以保护，我们56个民族的文化遗产都得到有效保护。近年来，在传统文物保护的基础上，三峡水库、西气东输、青藏铁路、南水北调等重点大型工程中的考古工作深入开展；长城、丝绸之路、大运河、大遗址、工业遗产、乡土建筑的保护逐渐提到工作议程。目前大陆已拥有世界文化和自然遗产40处，总数居世界第三。

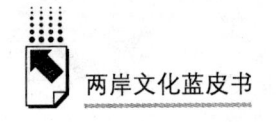

第四，保护、传承非物质文化遗产。

我们多元一体的中华民族，历来有丰富的民族、民间、民俗文化，这是各族人民在悠远的生产生活实践中创造的珍贵的精神文化产品。自从国际社会提出"非物质文化遗产"这个概念后，在大陆就得到迅速、广泛的认同和响应。2005年我们开展了非物质文化遗产普查工作，大陆非物质文化遗产资源总量近56万项，收集了珍贵实物和资料达26万多件。目前，一个以保护机构为主体，以财政投入为保障，以非遗普查和名录体系为基础，以传习机构为阵地，以代表性传承人为载体，以生产性保护和生态保护为基本方法的非物质文化遗产保护机制正在形成，先后设立了闽南、徽州、热贡、羌族、梅州客家文化等八个文化生态保护区。昆曲艺术、古琴艺术、新疆维吾尔木卡姆艺术、长调呼麦等26项非物质文化遗产项目入选联合国教科文组织公布的《人类非物质文化遗产代表作名录》，3项入选《急需保护的非物质文化遗产名录》。

第五，文学艺术生产、创作日益繁荣。

在经济高速发展、居民消费不断扩大的背景下，公众对文学艺术作品的需求极大地促进了文学艺术生产、创作的发展。现在，我们一年创作长篇小说3000部，生产400多部电影、几万集电视剧，一年出版30万种出版物，电视频道几百个，电视节目、栏目数以千计。演艺等空前繁荣，每年推出舞台艺术新剧目数以千计，每年举办大型的戏剧、音乐、美术展演数以百计。传统艺术品种大放异彩，当代艺术发展势头更猛，全社会的文化生活呈现一种热气腾腾的景象。

第六，两岸文化交流与合作空前活跃。

2009年在长沙举办的"第五届两岸经贸文化论坛"首次以文化教育为主题，提出了新形势下全面推进和深化两岸文化教育交流合作的29条"共同建议"，公布了多项促进两岸文化教育交流的政策措施，对持续推动两岸关系和平发展具有重要积极意义。近年来，在海峡两岸的共同努力下，两岸在文学、艺术、文物、非物质文化遗产、文化产业等各领域的交流与合作全方位推进，领域不断拓展，规模继续扩大，层次更为提高，影响空前广泛。我们实现了两岸文化主管部门直接对话、两岸故宫博物院直接交流。"两岸城市艺术节"、"海峡两岸民间艺术节"、"海峡两岸文化产业博览交易会"、"守望精神家园——第一届两岸非物质文化遗产月"等大型文化交流活动，成为两岸交流的重要平台。"两岸汉字艺术节"正式启动，延续了汉字文脉。大陆在台举办的《黄金旺族——内蒙古博物院精品特展》、《接近天空的宝藏——西藏艺术大展》、《英雄再起：大三国特展》等精品与台湾同胞共同分享了中华民族的文化瑰宝。两岸共同打造的张艺谋鸟巢版大型景观歌剧《图兰朵》、新编歌仔戏《蝴蝶之恋》、豫剧《台北知府》、昆曲《玉簪记》等的成功，形成了两岸文化界携手弘扬中华优秀传统文化的良好态势。两岸艺术院校、图书馆、美术馆、博物馆、文物保护机构和文化研究机构逐步建立馆际、校际、院际合作关系。

当然，我们在感受大陆文化历史性大发展、大繁荣的热络情形的同时，也在致力于解决发展存在的问题和突出矛盾。这主要是指要深入改革文化体制机制，以适应市场经济的要求，应对全球化的挑战；注重提高文化产品和服务的品位、质量、文化内涵，体现深切的人文关怀，蕴涵中华民族优秀美德传统和价值追求，抵制低俗、庸俗、媚俗现象；注重运用网络、信息、数字技术改造传统文化表现形式和传播手段，注重文化与科技的结合、融合。我们同时要呼吁无论政府还是社会都要高度重视、热情关注文化建设，特别是舍得把资金、资本投入到文化建设上来。我们应更加重视文化惠民，努力实现公共文化服务的普惠、便利、均等、公平，使文化建设成果为全体人民所共享，实现公平正义。

海峡两岸的和平稳定与共同繁荣不能仅仅依赖物质方面的互利。经济合作与贸易往来固然十分重要，它不但带给两岸福祉，也成为两岸关系重要的物质基础，但它却不能够替代文化的交流与思想的沟通。今天，在《海峡两岸经济合作框架协议》顺利签署和各领域务实交流取得巨大成就的时候，尽快扩大和加深两岸文化交流与合作，应该且必须成为我们共同的话题，这是两岸文化界同仁对两岸同胞所承担的一项重任，我们义不容辞。

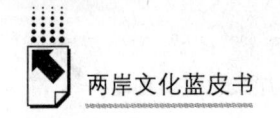

我们深深体认到，虽然两岸文化交流与合作已经取得长足进展，但是由于历史和现实的原因，两岸文化交流还存在一些壁垒和障碍，两岸文化交流需要两岸同胞共同作出不懈努力，努力营造鼓励和支持两岸文化交流的良好氛围，共创互利共赢的新局面。诚如胡锦涛总书记指出的，两岸同胞是血脉相连的命运共同体。无论我们分隔了多久，只要加强往来、平等交流、善意沟通，两岸同胞之间没有什么隔阂不可以打破，没有什么误解不可以消除。作为大陆文化主管部门，我们将秉持中华文化一脉相承的品格，愿意以更加开放、务实的态度，创造性地开展工作，努力构建两岸文化交流平台，全方位推动两岸文化交流与合作，为增进两岸同胞的相互了解与认知，为推动中华文化在海峡两岸的传承与发展贡献自己的力量。在此，笔者提出四点意见和建议。

第一，凝聚共识，推动两岸文化交流制度化。我们将努力构建两岸交流机制，通过加强两岸文化界高层互访、举办两岸文化论坛等举措，推动两岸文化交流制度化、机制化。我们希望双方基于互利双赢的精神，检讨相关政策规定，简化申请手续，修改阻碍两岸文化交流的限制性规定，为深化两岸文化交流与合作提供必要的政策和法规支持。我们期待双方积极为协商签署"两岸文化交流协议"创造各种有利条件，在两岸成功签署《海峡两岸经济合作框架协议》之后，深入探讨、协商建立两岸文化合作机制，有效地集中双方的资源、资金和创意，努力构建两岸文化交流新格局。

为此，我们希望两岸与会人士敞开心扉，坦诚相待，通过论坛平台，营造良性互动，解决实际问题，凝聚彼此共识。

第二，深化交流，共同推动中华文化的传承与发展。我们将不断深化两岸文化交流与合作，积极推进两岸在文学艺术、文化遗产和非物质文化遗产等领域的交流与合作；密切两岸作家、艺术家的相互联系，促成更多的两岸文化艺术团体开展联合创作、合作排演优秀剧目，并在海峡两岸巡演；进一步推动两岸艺术院校、文博机构广泛开展馆际、校际合作，开展合作研究、联合策展、联合办展；积极推动两岸图书馆开展中文文献资源共享，共同做好古籍保护和整理工作；深入开展两岸艺术专业人才、管理人才、创意人才的培养工作，相互借鉴、优势互补，让中华优秀艺术代代相传。

第三，搭建交流平台，不断拓展交流领域。我们将积极搭建两岸交流平台，与台湾有关机构、团体深入打造"情系"系列两岸文化联谊活动、"两岸城市艺术节"、"海峡两岸民间艺术节"、"两岸汉字艺术节"、"两岸非物质文化遗产月"等大型文化交流品牌，更多参与岛内各县市举办的台北传统艺术季、妈祖文化节、郑成功文化节等各类文化节庆活动，凝聚双方力量，不断拓展两岸文化交流与合作的领域、层次和影响。希望两岸各界积极创新交流形式和内容，打造更多符合两岸特色的交流平台。

为进一步扩大中华文化在世界上的影响力，我们呼吁双方发挥各自的优势，共同推动中华文化同世界各民族文化的对话与交流，促进中华文化在全球传播。

第四，加强产业合作，增强两岸文化产业的国际竞争力。我们将大力支持两岸各界从中华传统文化中汲取精髓，整合资源、创意、资金、人才、市场，推动两岸文化产业对接，将中华文化的丰厚资源转化为中华文化软实力。我们将促成大陆大型文化产业团组赴台举办"两岸文化创意产业展"，向台湾各界推介大陆优秀文化产品，寻求合作商机。我们将继续办好在福建举办的"海峡两岸文化产业博览交易会"和"海峡工艺品博览会"，邀请更多的台湾文创企业参加"深圳文博会"和"北京文博会"等重要展会，搭建两岸文化产业合作平台。我们将积极落实有关政策措施，为台湾业界来大陆从事文化产业活动提供更好的服务，实现两岸文化产业合作全方位发展。我想，在台湾和在大陆一样，文化产业将会是新的经济增长点，将会成长为新的经济支柱产业。

开展两岸文化交流与合作，对于推动两岸关系和平发展具有基础性、全局性、长远性的重要作用。我们愿继续与台湾各界有识之士携手努力，不断推动两岸文化交流迈上范围更广、层次更高、合作更加务实深入的新台阶，使中华文化薪火相传、发扬光大，共谋中华民族伟大复兴！

B.4 台湾文化发展与两岸文化交流愿景

盛治仁[*]

今天我要谈的题目是台湾文化发展与两岸文化交流愿景，首先要定义什么是文化？文化可以是宏伟的博物馆或美术馆的硬体建设，也可以是歌剧、音乐会和画展等艺文活动，更可以是以国家资源成立的耀眼文化创意园区。但是对台湾来说，文化建设最重要的面向，就是在人民生活层面的落实，让文化成为生活的一部分。

两岸的文化，可以用"花开并蒂"来加以形容。两岸文化来自共同泉源，但是历经60多年不同的内外在环境和发展策略及方向，现在可以说是各领风骚，互有擅长。台湾以中华文化为底蕴，吸收了葡萄牙、西班牙、荷兰、日本、美国等文化的影响，以及1949年迁徙到台湾的大陆各省文化融合，再加上自由民主的开放环境，让台湾发展出了一个独特的具有台湾特色的中华文化。

一方面，我们在传统中华文化的保存上，一刻都不曾放松，不管是对传统戏曲及有形无形文化资产的保存、正体字的提倡，还是在生活中对于传统师道的尊重。例如，在台湾的校园里，还保有著老师走进教室时，全班会起立向老师大声问好的作法。另一方面，在自由民主开放的环境里，台湾又能够在传统中华文化的基础上增添许多创新的元素，成为台湾文化的特点。不管是云门舞集将书法和现代舞蹈的融合、表演工作坊最近把暗恋桃花源跟越剧的结合，或是台湾各种文创产品所呈现既东方又前卫的风格，都是传统结合创新的具体实例。我们认为这个具备台湾特色的中华文

---

[*] 盛治仁，财团法人台湾美术基金会名誉董事长，前"文建会"主任委员。

化，在两岸关系的发展和未来的华人文化史上都将会产生深远的影响。举个轻松的例子来说，在台湾卖的四川牛肉面，在四川是看不到的。但是听说台湾式的牛肉面现在在大陆也非常受欢迎。

马英九先生经常强调要实现中华文化的复兴，可见对于文化建设的重视，"文建会"不但每一年的预算都大幅成长，在一年多以后也将改组为"文化部"。但是台湾的文化政策采取了一个跟大陆不一样的发展模式。台湾的文化政策，政府的角色在第二线，重点在于营造一个利于民间自由创作发展的环境，让民间的想象和创意推动着文化的巨轮前进。我们认为这个模式，是在如此有限的面积和资源下，能够产生出那么多在世界发亮的艺文团体和组织机构的原因，例如，云门、无垢、拉芳等舞团，汉唐乐府、当代传奇、表演工作坊、屏风表演班、优人神鼓、明华园、国光剧团、朱铭的雕塑、侯孝贤、蔡明亮和李安的电影、罗大佑和周杰伦的音乐，不只是书局的诚品书店、夏姿服饰、食养山房、鼎泰丰、清香斋等餐厅，甚至吴宝春的世界冠军面包等。如果不是时间限制，我可以继续念出更多亮眼的名单。这些源源不绝的文化创意人才，是台湾文化自由开放环境的果实，同时也是台湾最重要软实力的所在。

创意人才来自台湾人民普遍高素质的人才库，这也是台湾软实力最大的优势。对于教育的长期投入及重视，让台湾成为文化和创意发展的重要基地。我们如果用几个指标性的华人城市来比较，根据杂志在2008年的数据，15岁以上市民具大专教育程度的比例，香港是15.8%，新加坡是16.4%，北京为17.5%，而台北则是47.6%。在现代社会的竞争中，人是最重要的因素，要继续深化台湾的文化建设和创意发展，我们必须要在人才培育上继续做更大的投资和努力，这也是为什么"教育部"在上周举办的"全国教育会议"上，继续探讨延长12年国民义务教育以及其他重要的教育议题的原因所在。唯有不断提升人民素养，才是确保文化建设能够延续普及的最佳方式。

刚刚提及台湾的艺文团体和文创组织之所以能够有如此突出的表现，我们很心虚同时也很骄傲地认为，其受到政府的影响并不大。心虚的是，身为行政团队的一分子，我们为不能为艺文团体提供更多资源而懊恼汗颜。但我们骄傲的是，我们的艺文团队植根在适合文化保存和创新的土壤上，所以在接受政府非常有限的协助之下，还能够有如此优异的表现，呈现百花齐放的盛况。换句话说，台湾文化建设的方向，虽然还没能做到"十步之内，必有芳草"的地步，但是希望让文化普遍扎根，成为生活中呼吸的空气，才能够为创作者提供源源不绝的养分。文化，就是生活中的味道，虽然看不见，但是在呼吸中一定能够感受得到。

各位这次来到台湾参访，我看到在安排的行程上，大多是对文化机构的参访。下一次各位再来的时候，我希望能够有机会去搭乘台北的捷运、逛逛永康街、找几家巷弄里的咖啡店坐坐，再随意地参访几个台湾的农村，以及遍布全台的上百个地方文化馆。在这些巷弄之间，才能够真正体会到真实的人民生活和台湾的文化底蕴。人民生活的自由自在，以及对生活美学素养的提升与内化，才是我们从事文化建设最重要的目标。

大陆采取的发展模式和台湾有很大差异。政府能够带头领航，不管是艺文展演场地的硬体建设，还是杰出艺文团队的产生，以及各个文化创意产业园区的设置，都能在最短时间有令人相当惊艳的成果，产生许多亮眼的代表作。大陆各级政府的政策规划、执行力及行政效率，都非常值得我们参考。我们认为两岸的不同发展模式，让双方都有可以向对方借镜之处，因此两岸文化交流的重要性，不言而喻。事实上，两岸最大的合作基础，在于文化。但是两岸交流最艰难的障碍，也在于文化。文化决定我们自己是谁，以什么方式生活，用什么态度面对外界。两岸文化同文同种的根源，是促进交流最大的利基，但如果不能用开放的态度，而是要强加自己的价值观于对方，则两岸各自的文化观点将会成为最大的隔阂。如何能够求同存异、彼此包容、互相欣赏，甚而截长补短，达到双赢，将是两岸文化交流最重要的课题。文化不是政治或军事的零和游戏，双方都可以是赢家。我们期待双方都能以开阔的心胸，兼容并蓄，毕竟世界上没有哪一个文明因为互斥相减而变得伟大的，伟大的文明都是以包容相加的态度来接触面对所有外界的交流和挑战的。

我本身的学术背景为政治学，因此我深刻了解，再强大的政治和军事力量，在历史上都将过去，只有文化才能永久保存流传，随着时间的流逝，反而积累出更大的能量和长远影响。我们希望两岸都能更加重视文化面向的交流，让两岸人民能够透过彼此的文化，更加尊重理解对方。从最简单的两岸彼此之间使用词汇的不同，就可以透过中华大辞典的合作编纂，增进双方的了解。举例来说，台湾说"雷射"，而大陆叫做"激光"；台湾说"电脑当机"，大陆说"计算机死机"；台湾的"随身碟"，大陆的名称是"U盘"；等等。这些日常生活中两岸使用词汇的不同，借由简单的沟通就可以互相理解。但是更重要的，我们认为文化交流应该是价值和观念的交流，让我们更能够以同理心去理解对方的想法，甚至不同意见，学习互相包容、尊重，借由交流再进而深化自身文化的内涵。

至于未来两岸文化交流具体的工作项目，可以包括艺文活动的扩大交流、文资保存技术和政策的交流、文创产业的合作推广、智慧财产权的相互保障、法令的松绑及行政程序的简化、市场准入及通路限制的放宽，甚至于长期来看，双方互设官方办事处，将文化交流制度化、透明化。两岸之间文字的互动交流，最近也引发了许多讨论，冯小刚导演主张大陆应将"亲"、"爱"两个字恢复为正体字，否则"亲"不"见"、"爱"无"心"。大陆开始有不少人主张"简繁并用"，这也是两岸扩大交流后，语言文字的文化影响力慢慢展开的例证。今天透过这个民间举办的两岸文化论坛，我们跨出了文化交流的一大步，也会认真倾听民间的各种声音，汇集未来交流的重点项目和议题。我们希望在双方互利、相互尊重的前提下，循序渐进地推动各项文化交流活动，让两岸人民共创双赢。

B.5
两岸文化创意产业合作与展望

方芷絮*

一 前言

在全球化潮流中，对两岸来说，文化创意产业不仅是一个面对世界、传播固有文化的挑战，也是两岸进行文化产业研发、市场开拓的契机。就两岸的文化创意产业来看，大陆自"十一五"计划展开后，以计划性经济的方式，大力推动文化创意产业的发展；在经济力提升后，文化消费方面的能力也快速提升，全球所有消费精品品牌均展开大陆市场的布局。这对台湾推动文创产业而言，是机会也是威胁。

大陆有资金、土地、市场和政策等"硬实力"，而台湾的优势则是创意、人才、文化底蕴和自由心灵的"软实力"。加上台湾与大陆在语言文化上同属华文文化圈，在共同的文化底蕴基础上，两岸若能在文化创意产业携手合作，必能打造世界级的以中华文化为底蕴的文化艺术、影视娱乐、音乐展演、设计精品、数字内容等各项领域的国际品牌。因此如何建立两岸文创的合作与交流，已成为刻不容缓的课题。

当前两岸在文化创意产业的人才交流及产业局部方面的合作已经进行多年，只要相关政策及法令松绑，必能蓬勃发展。因此现阶段可透过两岸共同举办文化创意产业博览会等大型活动作为交流之开端，并以此作为文化创意产业交流的平台，建构彼此对话的机制。借由两岸轮流主办及带队互访的模式，展现各地文化创意产业优势，透过规划不同主题的文化创意

---

* 方芷絮，台湾"文建会"第一处处长。

产业相关会展，及串联全年度各城市重要的文创展览，以整体包装的方式向国际营销，结合台湾的创意、营销优势，以及大陆的市场规模，共同开拓华文市场与国际市场。

二 台湾文创产业政策与发展

台湾文化创意产业之推动政策起源于2002年颁布之"挑战2008：文化创意产业发展计划"，当时便开始将文化创意产业列为重大政策之一。于2002~2007年推动"文化创意产业发展计划"，包括整备文化创意产业发展机制、设置文化创意产业资源中心、发展艺术产业、发展重点媒体文化产业、台湾设计产业起飞5项推动措施，共有28个子计划。

2009年为因应金融海啸的冲击，马英九先生于2月21日在召开"当前总体经济情势及因应对策会议"中，特别强调文化创意是当前重要的六大关键新兴产业之一，政府应投注更多资源，以扩大规模、提升新兴产业产值，并辅导及吸引民间投资。"行政院"随即指示此六大关键新兴产业应在3个月内提出具体策略。其中，文化创意产业为建立跨部门、跨领域之整合平台，于3月25日成立"文化创意产业推动小组"，由刘兆玄"院长"担任召集人，曾志朗"政务委员"及"文建会"主委黄碧端担任副召集人，并聘请业界代表与各相关部门负责人担任委员，且由"文建会"担任小组幕僚单位，统整各方建议。

2009年5月14日，"创意台湾——文化创意产业发展方案"获得通过，预定执行期程为2009~2013年，主要系针对台湾当前发展文化创意产业发展之优势、潜力、困境及产业需求，提出推动策略，期能达到以台湾为基地，拓展大陆市场，进军国际，打造台湾成为亚太文化创意产业汇流中心之愿景。

此外，《文创法》于2010年1月7日三读通过，2月3日公告；《文创条例》亦于2010年4月16日三读通过，5月12日公布施行。《文创

法》通过，代表文创产业政策的推动更须遵循法律的精神，具有持续、稳定推行的必要性。

在金融海啸之后，欧美贸易市场首当其冲，造成台湾知名文创品牌业者纷纷转往大陆发展，由于大陆广大的消费市场的支撑，得以度过金融风暴的冲击。大陆庞大的内需消费人口，成为世界各国必争的市场，造成了国际贸易版图的移动。随着国际产业经济版图移动，台湾因为与大陆文化同源的优势，以及自由贸易的基础，加上强大的设计能量，成为世界要进军大陆市场的策略伙伴。

在国际经济发展趋势下，文创产业的智慧财产成为第四波经济力！因此台湾的文化软实力更成为国际竞争的关键，特别是在后世博经济效益之下，数字科技大量地被导入生活运用，已经成为各国国力的展现，而台湾过去从IC制造到科技研发，累积的能量足以傲视亚洲，因此将科技与文创结合，将可扩大产业的世界竞争力。在后ECFA效益下，两岸文创产业在竞合之间积极向国际布局，抢攻下一波经济复苏的先机。台湾基于上述的优势，文创品牌的形象透过策略性的规划、两岸的文创都市串联，以及国际据点的布局，将可将台湾推向亚太文创的汇流中心。

三 两岸文创产业合作所面临的障碍与建议

目前大陆文创市场与台湾及世界各国的关系并不对等，到目前为止，与内容传播最相关的文化创意产业成为过去数十年来两岸之间相互管制最为严格的产业领域，举凡文化经纪、展演公司、发行公司等各领域目前几乎全面管制，台湾的表演艺术、视觉艺术、影视娱乐、流行音乐等各种文创产业在中国大陆的投资与合作变得相当困难。而同属文创产业的数字内容产业，包含数字动画、数字游戏、数字学习、增值电信服务、网络运营等各方面，同样受制于大陆相关证号、书号、刊号、版号等之许可审查证照制度之强度管制，同样无法展开全面性之合作与投资。

（一）大陆市场准入

建议逐步争取放宽以下市场准入限制，让台湾文创业者得以全面性地与大陆业者展开合作：

（1）放宽投资项目、资金比例、资本额门槛之限制；放宽进口配额、书号、刊号、版号、增值电信业务执照、演出公司、文化艺术经纪公司、发行公司等之限制。

（2）指定一定数量之两岸文创产业交流试点城市，在试点区内，台商及其产品可享与大陆企业相同待遇及政策优惠。

（二）大陆行政程序简化

大陆相关审批程序冗长，且时程难以掌握。中央、地方各种法令难以理解及遵循，是台湾以中小企业形态为主体的文创业者心中最大之疑虑。建议此次论坛争取大陆相关法令中相关定义、规格、不良内容的标准更臻明确，以便业者可以在开发过程中就修改内容以兹遵循。

（1）大陆官方审批手续需有更明确的流程标准，让台商可以省去不必要的疏通成本。

（2）在审批流程简化、审批标准明确化之后，部分审批项目便可以下放到地方主管机关，以节省台商长时间等待审批结果的时间成本。

（三）关于智财权之保护

由于大陆已成为世界最大的制造工厂以及台商对外投资最集中的地区，大陆智慧财产权保护环境之良窳，亦将对台商影响甚巨，而智财权保护环境在影响企业进行扩大在大陆业务和雇用方面的决策时，具有与影响投资决策方面相似的重要性。虽然两岸已签署《海峡两岸智慧财产权协议》合作文本，然日后如何落实并加强文化创意产品之智慧财产权保护，建议可透过协议，交换仿冒盗版讯息及人员定期互访交流执法经验，共同打击仿冒盗版，以保护两岸文创产业之发展。

(四) 建构两岸文创服务平台

建议建构两岸文创服务平台，提供以下服务：

（1）协助台商处理当地法务、税务、营运许可、智财权保护等个案咨询服务。

（2）协助台商寻求当地适合的纵向、横向合作对象，并建立合作企业信用档案制度。

（3）扮演政府有关部门与台商之沟通平台，持续进行法令政策管制松绑之通盘性检讨、协议开放措施。

（4）将大陆相关市场准入规定、投资合作的限制、审批流程和其他行政程序等信息，以法令汇编、问答集的方式提供给台商参考。

（5）最终希望透过这个特殊的两岸平台媒合两岸文创事业的合作。

四 结语

目前，海峡两岸在文化交流和文化产业的合作上已经存在着取长补短、优势互补的条件。如何充分加强两岸合作，相互启发、相互借鉴对方的优势，打造共同的文化产业链，应是双方合作和互动的重点之所在。

海峡两岸交流文化先行20余年，当前两岸协商机制的开启，更为两岸文创产业之发展创造了良好的条件，希望我们秉持同舟共济、相互扶持、深化合作的精神原则，推动两岸文创产业的合作，共同开创未来。

B.6
大陆文化产业政策的现状与展望

刘玉珠[*]

一 文化产业政策是文化产业发展的强大推动力

文化产业政策是国家宏观经济政策在文化领域的具体体现，是促进文化产业又好又快发展的重要手段。进入21世纪以来，大陆政府始终把完善文化产业政策作为发展文化产业的重要环节来抓，有力地推动了大陆文化产业的快速发展。

为推进文化体制改革，推动文化产业加速发展，国务院有关部门先后下发了《关于文化体制改革试点中支持文化产业发展和经营性文化事业单位转制为企业的两个规定的通知》、《国家"十一五"时期文化发展规划纲要》、《关于支持文化企业发展若干税收政策问题的通知》、《文化产业振兴规划》。

在产业准入性政策方面，文化部先后制定了《关于支持和促进文化产业发展的若干意见》、《关于鼓励、支持和引导非公有制经济发展文化产业的意见》，并与有关部门联合下发了《关于文化领域引进外资的若干意见》，极大地调动了非公资本进入文化领域的积极性。

在扶持性政策方面，文化部单独或联合有关部门下发了《文化部关于加快文化产业发展的指导意见》、《关于鼓励发展民营文艺表演团体的意见》、《关于扶持我国动漫产业发展的若干意见》、《关于促进文化与旅游结合发展的指导意见》、《动漫企业认定管理办法（试行）》、《关于网络

---

[*] 刘玉珠，中华文化联谊会常务理事，文化部文化产业司司长。

游戏发展和管理的若干意见》、《关于扶持动漫产业发展有关税收政策问题的通知》，推动了演艺、动漫、文化旅游等业态的发展。

在金融支持政策方面，2010年，九部门联合出台了《关于金融支持文化产业振兴和发展繁荣的指导意见》，旨在破解文化产业发展的投融资难题，并受到业界广泛关注。

在国家文化产业政策的引导下，大陆文化产业取得了快速的发展。2004年以来，大陆文化产业增加值年均现价增长速度达22%，比同期GDP增速高3.6个百分点。2008~2009年，面对金融危机的冲击，文化产业逆势上扬，其消耗少、污染低、附加值高等优势进一步得到凸显。大陆文化产业从探索、起步、培育的初级阶段，开始进入快速发展的新时期，呈现朝气蓬勃、方兴未艾的新局面。

二 对大陆现行文化产业政策的简要评价

上述一系列政策措施，为大陆文化产业快速发展提供了强有力的政策支撑。

一是加大了对非公有资本和外资的开放力度，逐步形成多元化的文化产业投资格局。目前，在演出、娱乐、艺术品、网络文化、动漫游戏、出版物发行、印刷复制等领域，基本实现了对大陆非公有资本全方位、全过程开放，给非公有制文化企业发展创造了良好的政策环境和平等竞争机会。目前，大陆共有民营文艺表演团体近7000家。

二是提出一些具体经济政策，为文化企业的发展创造了良好的政策环境。如经认定的高新技术企业，减按15%的税率征收企业所得税；文化企业开发新技术、新产品、新工艺发生的研究开发费用，允许按国家税法规定在计算应纳税所得额时加计扣除；为生产重点文化产品而进口大陆不能生产的自用设备及配套件、备件等，按现行税收政策有关规定，免征进口关税；等等。

三是鼓励和支持文化企业"走出去"，主动参与国际竞争，推出了一批在国际文化市场上叫得响、站得住的品牌文化项目。

四是加大了对重点行业的支持力度。如《关于扶持动漫产业发展有关税收政策问题的通知》对扶持动漫产业发展的有关税收政策问题作出具体规定，对企业自主开发生产的动漫软件增值税实际税负超过3%的部分，实行即征即退政策；对经认定的动漫企业自主开发、生产动漫产品，可申请享受国家现行鼓励软件产业发展的所得税优惠政策；对动漫企业为开发动漫产品提供的劳务，可享受营业税方面的减免；对经认定的动漫企业自主开发、生产动漫直接产品，确需进口的商品可享受免征进口关税和进口环节增值税的优惠政策。

五是金融支持文化产业开始破题。《关于金融支持文化产业振兴和发展繁荣的指导意见》全面阐述了金融业支持文化产业的方法、途径、步骤和手段，为解决文化企业融资难问题创造了极为有利的条件。

当然，与迅猛发展的文化产业势态相比，与文化企业的期望相比，我们的文化产业政策体系仍存在许多不尽如人意的地方，突出反映在两个方面。

一是宏观指导政策较多，具体经济政策较少。缺乏扶持文化企业发展的包括资金支持、税收征收、银行信贷、土地使用等在内的具体经济政策。

二是对比发达国家，政府财政扶持力度尚不够大。这些年，中央和部分地方财政先后列支部分专项资金，对文化产业给予积极扶持，收到很好的效果。但总的看来，与发达国家相比，政府对文化产业的资金支持力度还不够大。如韩国政府2009年指定文化产业为绿色增长产业，为经济增长的主要动力，政府加强了对文化产业的支持；2010年，文化产业振兴院计划完成200个项目，政府预算2000亿韩元。

三 对完善文化产业政策的几点思考

为了确保文化产业健康快速发展，我们将进一步完善文化产业相关政

策，主要着眼于以下几个方面。

第一，加大政策扶持力度，增强政策可操作性。发挥政策在促进文化产业发展中的引导、调控和支持作用，继续执行出台一系列文化产业政策，并根据文化产业发展实际，及时修订完善，用好用足已有优惠政策。研究制定文化产业发展迫切需要的新政策，增强政策的针对性和可操作性。

第二，健全投融资政策体系，搭建投融资服务平台。总的来看，在各部门的共同努力下，文化与金融的对接已经全面启动，文化产业融资已经迈出了积极步伐，但要从根本上解决文化产业融资难问题，还任重道远。为此，文化部将从以下几方面努力：一是发挥文化行政部门的优势，促进金融业与文化产业对接。二是建立多部门协调沟通机制。三是加强文化产业投融资公共服务平台建设。四是深化部行合作，促进文化企业信贷融资。五是支持文化企业在资本市场融资。

第三，制定切实有效的人才政策。随着文化产业的发展，人才资源已成为文化产业发展最重要的资源，人才在文化产业发展中越来越具有决定性意义。为加强文化产业人才工作，文化部已经在考虑研究制定文化系统文化产业中长期人才培养规划，培养懂文化、善创意、会经营的高端复合型人才和各类操作型、技能型、实用型人才。准备在"十二五"期间实施国家优秀文化产业经营人才培养工程，把"请进来"和"走出去"相结合，注重海外文化创意、研发、管理等高端人才的引进。积极吸引财经、金融、科技等领域的优秀人才进入文化产业领域。我们也在考虑建立几个高端的、国际化的文化产业培训基地。

第四，加大财政支持力度，通过贷款贴息、资助、奖励等方式，扶持重大文化产业项目和优秀品牌文化产品，吸引更多的民间资金进入文化产业领域，鼓励支持文化企业走向国际市场。

第五，研究制定《文化产业促进法》。近几年来，政府所出台的一系列有关文化产业的政策，其重要作用不可忽视，但市场经济最终是法制经济，文化产业只有真正纳入法制的轨道，才能保证持续快速健康发展。特别是当前文化产业的战略地位、发展原则、扶持政策等,还没有从国家法律层面上得到确认。今后要逐步把行之有效的文化产业政策上升为国家法律制度。要通过加快文化产业立法进程,完善文化产业法律法规体系,为文化产业发展提供重要的法律保障,依法促进文化产业又好又快发展。目前,《文化产业促进法》的立法研究工作已经在进行之中。

B.7
两岸文化产业优势分析与合作之道

单世联*

在中国现代化的广阔背景下，本文较为全面地概括了大陆文化产业发展的基本形势，总结了大陆文化产业迅速崛起的三大动力和四大优势，并对两岸文化产业的合作提出几点初步意见。

一 迅猛发展的文化产业

追根溯源，中国文化产业并非自今日始。五四新文化运动扫清了文化发展的传统路障，客观上开始了文化创意产业的发展之路。1917年，陈独秀公开提出新文化运动的"三大主义"：推翻雕琢的阿谀的贵族文学，建设平易的抒情的国民文学；推翻陈腐的铺张的古典文学，建设新鲜的立诚的写实文学；推翻迂晦的艰涩的山林文学，建设明了的通俗的社会文学。[1] "三大主义"否定了传统文化的政治标准和审美趣味，提示了一种新的文化生产、接受范式。高等教育、科学研究、新闻出版、文学艺术等中国新文化的主要部门，大都学习、参照甚至模仿西方而来，有的干脆就是西方在中国创办的。在"十里洋场"的上海，伴随着现代产业崛起的是现代文化产业，特别是新闻出版、电影和娱乐业。其中像鸳鸯蝴蝶派小说、海派京剧、各种地方戏与曲艺、文艺副刊与小报画报、连环画、广告画、月份牌、年画，以及电影院、游乐场、歌舞厅、酒吧等都以都市风

---

* 单世联，上海交通大学教授，东森首席专家，博士研究生导师，文化产业与管理系副主任。
[1] 陈独秀：《文学革命论》，任建树等编《陈独秀著作选编》第1卷，1917，第260~261页。

格、社会化生产、大众消费等而成为文化产业。上海在20世纪的三四十年代成为举世瞩目的区域性文化中心可与西方大都市相竞争。1949年后，大陆建立了新的政治、经济与文化制度，文化作为意识形态生产的一个重要部门，同时也是计划经济体制的一个领域。在组织体制上，文化生产和传播机构都属于执政党的宣传部，主要发挥其宣传党的方针政策的"喉舌"功能；在经费投入上，主要由政府从国民收入中提取，是由国家全资投入养起来的事业部门，文化从业人员都是国家体制内的干部；在消费方式上，文化实际上是政府提供的公共物品和服务，是"为人民服务"的福利事业，消费者基本上不直接出钱。这种文化体制，配合了一定时期的政治体系，基本表达了党、国的政治意志，但它既没有提供文化生产所必需的自由条件，也不可能生产出满足社会需求的文化产品。

20世纪末，在改革开放的大背景下，随着经济体制改革和社会主义市场经济体制的建立、社会主义民主政治建设的日益推进，大陆文化生长和发展的物质基础、体制环境、社会条件、传播手段等也随之发生了深刻而复杂的变化，意识形态不再全部垄断文化生活，政府不再提供全部的文化产品和服务，文化产业化开始逐步获得积极评价与合法身份。从2000年10月中共十五届五中全会通过的《中共中央关于制定国民经济和社会发展第十个五年计划的建议》中第一次正式提出"文化产业"这一概念，到2010年10月中共十七届五中全会通过的《中共中央关于制定国民经济和社会发展第十二个五年规划的建议》中提出"推动文化产业成为国民经济支柱性产业"，文化产业在中国蔚然崛起，出现了党委主导、政府引领、文人参与、企业踊跃的"文化产业热"，且具有一种由上而下的"运动"式规模和气势。

在经历了多年受控和抑制之后，中国文化的创造力喷涌而出。2000年以来，在党、政的主导和推动下，大陆文化体制改革日益深化，文化企业迅速生长发育，文化市场空前繁荣，文化产品和服务不断丰富。2004年以来，文化产业年均增长速度在15%以上，比同期GDP增速高6个百分点。2011年3月8日，文化部部长蔡武介绍，目前中国文化产业增加值占GDP的比重约为2.6%，上海、北京、广东、湖南和云南5个省、市的比例已超过5%，湖北等省份也接近5%。他估计到"十二五"末期，这一比例将能占到中国GDP总值的5%左右，成为中国的支柱性产业。

大陆文化产业当前的逼人之势，可从随手摘录的2010年的几个数字看出：

* 电影票房首次突破100个亿。

* 5月3日在杭州落幕的为期6天的第七届中国国际动漫节，200余万人次参与，签约近50个项目，涉及金额128亿元（其中现场成交22亿元）。

* 北京市文化创意产业实现增加值1692.2亿元，比上年增加近200亿元，占全市GDP的比重为12.3%。1~11月，全市规模以上文化创意产业单位实现收入5565.8亿元，比上年同期增长19.7%。

* 5月14日，昆明"五华区文化创意企业联谊会"提出，金鼎1919文化创意产业园将全面创建100亿元文化创意产业集群，在"十二五"期间构建新昆明的"文化创意中心"。

近30年来，中国经济几乎一直处于持续的高速增长期。从无到有的文化产业，自然更具成长优势。简单地概括，大陆文化产业发展主要有三大动力。

1. 经济发展的迫切需求

在国家制定的《国民经济和社会发展第十二个五年规划纲要》（以下简称《纲要》）中，文化产业将实现新的跨越式发展。从这份纲要中可以看出经济发展与文化产业的内在关系。

一是扩大内需的需要。《纲要》以扩大内需、改善民生为中国经济政策的主轴。中国经济持续发展的困难在于内需不足。《纲要》在"政策导向"一章中提出要"建立扩大消费需求的长效机制"，并提出了诸如推进城镇化、实施就业优先战略、深化分配制度改革、健全社会保障体系，以及营造良好的消费环境等释放居民消费潜力的措施。这一"政策导向"传达了今后5年宏观经济环境将向有利于文化产业发展的方向转变的重要信息。

二是转变发展方式的需要。改革开放以来的巨大成就并不能掩盖资源消耗过大、低劳动力成本投入、科技贡献率低、加工贸易占主导地位、服务贸易发展滞后等问题。《纲要》把推进经济结构战略性调整作为"转变经济发展方式的主攻方向",把推动服务业大发展作为结构优化升级的战略重点,把加速发展生产性服务业作为首要任务。这些战略举措最终指向了现代文化产业——生产性服务业的高端形态。如在有关转型升级、提高产业核心竞争力的篇章中,就谈到了推动研发设计,推动自主品牌建设,而这就需要大大提高产品的技术含量和文化附加值;在有关推动服务业大发展的篇章中,还提到了要大力发展工业设计、数字内容服务等高端服务业。这些都在为当代文化产业的重要领域——创意设计腾出巨大的发展空间。

2. 国家意志的强力推进

迄今为止,大陆文化产业发展的最大动力来自党、政推动,其主要表现是制定规划和放松政策。从中央到地方,各级政府都编制了文化创意产业发展规划,一般都将文化创意产业发展作为转变经济发展方式、优化产业结构、提升区域综合竞争力的重要着力点;都强调推动文化产业规模化、差异化、精品化发展,都在构建以广播影视业、出版业、报刊业、动漫产业、网络及新兴文化业态为主导,相关产业联动发展、结构优化的文化创意产业体系;都努力将文化创意产业发展成具有强大竞争力和地域文化特色的战略性新兴产业。全国的规划以2009年7月22日国务院审议通过的《文化产业振兴规划》为代表。概括地说,文化产业的政策体系包括四个方面。

一是体制改革政策。

推动部分国有文化单位转企改制。文化体制改革最紧迫的就是要重塑国有文化市场主体,2005年12月23日,中共中央、国务院正式颁布《关于深化文化体制改革的若干意见》(以下简称《意见》),这是1949年以来党中央、国务院第一次就文化体制改革作出重大决策。《意见》划分了文化事业和文化产业的范围和界限,允许转制为企业的文化单位可以吸收部分社会资本,进行投资主体多元化的股份制改革。

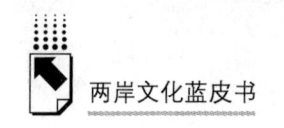

为贯彻落实《意见》精神，文化部、新闻出版总署分别出文件，就文化及传媒行业改制方案作出具体部署。2010年，文化部系统4家集团公司转企改制工作取得重大进展，事业编制全部核销，实现了全员劳动合同管理。全国共有461家国有文艺院团已完成或正在进行转企改制，其中2010年新增340家。截至2010年12月30日，中央各部门各单位出版社完成转企改制。全国有99%的经营性图书出版社、96.6%的国有新华书店和20%的报刊出版单位已完成转制或正在进行转企改制。转制后的企业联合重组，形成出版企业集团29家、期刊集团4家、发行集团24家、上市公司42家，资产、销售过百亿元的有6家。这些企业集团主导生产、流通市场，改变了市场主体缺位的状况。

吸纳非公有资本发展文化产业。继2005年初国务院下发《关于鼓励支持和引导个体私营等非公有制经济发展的若干意见》之后，国务院又公布了《关于非公有资本进入文化产业的若干决定》，使得非公有制资本进入文化产业有了政策依据。同年7月6日，文化部、国家广播电影电视总局、国家新闻出版总署、国家发展和改革委员会、商务部又联合发出《关于文化领域引进外资的若干意见的通知》，就外资进入文化及传媒领域作出明确规定。

二是产业发展政策。

2009年9月10日，文化部下发《关于加快文化产业发展的指导意见》。

2010年1月4日，新闻出版总署发布了《新闻出版总署关于进一步推动新闻出版产业发展的指导意见》。

2010年1月21日，国家广电总局下发了《关于促进电影产业繁荣发展的指导意见》。

2010年6月3日，文化部出台《网络游戏管理暂行办法》。

2010年6月9日，国务院办公厅发布《三网融合试点方案》，对三网融合试点工作提出了具体要求。6月30日，国务院办公厅下发试点城市（地区）名单，批准在北京、上海等12个城市（地区）开展三网融合试点工作。三网融合是指电信网、计算机网和有线电视网三大网络通过技术改造，能够提供包括语音、数据、图像等综合多媒体在内的通信业务。

2010年6月9日，文化部下发《关于加强文化产业园区基地管理、促进文化产业健康发展的通知》。

2010年7月1日，《文物艺术品拍卖规程》正式实施。

2010年8月，文化部制定并颁布《全国文化系统人才发展规划（2010~2020年）》，提出到2020年，文化从业人员总量从现在的195.6万人增加到280万人，增长43%左右。

2010年9月15日，新闻出版总署下发《关于加快我国数字出版产业发展的若干意见》。

2010年10月9日，新闻出版总署发布了《关于发展电子书产业的意见》。

三是经济扶持政策。

2010年4月8日，中宣部等九部委下发《关于金融支持文化产业振兴和发展繁荣的指导意见》，相关部委随之相继出台措施贯彻落实，使文化产业与金融资本的联姻取得了实质性的融合。

2010年5月14日，文化部启动"文化部文化产业投融资公共服务平台"正式上线运行，在解决文化企业与金融机构之间信息管道不通畅方面发挥了明显作用。目前，在平台上成功注册拟申请贷款的文化企业数量已达60家。同时，各大金融机构纷纷与平台开展业务对接。2010年，中国进出口银行、中国银行等6家银行机构，北京产权交易所、上海文化产权交易所等5家文化产权交易机构相继与该平台开展合作。中国人民财产保险股份有限公司也于2011年与该平台实现业务对接。

2011年1月26日，中国人民银行对外发布《2010年金融机构贷款投向统计报告》。其中尤为引人注目的是，文化产业赫然在列。报告所罗列的八条贷款结构特点的第二条显示："基础设施行业中长期贷款增速回落，文化产业中长期贷款增速创历史新高。"报告显示，2010年，在全国

金融机构中长期贷款增速整体回落的背景下，文化产业成为金融机构中长期贷款新的增长点。2010年全年，文化产业（文化、体育和娱乐业）本外币中长期贷款累计新增276亿元，年末余额同比增长61.6%，比上年末提高39.1个百分点，余额增速创历史新高。

目前，文化部正在出台措施完善文化产业投融资体系，并已联合北京市政府筹建国家级的文化产权交易所。与此同时，各地在支持文化产业发展方面政策频出。目前，上海、深圳、成都、沈阳、合肥、广州、武汉等地已相继成立了文化产权交易所，为文化产业投融资提供专业服务。

四是文化产品出口政策。

2007年12月19日，文化部下发《关于进一步加强和改进文化产品和服务出口工作的意见》，标志着我国"走出去"战略在文化产业领域已经基本成型。2006年公布的《国家"十一五"时期文化发展规划纲要》特别提到，整合资源，突出重点，实施"走出去"重大工程项目，加快"走出去"步伐，扩大我国文化的覆盖面和国际影响力。在此前后，文化部、财政部、商务部等相关部委陆续出台了一系列政策措施，推动文化产业扩大对外交流，积极实施"走出去"战略。国家财政和有关文化部门联合设立了如"国产音像出口专项资金"、"动漫产业发展专项资金"等政策资金，文化部设立了优秀出口文化企业、产品和服务项目的奖励措施。

世界上大概没有哪一个国家为了发展文化产业制定、颁布了这么多的政策，这是因为中国大陆的文化资源基本掌握在政府手中，这是因为中国大陆还处于政策治国的时期。客观地说，政策推动不是文化产业发展的康庄大道，但在中国，政策，也只有政策才可能使文化成为产业，才可能使文化获得发生发展的动力。在今后一个时期，大陆文化产业还需要政策的继续推动，还需要更为完备的政策支持。我们希望在经过一个相当长时期的发展之后，文化产业能够拥有内在动力，而政府也将通过改革而回归到文化市场的管理者、服务者的位置上。

3. 科技创新的巨大推动

从诞生到发展，文化产业都是科技创新的后果之一。大陆文化产业的崛起，适逢科技向文化全面渗透的时期，"文化+科技"理所当然地成为文化产业的发展策略，以数字化信息技术为核心的新兴业态理所当然地成为文化产业的先锋。近年来，与数字化信息技术有关的新型文化产业部门不断传出超常增长的消息，有关公司迅速进入全球大型企业之列。从理想的意义上说，在新兴文化产业领域，中国与世界同步，以中国人的聪明才智，只要我们尊重创意规律，保持科技创新，不做或少做人为干扰，是完全有可能走在世界前列的。

以深圳为例，通过实施重大项目带动战略，加强对行业龙头企业的培育，涌现了一批以高新技术为依托、以数字内容为主体、自主知识产权为核心的高成长型文化科技型企业。比如腾讯公司注重加强科研创新力量，不断在互联网信息和网络游戏等业务上推陈出新，成就显著，公司市值已进入全球互联网行业前三名，仅次于美国的谷歌和亚马逊公司。与此同时，深圳将高新技术手段充分应用于印刷、工艺品等一批当地传统优势文化制造类企业，不断强化创意设计环节，使先进的创意设计理念快速渗透到传统文化制造业，推动了传统文化制造企业的优化升级，加快"深圳制造"向"深圳创造"转变。

二 大陆文化产业的优势

文化产业在大陆的迅猛发展，得益于多方面的原因。总结起来，有四个方面的优势。

第一，中华文化复兴的背景支持。中华传统文化源远流长，丰富博大。但近代以来，中国被动地卷入全球竞争，在遭遇西方世界的一系列失败中，迅速放弃自己的文化自信而拥抱西方文化。这种"文化失败感"其来有自。中国文化在经历了她的繁盛期后，终于在宋元之后开始衰败。清初的《红楼梦》、《儒林外史》等文学著作已经表达出浓郁的"末世"之感。清中叶的龚自珍即已敏感地表达了"日之将夕、悲风骤至"、"将萎之华、惨遭于槁木"的衰世哀感。晚清的《官场现形记》、《二十年目睹之怪现状》等也已刻画出中国社会的腐朽积弱。随着清军在西方国家的"坚船利炮"面前的一次次惨败，中国人普遍感受到亡国灭种的威胁，也领略到现代世界弱肉强食的"丛林法则"。追溯中国落后挨打的原因，从晚清"学战"到"五四"论争，学术思想界在寻求根本性突变的过程中，日益明确地建构起传统中国与近代西方的对比模式，越来越多的言论要求文化为中国的积弱和衰败负责。五四新文化运动的代表人物陈独秀、胡适、鲁迅，在思想气质及文化倾向上有很大差异，但在如何对待传统文化上却有一个共同的态度：仅仅模仿西方的技术和政治制度是不够的，现代中国的政治、社会、经济变革的前提是思想观念文化革命，而这种革命首先需要全盘摒弃中国的过去。反传统之所以必要，在于中国文化已无法应对现代挑战。

文化本无所谓失败，近代的"文化失败"是对中国落后挨打的一种解释，这种解释一方面表现了中国文化的不甘落后、勇于反思的顽强精神，但过度的文化自谴也可能导向虚无主义。正如台湾哲学家牟宗三所说："我们试看由西方的武力先把满清政府打败，继把我们的民族打败，最后把我们的文化打败。其实西洋人并未打败我们的文化，当然无所谓败不败。文化是自己努力的事，是有弹性的，是随时滋长壮大或转形的。西洋人并不敢说打败我们的文化。外人所能打的只是外在的有形的东西，一定形态的物质力量。两种物质力量相交绥，冲突便是打，谁强谁打败谁。把你的一定形态的物质力量打倒就算完，此外他管不着。所以打败我们的文化是我们自己代人行事，起来自己否定的。这就叫做自失信心，自丧灵魂，此之谓'自败'。这种败才算是一败涂地。"[①] 牟宗三此论无法回答中国人何以要"自失信心"？但他明确地区分了物质与文化，却是有道理的。实际上，历史是连续的，"现代"与"传统"截然对立的范式既误解了"传统"也遮蔽了现代。它只注意传统之间的相似性，而拒绝承认传统在时间和空间上的多样性，比如从文武周公到清初的顾炎武、王夫之、

---

① 牟宗三：《道德的理想主义》（1978），学生书局，1985，第253页。

黄宗羲，都可贴上"传统"的标签，而事实上他们的差异绝非是"传统"一词所能掩盖的。把传统社会描绘成"静止的"、"没有变化的"社会，这是按近代西方社会的急剧变动的标准看问题，但传统中国绝非静止不变。同样，不同的现代工业社会之间的实际差别也是很大的，由于历史条件的不同，社会变革具有极大的复杂性和多样性，各个现代社会之间也必然有很大的差异性。而且"传统"的价值观念和制度在所谓的现代工业社会中也会长期存在，比如在台湾社会，现代化的动力并不是用一套属性取代另一套属性，即不是以"现代性"取代"传统性"，而是它们之间的相互啮合、相互渗透。

经过近30年的发展，当代中国已经收获了改革开放和经济建设的硕果。在巨大的经济成就和显赫的国家实力的基础上，大陆也涌动着大国崛起、中华复兴的热浪。这就为文化产业发展提供了必要的背景支持。江泽民在党的"十六大"报告中指出："当今世界，文化与经济和政治相互交融，在综合国力竞争中的地位和作用越来越突出。"胡锦涛在"十七大"报告中也指出："当今时代，文化越来越成为民族凝聚力和创造力的重要源泉，越来越成为综合国力竞争的重要因素。"他还明确提出"提高国家文化软实力"的要求。全球化的迅速发展，一方面使不同国家和地区的人越来越多地分享一些基本的信念、价值，经济－贸易发展带来的好处和通信－交通带来的便利；另一方面，也深刻地唤醒了非西方文明的国家民族观念，唤醒了非西方世界对于自身权力和利益的自觉。在反对西方的权力优势、维护和争取平等权利的斗争中，文化实际上成为凝聚人心、捍卫自身利益的一个工具。近年来，大量有关文化产业的论著都一再强调这样一个事实：当我们围绕要不要"文化产业化"时，美国等发达国家的文化产品已凭借经济和技术优势，利用各种手段和方式占领全球大部分市场，并将其价值观念、生活方式、社会制度输送到这些国家和地区，以自己的强势文化改造落后的弱势文化。由此得出的结论是，仅仅靠阻碍外国文化的渗透和文化殖民是无济于事的，应当大力发展民族文化工业，增强文化的自主创新能力，建立完善的文化产业体系，参与全球文化竞争。

第二，经济持续增长的发展条件。中国经济已保持30多年的快速增长，国内生产总值位居世界前列，民生有了很大改善，沿海地区和一些大中城市呈现现代化的繁荣。良好的经济形势之于文化发展的优势在于，其一，经济增长之后，政府和社会投资可以更多地用于文化产业。据有关机构研究，2011年资本有五大投资热点：一是院线、影视制作与发行公司。二是与3D影院建设相关的产业链。三是动漫衍生品市场，尤其是动漫衍生品授权企业。目前是动漫领域赢利及商业模式较为清晰的环节。四是传统出版社转制及上市过程中或将剥离数字出版业务而成立子公司，对资金存在诉求。五是数字出版解决方案提供商或者技术提供商（如华阅数码）。其二，经济增长之后，发展方式也必然转型。这不但是说社会生产可以超越物质财富和实体经济而转向文化生产，而且是指经济内在地需要征服新的领域，这是扩大人的需要、制造人的需要，从而虚拟经济、体验经济、知识经济、符号经济之类也就兴盛。实体经济必然通向文化经济。

第三，巨量人口构成的市场环境。中华民族有重生的传统，人口众多是中国的国情之一。对于人口多，我们有过不同的认识，首先是毛泽东1957年提出的"除了党的领导之外，六亿人口是一个决定的因素。人多议论多，热气高，干劲大。从来也没有看见人民群众像现在这样精神振奋，斗志昂扬，意气风发"。[①] 在这种思想指导下，中国人口增长过快，但在有限的物质资源和一定的生产力水平下，要维持居民的生活水平当然就很困难。在经历多年的"穷过渡"之后，大陆对人口增加多了一份疑虑。从20世纪70年代中期开始，政府推行计划生育政策。1982年，计划生育政策被确定为国家基本政策。这一政策得到严厉的执行，出生率终于降下来了。当然，由于人口基数大，即使一对夫妇只生一个孩子，总人口还是很大。广大人口是中国经济社会发展的强大压力，至今仍有不少困难。然而，从文化产业的角度看，人口多也体现为需求多、市场大。无边

---

① 毛泽东：《介绍一个合作社》（1958年4月15日），《毛泽东选集》第5卷，人民出版社，1977。

的人群，要看、要听、要读、要玩，这就需要有巨大量的文化产品和服务。比如100个人看一部电影就可以满足需要，而1000个人就可能需要几部电影才能满足，因为人的文化生活有选择性和差异性。这一点使得中国大陆成为全球文化需求最为健旺的地区之一。

当然，人口与文化市场并无必然联系。只有在温饱已经解决、休闲时间较多、文化需求上升的情况下，人口才与市场直接相关。事实上，大陆居民的平均收入水平已经具有文化消费的能力。根据文化产业蓝皮书中的测算资料，目前我国的文化消费水平只达到发达国家的1/4，人均消费潜力远远没有释放出来。挖掘这个潜力，需要优秀的文化产品和服务。

第四，塑造城市品牌的直接需要。近30年来，大陆城市化水平提高了30%多，基本上1年1个百分点，每年增加1000多万城镇人口。据2011年4月公布的第六次全国人口普查主要资料公报（第1号），2010年全国常住城镇人口和乡村人口已非常接近，城镇人口为6.6亿人，占总人口的比重是49.68%。在大城市、特大城市、超大城市日益增多的城市化洪流中，构建新型城市化战略格局，提升城市化质量和水平，是一个重要问题。传统的那种完全按照工业化要求规划出来的、功能性的没有任何地域特色的"福特式"地点和城市正在被人们摒弃，具有"高水平唯一性"的地域性文化资源正在成为重要的战略资源，参与到地区性的发展中去，形成"后福特式"的地点和城市。近年来，一批国家级文化产业示范园区异军突起，凭借与所在地区和城市发展的密切关系，打造了成功的商业模式，就是典型的范例。

三 两岸文化产业的合作之道

海峡两岸在文化产业方面的合作已经持续多年。比如"海峡两岸（厦门）文化产业博览交易会"已举办三届，福建的"中国（莆田）海峡工艺品博览会"已举办了六届，2009年由两岸高校发起的"两岸文化创意产业研究联盟"已举行三次会议。

两岸拥有同一文化传统，两岸文化产业各有优势。大陆的优势是文化资源丰富、消费市场广大、发展空间广阔。这些方面，上面已有提示。对于台湾的优势，笔者觉得有这样几点。

第一，相对完整的传统资源。近代以来，台湾没有发生"五四"意义上的反传统运动，因此能够把现代文化与中国传统较好地结合起来，其生活与产业都具有典型的中国文化味。文化产业是市场的依赖，历史资源不是最重要的，但是创意需要资源，中国人的文化消费需要有中国味，这一点，台湾可值得大陆学习之处甚多。

第二，坚实有序的民间基础。据介绍，台湾文创产业的基础是"小区总体营造"计划，即通过小区自主提案，实施文化设施基础调查，了解小区文化历史脉络以及目前的发展状况，然后进行整体规划发展和设计，并由政府给予相应的资助和指导。这就形成了自下而上、民间主导的文化产业发展主脉。大陆文化产业发展的动力主要是政府推动和政策松绑，这在发展的初期是必要的，也是合理的，但政府不能长期包办，文化产业发展的根本还是要依靠民间智慧、社会力量和市场运作。同时，台湾的文创产业与"创意生活"紧密相连，注重与日常生活的联系，注重细节，具有"小而美"的特点。这也是努力"做大做强"的大陆文化产业应当吸取的。

第三，更为规范的市场体系。台湾市场经济发育较早，在企业组织、员工素质、产品营销及产业链等方面具有优势。另外，台湾在保护和开发历史文化遗存项目，使其在成为文化消费和文化产品加工基地方面先行一步，积累了经验。

当务之急在于，海峡两岸还需要加强了解。至少在文化产业领域，两岸合作、相互补充的目的，不只是扩张市场、提高效益，而应当包括改善两岸关系、增进友谊的机会。两岸的合作，不能只用"脑"，而且要用"心"。

抓住机遇，加强合作，推动两岸文化产业共同发展，是弘扬中华文化的必要之路，也是两岸的中国人应当承担的使命。

B.8 探索文化创意产业的根

王定乾*

近几年来两岸在文化创意产业的发展上有着不谋而合的趋势。台湾自2002年开始，即将文化创意产业纳入政府整体发展政策中，并以"创意台湾"为目标，推动各项文化创意产业发展计划，更于2010年初通过了"文化创意产业发展法"，使得整体产业发展获得法源的依据与奥援。大陆则是在1999年于文化部成立专门负责发展文化产业策略的文化产业司，而有鉴于文化创意产业的蓬勃，国务院更在2009年通过了《文化产业振兴规划》，正式宣告文化创意产业将成为大陆未来的重点产业。对于长期经营艺术领域的笔者而言，看见这个产业发展的环境与条件逐渐成熟与完备颇感欣慰。同时，两岸正站在一个难得的历史契机中，笔者期许未来能在这股文创风潮中开创新局，而它的意义不仅在于文创产业所能创造的庞大产值或者所能达到的经济规模，更在于这是中华文化得以复兴与弘扬的转折点。

文化创意产业，顾名思义，它与文化、与创意有所关联。依据《文化创意产业发展法》的定义，文化创意产业系指"源于创意或文化累积，透过智慧财产之形成及运用，具有创造财富与就业机会潜力，并促进整体生活环境提升的行业"。然而，所有的创意与文化并非凭空得来，而是其来有自，特别是在一个全球化的时代里，如何凸显创意与文化的特色，将成为开创文化创意产业独特价值的关键。以前几年风行全亚洲的韩国连续剧《大长今》，或者来自台湾现今已立足于世界的陶瓷品牌"法兰瓷"为

---

* 王定乾，中华文物学会理事长。

例，它们均自传统文化中挖掘养分，《大长今》深入考究韩国传统的宫廷饮食，法兰瓷则自中国传统的瓷器与书画艺术中获取灵感，均得以在激烈的国际竞争中脱颖而出。因此，两岸在发展文化创意产业的路途上，应承继、撷取中华文化博大精深、多元包容的内涵，使其成为文化创意产业取之不尽、用之不竭的宝库。回顾自18世纪以来的世界文化史，西方文明在历经工业革命的突破性发展后，挟带着资本主义崛起成为世界的文化强权，现今，即便在落后的地方，也随处可见麦当劳、可口可乐、米老鼠与唐老鸭的踪迹，它们不仅仅作为一种商品，同时也贩卖着西方文化的美学品位与价值观。曾几何时，作为东方文化大国后裔的我们，正随着时代的前进一点一滴地丢失属于传统文化的荣光。但是此刻，时代正站在我们的一方，综观现今国际政经情势的发展，伴随着大陆经济的崛起，显然是东风又起的时刻，透过全球掀起的中国热、华文热均可见一斑，因此，眼下便是我们发展以中华文化为根源的文化创意产业的绝好时机。

然而其落实的方法应是我们思索的下一步。笔者个人认为应自文化创意人的养成开始谈起，他是否清楚地知道这个文化根源？换言之，他是否认识中华文化的价值与精神？以笔者最熟悉的艺术产业为例，近年来日本的卡漫艺术亦盛行于台湾，它反映日本漫画文化对于艺术创作的影响，而由其衍生而出的公仔与卡通，更早已融入我们的日常生活，桃太郎、小叮当是每一个年轻人都耳熟能详的角色。然而相对的，从事华人文化创意产业的工作者是否熟悉中华传统民俗故事？还是对于这些固有文化中的人物愈显陌生？此外，举例而言，在坊间的流行歌曲MV、知名品牌或者平面广告中，常见到许多对于传统绘画、瓷器与其他工艺品的运用与设计，但却时常发生在造型、风格上与年代有着大相径庭的情况。事实上，在沿用这些传统素材时，应该进行相关考究，或者请教这个领域的专家，注重这些细节，从而使得这个使用传统文化作为资源的创作更趋完美，并更具魅力。亦即使用传统文化为元素的创意总要有所本，并能清楚地交代其来龙去脉，才是提升并精致化这个产业的道理。同时亦可以透过这个过程，厚植创意与文化的深度，毕竟，文化创意产业实则是立基于整体知识经济的一环。以近来逐渐打开知名度的宜兰不老部落为例，这个位居罗东偏远山上的泰雅族部落，吸引旅客造访的原因，不在于它标新立异，而在于它能够说出关于泰雅族历史与文化的故事。综言之，在发展文化创意产业的路途上，一味地模仿或引用外来文化将丧失自己的特色，唯有由自己的文化出发，才是文化创意产业的根源。

文化创意产业有其根基，这个根基建立在学校乃至于社会的美学与艺术教育上。事实上，文化创意产业的核心资产即为"人"，不仅仅是作为生产端的文化创意人的养成很重要，作为消费端的普罗大众，其美学与艺术品位与涵养，更是主导文化创意产业发展的重要因素。这一点，让我们由近几年来所发生的文化现象开始谈起。自 1996 年台北"故宫"举办罗浮宫特展开始，台湾各个美术馆机构掀起举办超级大展的风潮，由西方的梵谷、米勒到东方的兵马俑、西藏展，超级大展所到之处，无不吸引创纪录的观众蜂拥而至，展览现场往往挤得水泄不通，而各大知名企业也竞相赞助这些展览活动，以便建立良好的企业形象，一时之间，艺文风气看似兴盛。然而试问，在这些被人潮所簇拥前进的观众中，有多少人可以真正领略艺术的真谛？或者仅仅保持着锦上添花的心态到此一游？这即回到我们探讨这个问题的出发点，即文化创意生产端与消费端的失衡，又或者这个问题的真正面貌是在我们的社会中，文化与艺术仍被视为是精英教育的一环，而未能普及于一般市井小民阶级。这不仅是一个阻挡文化创意产业发展的障碍，同时也是一个令人忧心的现象。

早在台湾决心发展文化创意产业之初，知名的学者汉宝德教授即在 2003 年 6 月 3 日的《联合报》上发表一篇名为《艺术教育救国论》的文章，大声疾呼台湾产业升级与国际竞争力的关键在于普及艺术教育，在于使国民具备审美能力，字字句句鞭辟入里。然而在"文建会"所订定之"文化创意产业发展计划"中，却见到整体政策方向仍然着重高等教育对于文化创意产业人才的培育，以及学校与产业之间人才的媒合，而关于普及艺术教育与提升文化素养的具体实施方式，则只见于"文化创意产业发展法"中第十三条、第十四条，宣示性地提及政府应于高中以下课程提供美学与文化创意课程，以及得编列预算补助学生观赏艺文展演与得发放艺文体验券之措施。整体而言，我们的文化创意产业政策仍偏向产业的面向，而较忽略打基底的艺术教育。反观英国的例子，其文化创意产业跃居国内第二大产业，各项创意产业盛行、艺文风气繁荣，并且文化人才辈出。其在产业政策上展现与我们大不相同的思维，它将文化创意人才的培育与养成提早落实在儿童的艺术教育上。在他们于2008年所订定的"创意英国"计划中，开宗明义地将提供儿童创意教育，塑造每一个儿童公平接触艺术与文化的机会与环境视为计划的首要任务，并已投资达3.32亿英镑于艺文的基础建设上，由此确保英国文化创意产业人才的生成。正所谓"他山之石，可以攻玉"，英国文化创意政策上对于普及艺术教育之理念，值得我们仔细推敲与琢磨，或许能够成为我们改善美学与艺术教育之借镜。

"文化创意产业"，这是一个何其广的范畴，其中包罗的相关产业共达16个之多，很难在篇幅有限的文章中将其一网打尽。然而凡事以正本清源为首要课题，因此，笔者在本文中所要论述的，即在探索文化创意产业的根。对笔者而言，这个根有二，其一是根源，它来自于每一个民族、每一个地区自身的文化特色；其二是根基，它奠定于全民普及的美学与艺术基础教育中。笔者认为，这两个根缺一不可，唯有它们相辅相成，文化创意产业始能有稳固的基础与远大美好的未来。笔者同时更认为结合起文化创意产业的根源与根基，不仅能为两岸开拓可观的经济前景，更能将沉睡已久的中华文化精神与价值唤醒。即诚如笔者在本文之初所提到的看法，两岸此刻正面临一个历史转折的时刻——5000年文化精髓的复苏，但看这一代的我们如何作为。

B.9
促进两岸音乐产业的创新互补发展

庹祖海[*]

面对数字和网络音乐的新形势,两岸音乐产业应当形成双向交流互补发展格局。大陆可以学习台湾音乐经营管理机制,输入人才,大陆网络音乐公司以网络为平台,可以通过代理运营、版权转让等方式为台湾音乐的转型发展提供新机遇。台湾创作者可以更多吸收大陆民间音乐元素,艺人演唱更多大陆优秀歌曲,音乐公司签约更多大陆歌手、词曲作者,进一步简化大陆艺人赴台手续,促进两岸音乐产业发展和文化交流。

音乐作为最能直达人心的艺术,成为 30 多年来海峡两岸文化交流的亮点。20 世纪 70 年代末,邓丽君的歌声在大陆以各种方式飘进了人们的耳膜,成为台湾音乐登陆的第一波。其后,《乡间的小路》、《外婆的澎湖湾》、《橄榄树》等台湾校园歌曲再次响彻大陆城乡。每年中央电视台春节晚会都会有台湾歌手参加。90 年代,港台歌星热长盛不衰。如今周杰伦的演出所到之地一票难求,其先锋的唱法和古典的词韵成为新的文化现象。多年来,大陆从台湾进口唱片在全部唱片进口中排名第一或第二(有时香港第一),基本上以通俗音乐为主。2009 年,台湾来大陆进行营业性演出达 3240 人次,1202 场。2011 年上半年台湾艺人来大陆演出酬金达 5394 万元。另一方面,大陆音乐人士也积极赴台交流。1986 年郭峰作曲的《让世界充满爱》风靡两岸,一些地方音乐戏曲让台湾观众耳目一新。但总的来讲,大陆去台湾交流的影响力不如台湾在大陆的广泛深远。

---

[*] 庹祖海,中华文化联谊会常务理事,文化部文化市场司副司长。

音乐作为一种抒发情感的古老艺术方式备受人们青睐,现在,音乐几乎成为所有表演艺术的灵魂和血液,也是电影、电视、广播、游戏、动漫、网络、广告、娱乐业的重要元素。随着经济发展和社会进步,特别是当代传播技术的发展,音乐已经渗透到人们日常生活的各个方面,从专业的演出、音像制品到大众的卡拉OK、广播电视,从固定的家庭、办公室、商场到移动的汽车、飞机和计算机、手机,音乐无处不在。广泛的运用使音乐成为一个巨大的产业。当前,国际音乐产业正面临转型,传统的唱片业在迅速衰退,数字与网络音乐迅速崛起,同时,现场音乐演出强劲增长。面对新形势,两岸的音乐产业发展应当抓住机遇,形成双向交流互补发展的格局。为此,笔者提出两点建议。

一 创新平台,整合资源,大力发展网络音乐

2009年,大陆音像制品发行总金额继续下降,仅17亿余元。同时,网络音乐异军突起,以85%的使用率排名网民网络应用之首。在线音乐总体用户规模已达到3.2亿人,无线音乐用户数已经达到4.7亿人,以音乐内容和服务提供商总收入计的市场规模已经达到20.1亿元(不含电信运营商收入)。综合计算无线音乐产生的收入高达288亿元,大大超过网络游戏的258亿元、艺术品拍卖业的212亿元、电影市场的63亿元、演出市场的41亿元(包括演出团体和场馆收入)。

在2008年蔡武部长就提出,要大力推进以网络文化为重点的文化市场体系建设,"统筹传统文化市场与新型文化市场,积极推动网络数字技术与传统文化艺术生产方式和传播方式的结合,大力提高网络音乐、网络游戏、网络动漫等的原创水平"。我们应当秉持开放的心态、创新的精神,以网络为平台整合资源。传统音乐产业聚集了丰厚的资源,包括音乐创作、表演、理论研究、专业教育人才,以及演出场馆、乐器制作等方面的基础性资源,但是这些资源只有通过资金和技术的启动进入市场,形成清晰的商业模式,才能发展产业。现在,网络公司做

得很好。

　　文化部作为网络音乐的主管部门，在2006年出台了《文化部关于网络音乐发展和管理的若干意见》，提出了提高网络音乐原创水平、加强网络音乐管理、规范网络音乐进口等方面的措施。一方面，鼓励扶持民族原创、健康向上的网络音乐产品的创作和传播，积极拓展民族网络文化的发展空间；另一方面，规范网络音乐市场秩序，保护知识产权，完善监管体系，增强网络音乐企业竞争力，努力打造一批具有中国风格和国际影响的民族原创网络音乐品牌。2009年8月，文化部又印发了《文化部关于加强和改进网络音乐内容审查工作的通知》，主要措施包括市场主体准入、内容审查和打击侵权盗版。允许有实力、能制作好的网络音乐产品且遵守国家相关法规的企业、公司、网站进入网络音乐经营领域；不允许未经过准入审批的网站、公司、个人网站转载、传播网络音乐。加大网络音乐知识产权的保护力度和执法力度。到2009年底，网络音乐经营单位共212家。

　　网络音乐也改变了音乐的欣赏模式，让音乐突破了介质的限制，得以更灵活地传播和欣赏。消费者可以直接选择自己最中意的歌曲，音乐欣赏的单位从专辑逐渐向单曲转化。网络音乐正在创造新的发行模式，使音乐的发行和传播管道逐渐从音像店转到互联网和移动网络，这使其反应更快、成本更低，能更迅捷和全面地满足受众需求。网络音乐的发行模式不断取得成功，正逐渐取代传统的发行模式，这也使唱片公司推广的效率升高，成本和风险降低，并进一步降低了创作和传播的门槛，促使许多并未受过专业培养训练的年轻人大胆投身创作和演唱，非职业创作者和歌手向专业的创作者和歌手以及唱片公司发起挑战。这里笔者重点介绍一下上市公司A8音乐集团的经验。

　　面对低迷的唱片市场，A8音乐集团作出了积极的改变。在音乐的生产环节建立了词曲编唱平台。目前A8音乐集团拥有1万多位独立原创音乐人，75000首原创音乐作品，并以每年新增作品3万首的规模快速聚集。在这些资源基础上，原创音乐联盟以精英分子为核心，已经达到了

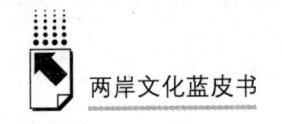

500人的规模。这些精英贯穿于音乐的作词、作曲、编曲、录音、缩混等环节，实现了音乐产业化生产的一条龙。A8音乐集团又提出了平台运营商和管道整合者的概念，改变了这个产业的商业模式，同样的产品在多种管道中可以销售多次，把音乐创作、电信运营商、手机制造商等各个利益相关方整合到了数字音乐产业之中。

在模式背后起主导作用的是技术。A8音乐集团自主研发的音乐端软件A8 Box被三星、诺基亚等多家顶级手机品牌选为唯一音乐播放器。音频实验室则实现了数字音乐信息处理模式和应用的创新。A8音乐正在通过UGC原创音乐新媒体平台、诺基亚乐随享服务中心、音乐云战略研发中心等产业模式，探索音乐产业的未来发展道路。可以说，大陆网络音乐发展快速，市场巨大，网络公司创新能力较强，以网络为平台，通过代理运营、版权转让等方式为台湾音乐的转型发展提供新机遇，并共同走向国际市场。

二　促进创作，规范制度，扩大传统演出市场

音乐产业是一个很长的产业链，产业链成功地运作需要一个很好的商业模式，商业模式要让各个利益相关方之间形成一个相互支撑的结构。在唱片时代，唱片商起到主导和核心的作用，包括歌手的签约培养、演出和广告等都建立在唱片公司的核心运作机体之上。台湾唱片公司在这个方面的一套经纪管理制度是比较成熟的，而大陆由于出版社和演出团体的体制约束，在这方面有不小差距。这些年来大陆出了不少歌星，但歌手昙花一现的现象非常严重。其实主要并不是歌星素质不够，而是歌星培养机制有问题，没有一套完善的经纪人制度，个体户模式的经纪人不足以支撑一个歌星的长远发展，更不足以支撑一个音乐风格和流派的形成，当然也就难以出现强大的音乐公司。目前大陆不少音乐公司引进台湾音乐经营管理人才，建立了国际化、规范化的音乐产业运作机制，取得了明显成效。我们继续支持这种合作。

大陆地域广阔，传统民间音乐资源十分丰富，观众的欣赏趣味也多样化。两岸可以在流行音乐的创作演出中加强合作。建议台湾创作者更多吸收大陆民间音乐元素，丰富音乐风格，艺人演唱更多大陆优秀歌曲，音乐公司签约更多大陆歌手、词曲作者，进一步简化大陆艺人赴台手续，促进两岸音乐产业发展和文化交流。

地区文化产业合作与交流

Regional Exchange and Cooperation of Cross-straits Cultural Industries

B.10
京台两地文化创意产业交流与合作

台盟北京市委员会

2005年底，北京市委、市政府作出发展文化创意产业的重大战略决策。经过五年多的大力推动和快速发展，文化创意产业已经成为促进首都产业结构优化的朝阳产业、实现首都经济持续增长的支柱产业、创造和提供就业机会的重要产业、更好地满足人民群众精神文化需求的新兴产业，具备良好的发展基础和巨大的发展潜力。据市统计局测算，2010年全市文化创意产业实现增加值1692.2亿元，占全市GDP的比重为12.3%；"十一五"期间，文化创意产业增加值平均增速近20%。

为了落实北京市"十二五"规划指出的"要加快文化创意产业发展，扩大文化传播交流，努力打造中国特色社会主义先进文化之都"的有关精神,台盟北京市委围绕"服务科学发展和促进经济发展方式转变"这个主题主线,开展了《关于进一步加强京台两地文化创意产业交流与合作的调研》工作,通过了解北京市文化创意产业发展的现状、优势和存在的问题,分析台湾文化创意产业的特点和有益经验,为加快北京市文化创意产业的发展和国家文化中心建设,加大京台两地文化创意产业交流与合作献计出力。

一 北京文化创意产业发展的现状与问题

1. 北京市发展文化创意产业具有得天独厚的条件和优势

第一,北京作为全国文化中心的功能定位,是北京发展文化创意产业的区位优势。

第二,北京作为全国文化市场中心所在地,巨大的文化消费市场是拉动文化创意产业发展的"引擎"。

第三,北京市拥有丰富的文化资源,是发展文化创意产业的资源优势。

第四,经过改革开放30年的发展,北京市已经具备发展文化创意产业所需要的坚实的物质基础。

2. 北京市文化创意产业的特点

第一,文化创意产业的支柱地位进一步确立,文艺演出、新闻出版、广播影视等优势行业整体实力日益雄厚,文化市场繁荣活跃。

第二,产业规划布局指导有力,以骨干文化企业和战略投资者为主体、市级文化创意产业聚集区为依托的发展格局初步形成。截至2010年底,北京市文化创意产业集聚区已达到30家,覆盖16个区县,形成了较为完整的产业链群。

第三,国有和民营文化企业比肩发展,文化创意产业所有制结构进一步优化。

第四,重点文化工程和文化基础设施建设投入持续加大,主要指标达到或接近世界发达城市水平。

第五,文化与广播电视网、互联网、电信网相结合的新兴文化产业蓬

勃兴起，科技创新能力明显提高，文化、科技融合发展成为北京市文化创意产业的主要特点和竞争优势。

第六，文化体制改革向纵深推进，文化市场主体的活力和竞争力显著增强。

3. 北京市文化创意产业存在的问题

北京文化创意产业在取得迅猛发展的同时，还存在一些问题，如新兴文化创意产业规模总体偏小，影响力和竞争力有待加强；文化创意产业集聚区文化经济功能有待提升，产业发展环境还需要进一步改进；文化创意骨干文化企业和文化领域的战略投资者还不多，与首都北京的文化中心地位不相适应；文化产品和服务的国际竞争优势不明显，与建设有国际影响力的中国文化中心的要求还有一定差距；文化创意产业人才的结构性短缺仍然存在；等等。

二 台湾文化创意产业的现状、特点

目前，台湾文化创意产业90%以上集中在包括台北市、新北市在内的"大台北"地区，影视、广播、新闻出版、流行音乐、舞台艺术等领域发展较为成熟，具有较强的技术基础和较丰厚的产业积淀，形成了一些有益的经验，并在2000年出台了《文化创意产业法》及其《实施细则》。台湾文化创意产业的主要特点有：

第一，多样性、小型性、分散性。

第二，可促进就业人口和产值能量。

第三，以创新注入新的能量资源，让人们得以摆脱工业化后人际疏离的社会危机。

第四，对环境和生活品质的提高有很大助益，可提升全球竞争力。

三 京台文化创意产业交流与发展的有关情况

借力文博会，打造京台文化创意产业交流合作平台

随着两岸关系和平发展趋势的不断增强和大陆文化产业的蓬勃发展，

京台文化产业领域的交流合作也日益深化。中国北京国际文化创意产业博览会是北京市文化创意产业对外展示交易的一个重要平台,至今已连续举办五届。从第三届开始,台湾以大规模专馆形式推出文化创意主题展览,台湾文化主管部门多次来京参加文博会活动,参与组织文化论坛、文化产品推介会。在2010年举办的第五届文博会上,127家台湾代表性厂商参展,签订合作协议1.5亿元,创历史新高。文博会有效推动了京台文化创意产业对接、项目合作和成果转化,成为京台文化交流的长期平台。

品牌活动成效显著,民间文化交流丰富活跃

"海峡两岸文化创意产业展"、"京台文化节"等品牌活动已经成为两岸文化交流合作的重要窗口。在品牌活动的带动下,两岸行业协会、文化创意企业开展的民间合作交流也日益密切。涉及领域包括文艺演出、新闻出版、广播影视、网络游戏、设计创意等多个文化创意产业重点行业。

北京市为台湾重点文化创意企业落户提供优质服务

北京市设立了专门领导机构和产业促进机制,出台了一系列产业扶持配套政策,设置了专项发展基金。此外,为文博会的台湾参展企业尽可能提供展览场租优惠和参展便利。市台办还牵头举办一系列论坛交流、商机推介和项目洽谈活动,有利于参展厂商实现综合效益。

四 建议

京台两地的文化创意产业互补性较强,产业契合度较高,合作发展空间广阔,应借势互补,精诚合作,进一步加强京台两地文化创意产业的交流与合作,促进北京国家文化中心建设。为此,建议如下:

第一,从促进祖国和平统一的政治高度出发,将加强京台文化创意交流与合作从产业层面提升到事业层面。始终坚持"和平统一、一国两制"的对台方针,深入贯彻落实中共中央"争取台湾民心"的精神,提升对台经济工作中的政治含量,突出台湾文化创意优势和特色,务实促进产业交流与合作,特别是要兼顾与台湾少数民族文化创意者、青年学生文化创意人群和公益性交流展览团队的联谊交往。同时要在资金扶持、税收减免、文化投融资体系建设、知识产权法律保护等方面为落户北京的台湾文化创意企业发展创造良好的环境。

第二，以台湾会馆为龙头，打造"京台文化创意产业示范园区"。以台湾会馆为中心，以台湾文化商务区为依托，引进两地文化创意产业的高端业态和精品项目落户，打造"京台文化创意产业示范园区"。台湾方面可引进如工艺美术项目的"岩石神化"、"琉璃工坊"、台湾少数民族音乐、戏剧、书店、服饰设计等。大陆方面也可通过品牌及文化精品展示，逐渐培养民众文化欣赏能力和品位，引导文化消费习惯，拓展文化市场的广度和深度。同时，发挥台湾会馆的特殊历史地位和人文内涵，通过以商业模式运作各类会展、进行民间文化艺术交流等活动，大力弘扬中华传统文化，深化京台文化创意产业交流合作。

第三，积极探索建立京台人才交流合作机制，制定相关政策措施。研究成立京台文化创意产业合作常设民间机构，推动台湾代表性文化创意机构在北京设立办事机构和代表机构。同时研究制定相关政策和配套措施，吸引台湾创投基金关注并投资北京文化创意产业，鼓励大陆文化产业基金投资京台文化创意合作项目。

第四，加大文化创意产业领域入岛交流的工作力度。台北市文化局及其所辖的台北市文化基金会，是台湾文化行政和文化创意产业领域最活跃、最具专业能力的文化单位之一。建议北京市相关单位统筹规划、整合资源，在2010年成功举办首届"台湾文化创意产业博览会"的基础上，进一步开创京台文创业界互办展览的双向交流合作新格局。

B.11
利用世博契机，推进沪台文化创意产业交流与合作

台盟上海市委

　　文化创意产业是以推崇创新和个人创造力，强调智力、知识、文化艺术等对经济的支援与推动为主要动力的一种新兴产业。文化创意产业被公认为是21世纪全球经济一体化时代的"朝阳产业"和"黄金产业"。近年来，大陆将文化创意产业列为重点发展项目，台湾"文建会"通过文创法，两岸无论是政府、产业、学界，都将文化创意产业视为发展重点。伴随着两岸经贸合作的日益深化，两岸文化创意产业合作程度不断提高。与此同时，"世博会"又为两岸文化创意产业的交流合作创造了良好的平台和契机，实现了两岸文化创意产业的深入合作。抓住世博机遇，进一步推进沪台文化创意产业交流与合作，不仅有利于两岸文化创意经济的发展，更有利于增进两岸对中华文化的共同认同。

一　沪台文化创意产业现状分析

　　由于两地文化创意产业的发展起点不同，所处的发展阶段不同，加之两地的文化、市场、人力等因素不同，使得两地文化创意产业具有各自的特点。

（一）上海文化创意产业现状分析

1. 上海文化创意产业的现状

上海是大陆首个建立文化创意产业园区的城市。近年来，上海的文

化创意产业一直呈现持续增长的态势，产业规模不断扩大，2010年上海文化创意产业增加值占全市生产总值的比重约为9.6%。截至2010年底，经认定的文化产业园区为15家，创意产业集聚区达80家，基本覆盖全市，总建筑面积突破270万平方米，入住企业超过8200家，从业人员约达15.5万人。上海文化创意产业的实力和水平主要体现在以下方面。

一是产业规模增长较快，呈现持续增长的态势。采取文化产业和创意产业合并统计，目前文化创意产业实现的增加值估计可占到全市生产总值的9.6%左右。

二是产业结构不断优化。形成了媒体、设计、网络信息服务、咨询策划等一批国内具有领先地位，或具备比较优势的行业门类，涌现一批龙头企业，并形成了一大批"专、精、特、优"的中小企业。

三是空间布局初显特色。率先在全国开创了园区建设与历史建筑保护相结合的发展模式。目前有2/3以上的园区是按照土地性质、产权关系、建筑结构"三个不变"的操作办法对老厂房、老大楼、老仓库进行改造而来的，累计吸引70多亿元社会资本参与园区建设，已初步形成"一轴（延安高架主轴）、两河（黄浦江、苏州河）"的布局。

四是政策环境不断优化。借全国文化体制改革试点城市之机，不断创新、完善文化产业发展各项政策。根据国家《文化产业振兴规划》，上海市委、市政府出台《关于加快本市文化产业发展的若干意见》。率先在全国由上海十一部委出台《上海市金融支持文化产业发展繁荣的实施意见》，编制了《上海创意产业"十一五"发展规划》，发布了《上海创意产业发展重点指南》，并在文化产业、创意产业导向资金的使用管理、集聚区的认定和管理等方面相继颁布了一系列相关的管理办法。

五是产业融合度日益增强。文化创意产业与先进制造业和其他现代服务业的融合，使相关产业能级得到快速提升；文化创意产业与科技的融合，带动网络信息等一批新兴产业的快速发展；文化创意产业与金融的结合，优化了产业融资环境，完善了金融服务功能，加速了金融中心建设；

文化创意产业与贸易的融合,加快了文化创意产品和服务"走出去"的步伐。

六是国际交流与贸易成效显著。2010年2月,上海成功加入全球"创意城市网络",被联合国教科文组织授予"设计之都"的称号。"上海国际创意产业活动周"已连续成功举办六届,国际知名度和影响力不断提升。上海已在新闻出版、广播影视、文化艺术、数字娱乐等领域集聚了一批具有较强"走出去"能力的文化企业,文化产品和服务的国际贸易已连续多年实现顺差。

2. 上海文化创意产业的发展优势

上海在中国经济和社会发展中具有举足轻重的地位,也有可持续发展创意产业的诸多有利因素:一是拥有兼容并蓄、海纳百川的历史,深受西方文化影响,具有时代特征的海派精神、国际化的开放环境和对不同文化的包容性,造就了各种不同形态产业的出现;二是拥有大量历史上遗留下来的工厂、仓库和丰富的工业建筑,为创意产业提供了有利的发展空间;三是创意产业园的集聚效应和产业规模不断扩大,吸引了许多人才进驻,为创意产业注入了新的创造力;四是具有巨大的经济发展潜力,为创意产业的发展奠定了物质基础;五是2010年"世博会"的成功举办为上海文化创意产业发展提供了良好的发展机遇。

3. 上海文化创意产业发展存在的问题

虽然上海文化创意产业发展前景乐观,但仍然存在不少制约产业快速发展的问题。主要表现在:一是产业模式不完整。产业发展中尚未形成集群性、发散性有序产业链。二是创意阶层未形成。主要表现在人才与产业结合仍不够紧密,"文化人群"和创意人才的引进、培养还没有引起足够重视。三是创意环境不够浓。适宜创意产业发展的人文环境和投资环境尚未形成,创业人群和闲置资本没有很好地通过政策引导投入其中。四是平台建设不到位。尚未形成有效的资源共享和信息交流平台。五是文化与创意联系不紧密。传统文化、民俗产品开发空间有限。六是知识产权的保护还不健全。缺少地方性的法规制度和良好的法律环境保障。

（二）台湾文化创意产业现状分析

1. 台湾文化创意产业的现状

台湾比大陆更早注意到文化创意产业的重要性。经过亚洲金融风暴之后，台湾社会经济面临全面转型，为了适应电子制造业向大陆转移的发展趋势，台湾提出了"文化产业化，产业文化化"的观点，期待以文化创意来提升整个台湾的制造业，推进台湾的社会经济发展。面对全球竞争以及亚洲各国文化创意产业的崛起，台湾在 2002 年宣示推动文创产业，并列为"挑战二〇〇八重点发展计划"。2003 年，将文化创意产业列为新兴六大产业，"文建会"整合各部会所提文创旗舰计划，研拟了"创意台湾——文化创意产业发展方案"，并以"环境整备"及六项"旗舰计划"作为两大主轴。在"文化创意产业发展计划"中，台当局提出了五大策略来推动岛内文化创意产业发展，包括整备文化创意产业发展机制、设置文化创意产业资源中心、文创园区与工艺产业发展计划、振兴流行文化产业方案与台湾设计产业起飞计划等。

台湾文化创意产业包括 13 项产业：视觉艺术产业、音乐与表演艺术产业、工艺产业、文化展演设施产业、电影产业、广播电视产业、出版产业、广告产业、设计产业、数位休闲娱乐产业、设计品牌时尚产业、建筑设计产业、创意生活产业。台湾在影视制作、音乐制作、KTV 娱乐业、表演艺术、游戏产业、动漫产业、婚纱摄影、运动休闲产业等领域具有很高水平，特别是出版印刷业，积累了丰富的经验，培养了大量人才。台湾文化企业在大陆也有成功的投资实例，如在广西桂林一些原来并没有特别旅游资源的地方，台商通过成功策划，开发了"乐满地"和"世外桃源"两个文化、表演内涵丰富的旅游景区。在台湾本岛内也有成功的实例，如南投县大禾竹艺工坊、草鞋墩工艺坊和水里蛇窑陶艺文化园区，以及台北市的台湾故事馆等。

2. 台湾文化创意产业的发展优势

（1）创意能量强，创意种子蓬勃。在流行音乐、工业设计、时尚设计等领域，台湾在华人世界处于领导位置。台湾时尚品牌"夏姿"在巴黎连续四季展览，与世界一流品牌分庭抗礼，在 14 亿人口的华人世界里，还没有第二个能达到。而且台湾文化创意产业在发展过程中形成了比较完善的政策、体制、理念以及产业模式，在许多领域取得了较大的发展，在两岸三地更处于领先地位。

（2）提供了充分的创意空间，科技创意发明屡获国际大奖。近年来出现了许多企业家第二代在选择走向上与上一代走不同路线的趋势，如工业世家的下一代很多现在是在做电影投资、电影制作、工业设计等。2003年以来，台湾在 iF 产品设计奖、日本 Good Design 大赏、德国 Red dot 和美国的 IDEA 设计奖等方面共得到 800 多个奖项。在纽伦堡国际发明展中也都名列前茅，屡屡获奖。

（3）建立了加强文化创意产业发展的推动机制。在政策法令方面，台湾 2003 年底开始对文化创意产业发展规划进行滚动式修订，重点在于加强文化创意产业发展的推动机制。2003 年 9 月，台湾"经济部"与"文建会"、"新闻局"共同函报"行政院"公布《促进产业研究发展贷款办法》适用于文化创意产业，解决了文化创意产业投资者融资的问题。除修正现行的相关法令外，台湾 2010 年初还通过了《文化创意产业发展法》，明订文创产业的发展方向与实施细则，由"行政院"、"文建会"主导推动"台湾文化创业产业国际流通与拓展计划"，举办"文化创意产业博览会"，以及完整规划建立台湾文创品牌形象。

3. 台湾文化创意产业发展存在的问题

（1）台湾文化产业市场规模太小，难以产生规模经济效应。相对大陆市场，台湾市场十分狭小，各项节庆活动、文化园区与地方文化馆可容纳的顾客量太少，投入大量成本的文化创意产业活动难以创造利润。

（2）台湾文化创意产业市场顾客群偏重于岛内，海外输出文化并未成功。台湾目前文化创意产业的消费人群偏重于岛内人口，甚至是以该活动举办地附近的县市为主要顾客群，这种地方化的结果使得文化创意活动的魅力大减，无法形成扩大效应，无法增加利润来源。

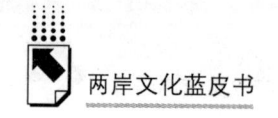

(3）由于台湾文化的浅碟性，较易形成流行化商品。台湾属于移民社会，能够在最短时间内创造流行，积累最大的财富，然后再移民到其他地方，这种特点反映在文化内涵上，使得台湾文化眼光短视，很多创意都是昙花一现。

（4）台湾文化创意产业的产业化程度仍然不够，无法持续性地创造可观的经济产值。由于台湾创意人才的断层、资金的短缺、岛内市场的狭小，导致许多文化创意活动难以产生后续的产业化效应，创造出永续性的产业发展。

总之，从台湾文化创意产业的整体表现看，虽然企业数、产值等都有所增长，但深入分析整体产业结构发现，这些文化创意产业企业的组织规模与资本结构都趋向零细，多数是独资或合伙的小型企业。这些企业虽有灵活的创意，但受限于规模，往往在短期内就遇到发展瓶颈，也欠缺进一步投资与创新、开发的能力，无法发挥"规模经济"与"范畴经济"的作用。因此，如何鼓励更多人才与资本投入创意产业、扩大产业规模，增加产品内容的丰富性与多样性，进而借由"品牌化"策略提高附加价值，是政府与民间急欲解决的当务之急。

二 世博会对两岸文化创意产业交流合作的影响

台湾文化创意产业的优势在于文化资本的运用、文化内涵的传递以及价值链的整合，大陆文化创意产业的优势在于市场潜力的巨大与在地管理。两岸文化创意产业合作有赖两岸交流更紧密以及建立长期的合作平台，以对接和互补方式开创更大的市场。在ECFA以及2010年上海世博会的背景下，两岸文化创意产业具备了互动契机。特别是世博会为两岸文化创意产业提供了宏大的交流平台，它不仅是创意成果的展示大会，也是产业发展的新契机。

第一，上海世博会展现了台湾创意，也给台湾的文创产业带来了前所未有的机遇。2010年上海世博会使中外文化尤其是两岸文化的共融得以充分发挥，台湾馆和台北馆以科技演绎文化，充分呈现了台湾的科技文化创意。从台湾设计家巫永坚首推的五彩"人宝"到世博团队定案的可爱"海宝"，都凝结着沪台形象设计家的创意，体现了两岸文化产业的智慧。来自台湾文创业的资深专家姚开阳同时担纲中国馆与台湾馆的创意总监，历时两年推出的数码视觉长卷"清明上河图"，令中外观众惊叹不已。

第二，上海世博会催生了两岸都能接受的独特的世博文化，并将对两岸文化产业的交流与合作产生持续的影响。作为上海世博会期间"台北文化周"系列活动的重要组成部分，2010年上海台北双城文化创意产业博览会于6月16~20日在上海世贸商城举行，主题是"让创意说出理想"，这也是世博会期间台北文化创意产业首次大规模到上海展示。此次博览会共有116家台湾厂商参加，创下新纪录。随着两岸经济文化交流的逐渐深入，两岸部分文化创意企业已经闻风先动。大部分台湾企业都有进驻大陆分享大陆经济发展成果的强烈意愿。同时，一部分兼具两岸资源优势的企业也看准了两岸经济合作的机会，先行一步，积极为连通台湾优秀文化创意企业与大陆市场搭建桥梁。作为新经济时代的明珠产业，未来在两岸的共同努力下，两岸文化创意产业如果能够优势互补，共同打造文化创意产业链，逐渐形成良性互动和依存关系，则不仅有利于中华文化的创新与发展，还有助于实现两岸的互利双赢。

三 加强沪台文化创意产业交流与合作的建议

随着2010年ECFA的签订与实施，以及上海世博会的成功举办，大陆与台湾服务贸易的开放程度大大加深，海峡两岸合作正进入一个新的历史发展阶段，也为加快两岸文化创意产业合作进程提供了现实可能。上海不仅有广大的市场，还有非常丰富的生产资源，台湾也有创意和营销的经验，如果搭配建立有效的共同机制，建立两地的共同市场，那么两岸在世界上就会有更好的竞争力，也能够进一步增强中华文化的影响力。为此，提出以下建议。

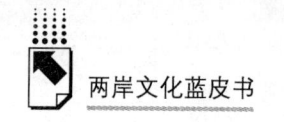

1. 加强两地创意人才的培养和交流

设置两岸文化创意产业专才平台，引进高素质的文化管理人才和设计创作人才，通过派驻机构和人员，研究和吸收彼此创意产业发展的经验。还可以特聘交流学者的方式，延揽沪台两地优秀师资担任艺术与设计领域的教学工作，以此促进两地的人才培养与交流。

2. 利用世博园区特色场馆建设文化创意产业基地

积极推进世博会地区后续利用规划研究工作，结合城市最佳实践区建筑、空间保留与城市理念传承，引进培育全国乃至全球顶级创意型企业、工作室、大师入驻，塑造集创意设计、交流展示、产品体验等为一体，具有世博特征和上海特色的文化创意街区。通过文化创意街区的规划建设，为两岸文化创意产业的发展提供良好的载体。

3. 两地共同成立"中华文化创意产业研究院"

未来文化创意产业特别是奠基在中华文化基础上的文化创意产业，既是一个朝阳产业，也将是一个明星产业。因此，在产业发展之初，就由两地官方给予辅导与支持，将更有利于整个产业的成长。建议两地共同成立"中华文化创意产业研究院"，集合两岸创意人才共同研发，辅导厂商建立产业链，促进两岸的文化创意经济共同发展。这样不仅能将两岸的相关产业完全联系在一起，同时更可以让中华文化的创造力成为增进两岸认同的关键力量。

B.12 鄂台文化产业交流合作的调研报告

台盟湖北省委

一 鄂台文化交流的基本情况

湖北省是文化资源大省。鄂台文化交流几乎涉及文化的各个领域和门类，重要的有以下几类。

一是，辛亥首义文化的交流。近些年来，武昌首义文化对台交流已成为鄂台文化交流中最响亮的品牌。①辛亥革命武昌起义纪念馆与台北国父纪念馆交流往来密切。②在辛亥革命史研究上的鄂台学术交流。③诸多台湾的中国国民党政要参访辛亥革命武昌起义纪念馆。如胡秋原、李焕、郝柏村、唐飞、王作荣、蒋仲林、蒋孝严、江丙坤、连战等。④2011年纪念辛亥革命百年，按照中央的部署，湖北省成立了领导机构及工作专班，各项筹备工作紧锣密鼓地进行。我们相信，2011年我省纪念辛亥革命百年的庆典活动，在鄂台文化交流史甚至两岸文化交流史上写下浓墨重彩的一页。

二是，武当道家文化的交流。武当道教是中国道教的一个重要流派，信仰真武——玄武（玄天上帝）。武当山道教古建筑群规模宏大，1994年被列入《世界文化遗产名录》。武当道教是鄂台民间信仰交流乃至两岸道教文化交流的重镇。台湾道教信众近千万，全岛登记在案的专门祀奉真武大帝的宫庙有682座，另有4700多座宫庙祀奉有真武大帝神像。台湾道教界认同武当山道教是台湾道教玄天上帝（真武大帝）信仰的祖庭。①每年台湾道教界都有个人或组团多次上武当山拜访祖庭。②湖北省道教界赴台从事道教法事活动和道教音乐、道教武术演出，足迹遍布台湾各地。③建立了比较稳定的交流平台。④2010年10月国台办正式授予武当山为"海

峡两岸交流基地"。这是继山东台儿庄之后国台办授予的全国第二个"海峡两岸交流基地",也是中西部地区唯一的一个。2010年,国家宗教局批准武当山真武大帝(玄天上帝)神像于2011年秋赴台巡境。

三是,楚文化(文博)、表演艺术、展览艺术的交流。湖北省是楚文化的发祥地,有"文物大省"之誉。近些年,鄂台文博交流日趋频繁。经文化部、国家文物局批准,省博物馆为台北鸿禧美术馆精心复制了全套"曾侯乙编钟",并成功落户宝岛台湾。省博物馆"剑舞楚天——越王勾践剑暨湖北出土楚文物精品展"在台湾博物馆展出,受到台湾观众的热烈追捧。省博物馆还与台北历史博物馆结为姊妹馆。湖北省也是表演艺术、展览艺术的大省。近年来鄂台表演、展览领域交流也是日趋频繁。

二 鄂台文化产业交流与合作的情况

(1)湖北省文化产业与台湾的交流日趋频繁,但产业合作则刚刚起步。

(2)按2009年《国家文化产业振兴规划》重点发展的九大产业门类,鄂台文化产业合作主要在演艺娱乐、出版发行、影视制作等门类,效果突出。

(3)鄂台文化旅游产业合作发展迅速,这属于文化产业,但不在《国家文化产业振兴规划》重点发展的九大产业的范围之内。

(4)现有鄂台文化产业合作多是临时性的,缺乏统一规划,缺乏长期合作的平台和管道。

(5)湖北省已出台建设文化强省的政策,制定相关规划,在发展文化产业上有一系列举措,但未见具体的涉及鄂台文化产业合作的规定。在建文化产业园区、重大文化产业项目中,未见台商的投资。

三 促进鄂台文化产业交流与合作的几点建议

(1)加强领导,创新工作机制。一是要进一步提高对鄂台文化交流重要性的认识。两岸文化交流，说到底就是要解决台湾同胞对中华文化和中华民族认同的问题，或者说是解决两岸同胞"心连心"的问题。这在两岸和平发展、最终完成祖国和平统一大业的进程中具有重要的战略意义。二是要组建领导机构，建立相关部门、地方政府的联席会议制度，形成统筹协调的工作机制。三是要与台湾岛内相关文化机构、团体加强合作，建立常态化的沟通、协商的管道和机制。四是统筹协调文化交流与文化产业合作，积极推动将文化交流的成效转化为文化产业的合作。

（2）制定规划，重点推进，打造品牌。我们建议，由省相关部门负责，组建专班，在调研论证的基础上制定一个鄂台文化产业交流与合作的五年规划。一是要充分发挥湖北省文化资源的优势与文化产业的特色，结合两岸交流的现状，确定重点门类、项目，如文化创意、影视制作、出版发行、演艺娱乐、文化会展、动漫等产业。二是要在重点推进的过程中，打造鄂台文化产业合作的品牌。三是要给予政策、资金的扶持。建议设立鄂台文化交流的专项资金，支持重点领域和项目。

（3）发挥武当山"海峡两岸交流基地"的作用，推进文化产业合作。2010年10月，武当山被国台办授予"海峡两岸交流基地"，这是中西部唯一的国家级"海峡两岸交流基地"。由于武当道教在台湾岛内上千万道教信众（多在南部，多为基层）中的特殊地位与影响，设立这个"基地"可以认为是对台文化交流中的一个战略决策。我们建议，在圆满完成2011年的辛亥革命百年庆典和武当道教"玄天上帝金身赴台巡境"活动之后，在总结成功经验的基础上，应认真谋划武当山"海峡两岸交流基地"建设，将文化产业合作纳入规划重点。现在，山东台儿庄"海峡两岸交流基地"建设已取得成功的经验，值得借鉴。

（4）目前湖北省推进鄂台文化产业合作的重点应是文化旅游产业的合作，要积极谋划开放赴台旅游自由行的鄂台旅游的大发展。

B.13
滇台文化交流与合作的情况调研

台盟云南省委

一 滇台经贸、文化交流与合作的基本情况

多彩的云南一直是台湾民众最向往的旅游胜地之一。随着昆明与台湾实现直航,两地往来更加密切,交流合作展现节节升高的大好前景。

1. 台资企业为云南经济社会发展作出了积极贡献

云南丰富的旅游资源、良好的气候条件、多彩的民族风情、浓郁的人文气息和众多的发展机遇,吸引着越来越多的台湾同胞来云南旅游观光和投资兴业。据统计,2010 年台湾来滇游客近 40 万人次,已经成为云南最大的海外旅游客源地。与此同时,随着两地直航的开通,云南赴台旅游人数也呈不断增多的态势。台湾也是云南省重要的外资来源地,截至 2010 年底,云南省累计批准台资企业 547 户,协议总投资额达 8.639 亿美元,实际利用台资 4.3705 亿美元。2010 年新批准台资企业 15 户,合同投资达 11152 万美元,实际到位资金 2000 多万美元,台商已成为云南经济社会发展的一支重要力量。

2. 在滇台资企业的主要特点

一是数量少、规模小。云南省台资企业绝大部分为中小企业,投资项目在 1000 万美元的企业仅有 11 家,大多数为 50 万美元左右的小项目。二是存活率低,发展势头减缓。截至 2010 年,台资企业在云南省投资的累计有 547 家,但参加工商年审的仅 227 家,存活率为 56%。三是食品加工和农业企业多。台商投资主要在农业、旅游业、原材料及食品加工、出口贸易、房地产及珠宝、电子电器、摄影等行业。其中从事食品加工、花

卉、水果、蔬菜、茶叶、有机肥等行业的占72%。四是地域性明显。台资企业的产业地域聚集性明显，如木材加工、珠宝主要集中在德宏州、保山市等地，工业配套主要集中在昆明市、曲靖市，食品加工主要集中在昆明地区，农业主要集中于滇中地区和特殊气候带，旅游服务业则遍及云南省重要旅游地区。五是在滇台资企业科技含量不断提高，如顶新集团、统一集团、芊卉（集团）总公司、昆明统一生物科技有限公司、云南广得利胶囊有限公司、昆明台正（台成、台工）精密机械有限公司等，这些企业在应用高科技、新技术等方面有显著带动作用，相关产业链辐射面广，投资附加值和技术含量较高。

二 滇台文化交流与合作情况

1. 云南文化资源丰富，文化产业蓬勃发展

改革开放以来，特别是"十一五"期间，为满足人民群众日益增长的精神文化需求，云南省深入践行科学发展观，遵循中国特色社会主义文化建设规律，依托丰富多彩的民族文化资源，以文化体制改革为动力，积极探索西部民族地区文化产业发展的特点规律，取得了可喜成绩。云南文化产业正以其低碳、朝阳的特性快速发展，逐步迈入全省新兴战略性支柱产业行列。

在长期的历史发展进程中，以元谋猿人、腊玛古猿为代表的史前文化，古滇青铜文化，大理南诏文化，爨文化，抗战文化等构成了云南历史文化的主线，以南方丝绸之路、茶马古道为代表的文化足迹至今充满着无穷魅力。世界文化遗产丽江古城、悠久的历史文化和灿烂的民族文化是云南重要的文化资源和财富。

目前云南省文化产业项目储备近1500个，协议金额近520亿元。2009年以来，云南省连续利用中国西部文化产业博览会、中国深圳国际文化产业博览会、泛珠三角地区经济贸易洽谈会及各种文化产业展会等平台，对云南文化产业项目进行广泛宣传展示和招商引资。2009年，云南

文化及相关产业增加值达364亿元，占全省的GDP的比重达5.9%，与北京、上海、广东、湖南、湖北一起，成为全国6个文化产业增加值占GDP的比重超过5%的省市。2010年，全省文化产业继续保持强劲发展势头，增加值突破440亿元，占全省GDP的比重达到6.1%。

2. 滇台文化交流与合作日益密切，前景广阔

滇台两地直航的实现，降低了物流成本、节约了旅行时间、缩短了心理距离，对促进滇台经贸往来和文化交流具有非常深远的意义，也为滇台两地在经贸、文化、旅游等领域更广泛、更深入地开展交流与合作奠定了基础，创造了更为有利的条件。

为了让台湾同胞更多、更好地了解云南、认识云南，积极邀请台湾媒体到云南进行采访报道。每年举办一次台湾中南部新闻媒体来滇采访活动，先后举行了"彩云之南·西双版纳行"、"彩云之南·红河行"、"彩云之南·大理临沧行"、"七彩云南·古镇行"、"七彩云南·大通道行"等活动，收到了良好的效果。2001年以来，台湾100多家新闻媒体的近千名记者先后来滇进行新闻采访、专题拍摄和节目制作。目前，云南已成为台湾主要媒体来大陆采风、拍摄专题节目的主要目的地之一。例如，台湾的《中国时报》、《联合报》、东森电视台、无线卫星电视台、三立电视台、中天电视台等台湾知名媒体每年都来云南采访拍摄，足迹遍及云南省的16个州市。特别是中天电视台的《台湾脚逛大陆》、三立电视台的《中国那么大》、东森电视台的《大陆寻奇》和《美食大三通》、无线卫星电视台的《中国进行式》、八大电视台的《大冒险家》、年代电视台的《台湾人在大陆》等栏目多次到云南作专题深度报道，拍摄的专题节目长达100多个小时，在台湾岛内产生了很大影响。此外，台湾少数民族教育交流参访团、滇台两地大学生夏令营、台湾中南部地区乡镇里长县市议员交流团等团组先后多次来云南考察参访。通过"请进来"的方式，使台湾的新闻媒体人和社会各界亲身体验到了云南多姿多彩的民族风情、神奇美丽的自然风光和日新月异的发展变化，感受到了云南的独特魅力，在云南的经历也使他们对大陆、对中华文化的传承和认识更加全面、真实、具体。

在"请进来"的同时，云南省也十分重视"走出去"的工作，积极组团赴台开展交流活动。2006年，云南省民族歌舞艺术团赴台展演受到普遍欢迎和好评，不仅展示了云南少数民族文化的深刻内涵，同时也传递了两岸同文同宗的同胞情意。2008年底，云南省歌舞杂技艺术团应邀赴台交流演出，与台湾民众共同庆祝中华民族的传统节日——春节。艺术团不仅进行了惊险刺激的变脸、转碟、软功、柔术、蹬技、晃梯踢碗等杂技表演，还演出了独具云南民族特色的少数民族歌舞。2009年2月，云南省玉溪市文化艺术团赴台参加"台湾灯会"等演出活动。此次展演，艺术团把云南傣族、彝族等精彩绝伦的民族歌舞和大型滇剧《西施梦》带到台湾，比较全面地介绍了云南的文化艺术和风土人情，受到了台湾民众的好评。2011年8月，大型原生态歌舞《云南映像》演出团赴台参加"2009年台北听障奥运艺术月——海峡两岸艺术周"，著名舞蹈艺术家杨丽萍率领其团队为台湾民众演出两场，在岛内引起了热烈反响。

除了文化交流外，近年来云南省先后组织了100多人次的团组赴台进行经贸、旅游、教育等领域的考察与交流。通过这些双向互动的交流活动，不仅增进了两岸同胞的情谊，而且有效地宣传了云南，使台湾民众增加了对云南的认知和了解，为进一步加强两岸文化交流与合作奠定了良好基础。

3. 石林台湾农民创业园为促进滇台交流与合作提供新契机

经农业部和国台办批准，石林台湾农民创业园于2008年12月正式设立，总面积达20万亩，规划面积5.4万亩，核心区面积1.2万亩。创业园以农业高新技术研发，以及无公害农产品生产、加工、配送和生态观光农业等为重点，建成创业服务中心、创业孵化中心、现代农业观光旅游服务中心、精品农业展示区、生产示范区和现代农业示范区6大功能区。入园企业在享受国台办等九部委联合下发的《关于印发〈关于促进两岸农业合作、惠及台湾农民的若干政策措施〉的通知》规定的优惠政策和国家、省、市关于外商投资企业优惠政策的同时，还将在土地使用、企业税收、技术创新、产品出口、金融服务及相关收费等方面享受特殊优惠。例如，对符合条件的入园企业将实行注册登记零收费，由此产生的注册登记费，由政府为企业"买单"。入园从事农业合作的台湾农民，可以直接申请设立为个体工商户，3年内工商部门实行登记管理，不收取任何费用。目前，已有旺园生态农业科技有限公司、昆明大汉农业科技有限公司、云南兴农创业投资有限公司3家具有一定规模和影响力的台资企业与园区签订了投资协议，另有多家台资企业正在进一步洽谈中。

4. 注重亲情，改善投资环境，促进滇台交流与合作

优良的投资和生活环境是吸引台商、台胞来滇投资兴业、旅游观光的重要条件。为了不断改善投资环境，云南涉台有关部门定期组织召开座谈会，征求台商对云南各项工作的意见和建议。同时注重了解和倾听台商和台胞的诉求，及时帮助他们解决遇到的实际困难和问题。2010年，云南省还专门推出惠台医疗服务措施，将四所省级医疗机构确定为台湾同胞定点医院。台胞可享受导诊、导医、代为取药等服务。同时，开设急诊、急救"绿色通道"，对危重症就医的台胞实行先医疗救治、后办理相关手续。

三 影响滇台文化产业交流与合作的主要问题

1. 对吸引和利用台资的认识还不到位

推动两岸关系发展，促进祖国和平统一是新世纪我国三大政治任务之一，以经济促政治的对台经济工作是贯彻中央对台重大方针政策，促进祖国和平统一的重要工作。但是，云南省部分地区的领导干部和部分职能部门对吸引和利用台资工作存在认识不到位、思想不统一的问题。对招商引资的政治意义、经济意义、社会意义、现实意义认识不到位，专题研究不够，措施不力，渠道不畅。台商投资云南高于东南亚各国，但对其重视程度却不相匹配，甚至有部分领导干部存在不愿接触或怕接触台商的思想顾虑。

2. 投资软环境建设还需进一步改善

一些地方和部门重审批、重管理、轻服务，影响了台商来云南省投资的积极性；在处理台商事务中缺乏主动性和灵活性；台资企业在建设和经营过程中，在土地、规划审批、供电供水、信贷融资、交通运输和生产环境安全等方面仍会碰到诸多困难和问题；项目周期长，有的难以落地，挫伤了台商投资云南的信心；文化产业配套和基础设施不健全，一些文化主管部门把文化当成一个产业来发展的思想认识还不到位。

3. 吸引台资、服务台商的工作力量不足，工作机制有待完善

云南省各州、市、县台办均隶属同级统战部，从事对台工作的专职工作人员少、力量薄弱，工作条件差、经费保障少，在一定程度上影响和制约了对台工作的实际效果。在开展吸引台资工作中，有关部门之间相互配合、形成合力的工作机制有待健全和完善，还不适应对台工作发展的新要求。

4. 工业基础相对薄弱，产业链配套不完善

台商投资大陆的一个显著特点是以一两个大企业为核心，配套企业为辅，在一个地区相互依存，共同发展，形成较完整的产业集群。目前，云南省文化产业的发展特别是文化创意产业、动漫产业等还缺乏整体的、相互配套的产业集群，难以有效吸引大企业、大财团的进入。一些中小台资企业即使进入云南，大多也是单打独斗，还局限于茶、珠宝玉石、餐饮、旅游等传统文化产业，无法形成规模集群优势。一些高科技、关键技术、人才等都非常缺乏，直接影响对台文化创意产业和动漫产业招商。

5. 土地买租难

由于云南地处高原，山多地少，土地资源缺乏，加上国家对国有土地资源管理和开发利用政策的调整，开发利用国有土地更加"硬性化"，台资企业取得土地困难，成本高。云南省一些开发区的土地价格就很高，甚至高于沿海地区中小城市的土地价格，买租土地问题成为了限制台商入滇投资的一大障碍。如台湾康成投资公司大润发卖场项目、蓝天电脑集团百脑汇项目都因土地价格问题搁浅（蓝天电脑集团先期介入的民族大学地

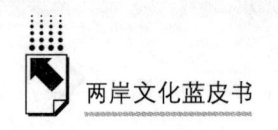

块于 2011 年 2 月 15 日被某国企以 1505 万元/亩拍下)。

6. 对台文化产业招商引资力度不够,缺乏有效宣传和招商平台

由于云南省尚无有效的对台宣传、招商平台,难以"请进来"有实力、有影响力的台商及台湾大型文化企业、行业工会到云南省投资考察。云南省对台主动宣传文化产业特色及投资政策也不够,还缺乏操作性。受思想观念的制约,云南省部分领导及政府职能部门对台文化产业招商引资重视程度不够,针对性不强,政策吸引力不高,渠道不畅。

B.14
促进津台文化交流与合作的几点建议

台盟天津市委　天津市台联

文化是城市的软实力,体现着城市的精神和灵魂。"十二五"时期,文化产业将成为天津的支柱产业,天津市将给力文化建设,用"硬功夫"提升城市软实力,在津沽大地上打响一场文化大发展、大繁荣攻坚战,全面提升城市文明程度,努力建设富有独特魅力和创造活力的文化强市。借此东风,加强津台两地的文化产业交流与合作将大有可为。

一　对文化事业和文化产业发展动态的分析

据国家有关部门预测分析,"十二五"时期,随着文化体制改革全面展开并逐步深化,必将激发文化事业和文化产业发展的活力;随着我国经济继续保持快速发展,人们对文化消费需求进一步增长,文化产业的需求也将会随之增大,这将会大大推动文化产业的发展;作为绿色资源,低消耗的文化产业既是新兴产业,也是绿色产业、循环经济,国家在政策上将会给予大力支持。今后五年,在中央政策的支持下,在消费空间的拉动下,将会出现文化创业投资热潮,区域文化产业将异军突起。文化产业的结构调整步伐将进一步加快,跨地区、跨行业将成为趋势,一批跨地区、跨行业经营的混合经济结构的大型文化集团将会脱颖而出,成为我国文化市场上的主体,各个文化产业将会出现飞速增长的局面。以国有经济为主导,各种所有制共同发展的文化产业格局将形成,民营和外资将在音乐、演出、动漫等娱乐产业、艺术产业和新兴媒体、传媒产业中发挥重要作用。这一切都预示着文化事业和文化产业发展春天的到来。

21世纪将是以文化建立新时代的世纪，谁抓住了机遇，谁就能在激烈的市场竞争中占得先机。面对当今世界各种思想文化相互激荡的大潮，面对国家发展和人民生活改善对文化发展的要求，面对社会文化生活多样活跃的态势，文化、经济一体化将成为社会经济发展的大趋势。国内经济发展较快的北京、上海、广东等多个省、市、地区，纷纷提出建设文化强市、文化大省战略，分别制定了"十二五"文化事业和文化产业发展长远规划，相继出台了一系列推动本地区文化事业和文化产业发展的政策。北京、上海在文化产业发展规划中把文化创意产业作为重点，北京提出要做全球的文化创意基地，上海则提出和纽约、伦敦并列为文化创意都市。天津市也不甘落后，相继出台了《天津市文化产业振兴规划》和《天津市第一批文化产业振兴重点工作计划》。

二 津台两地文化交流与合作的总体情况

2010年前三季度，天津市共办理对外及港澳台文化交流事项98项，涉及1554人次。"津台之夜"演出和第二届海峡两岸京剧艺术论坛取得圆满成功。在台湾举办了京剧艺术论坛、展览以及演出等系列活动。市委常委、市委宣传部部长率天津市文化传媒代表团访问台湾，与台湾有关方面签订了经济新闻互换互播、人才培养、巡回演出、剧本转让等7项文化交流合作协议。随团赴台的天津京剧院在台北大剧院连演8台大戏奉献给台湾观众，场场爆满，一票难求，深受欢迎，并签订了2011年再度赴台演出的合作意向书。两地文化交流合作取得了积极成果。

据有关资料显示，近年来天津市文化产业总量规模已突破200亿元，占GDP的比重已达到3%。按照市委确立的发展目标，今后几年文化产业的年均增长速度要达到30%，占GDP的比重到2015年时要超过5%。2008年底，天津市发布了促进津台产业合作的10项政策措施，其中第八条是适当放宽台资进入文化体育领域的条件。除国家法律法规尚未允许进入的文化教育新闻传媒的部分领域外，允许台资企业对文化体育事业进行投入，鼓励台商来津通过合资、合作等方式投资高等教育领域。这些条件都为津台文化产业的交流与合作提供了巨大的市场和广阔的发展前景。

三 津台特色文化交流活动

1. 中国·天津妈祖文化旅游节

天津市自2001年4月开始举办首届中国·天津妈祖文化旅游节，此后每两年举办一次，至2010年已举办第五届。

2008年10月，由天津市政府主办的第四届中国·天津妈祖文化旅游节在天津天后宫广场前海河亲水平台举行盛大开幕式。全国政协副主席、台盟中央主席林文漪出席开幕式并宣布本届妈祖节开幕，天津市市长黄兴国致欢迎词，天津市民群众和来自台、港、澳、日本、美国、新西兰、马来西亚、新加坡、荷兰等16个国家和地区的2000多位嘉宾、妈祖界知名人士及专家学者参加开幕式。台湾亲民党秘书长秦金生、国民党中常委姚江临分别代表亲民党主席宋楚瑜、国民党副主席江丙坤为本届妈祖节致贺词。

2008年"十一"黄金周期间，数以万计的海内外妈祖信众和游客到这里参观祭拜，单是台湾的北港、大甲等十几个宫庙就有千余人来天津过节，规模宏大、盛况空前，充分体现了妈祖文化的深远影响，表现了海峡两岸人民的亲情和友谊。也表明了天津与台湾、天津与港澳及海外华人在文化、经贸等各领域不断加强的交流与合作。

妈祖文化旅游节的宗旨是宣传天津、宣传滨海新区的开发开放和发展，弘扬中华民族优秀文化，突出城市文化品位和影响力，加强天津同各地的经贸交流与合作，增强同海外华人、华侨，特别是港、澳、台同胞的情感交流、文化交流和经贸交流，扩大对外开放，带动文化旅游事业和天津经济社会发展。此外，旅游节期间还举行妈祖文化主题论坛，邀请海内外著名专家、学者进一步挖掘和探讨妈祖文化的传承与发展。

2. 津台投资合作洽谈会

于 2008 年开始的津台投资合作洽谈会已经成功举办三届，为深化津台经贸往来和文化交流搭建了重要平台，得到了国台办主任王毅、国民党名誉主席连战等两岸高层人士的高度评价，在人员层次、会议规模、取得成果和产生影响等方面逐年提高。洽谈会以"深化合作、共克时艰、共同发展、共创双赢"为主题，以推进海峡两岸和平发展、深化津台交流合作为宗旨，以项目对接和务实合作为重点，大力宣传两岸关系和平发展、津台交流合作的广阔前景，集中推介天津经济社会发展和滨海新区开发开放取得的显著成绩，进一步扩大了天津和滨海新区的影响力。在 2010 年第三届津洽会上，台湾 36 个行业协会、232 家台湾大中型企业的近 500 位台湾企业界人士出席，共签约投资项目 19 项，投资总额逾 110 亿元，签署交流合作协议 13 个，涉及高新技术产业、工业、农业、服务业等多个行业，进一步拓展了津台经贸交流与合作领域，达到了互利共赢的目的，取得了丰硕成果。

3. 台湾名品博览会

2010 年（天津）台湾名品博览会与第三届津台投资合作洽谈会同时举行，本次展览规模达 55000 平方米，参展厂商超过 800 家，展出产品超过 40000 项，为历年来两岸举办的规模最大的台湾商品展。这也是两岸签署经济合作框架协议后举办的第一次重大经贸交流活动，搭建起天津与台湾产业经贸的合作通道。

四 津台文化交流与合作存在的问题

1. 政府对发展津台文化产业交流与合作的政策支持力度不够且亟待细化和完善

天津市 2008 年发布了促进津台产业合作的十项政策措施，其中第八条提出适当放宽台资进入文化体育领域的条件。除国家法律法规尚未允许进入的文化教育新闻传媒的部分领域外，允许台资企业对文化体育事业进行投入，鼓励台商来津通过合资、合作等方式投资高等教育领域。但是在2009年7月发布的支持台资企业发展、扩大利用台资的十项政策措施中没有提及相关内容和进一步的具体扶持措施。

2. 文化产业在天津市台资企业总量中所占比例偏小

截至2010年，全市累计批准设立台资企业2101家，台商投资总额近100亿美元，合同台资额近65亿美元，在大陆北方处于前列。台商投资主要集中在第二产业，占全市批准设立台资企业总数的70%以上，已经形成电子信息业、石油化工、食品加工、橡胶制品、五金制品、金属铸造等一批台资企业比较聚集的产业。第三产业所占比重比较小，而其中的文化产业所占比重则更是微乎其微。

3. 项目引导针对性差，出现趋同化苗头

天津市的各区县政府对于发展文化产业热情很高，各级领导都亲自上阵，定规划、谈项目、推新政等，但许多地方都热衷于建这样那样的创意园区、动漫园等，一些项目存在趋同化的苗头，而且缺少针对两岸文化产业交流合作的具体规划和引导措施。

4. 天津市文化产业自身存在的问题

天津市文化体制改革滞后，管理机制不灵活、体制较为单一。国有文化企业虽然有一定实力，但机制不灵活，普遍是"事业壳、企业体"，活力不足，创新能力不强，效益低下，并大多退出文化市场竞争。民营文化企业机制灵活，但规模实力不够，难以形成气候。文化产业规模化、集约化程度低，文化设施建设总量不足，条块分割、结构不合理的矛盾突出，资源潜力难以转化为产业的优势。

五　促进津台文化交流与合作的建议

1. 继续做好原有津台两地文化交流活动

中国·天津妈祖文化旅游节、津台投资合作洽谈会的连续成功举办已成为具有浓郁天津特色的津台两地文化交流活动，其成果之丰、影响之大

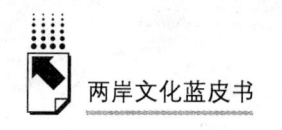

均得到有关方面的高度评价与认可。建议进一步增强活动的两岸融合性、展会交易性、文化专业性和群众参与性，充分利用这些平台，有针对性地加以引导，推进津台两地文化产业的交流与合作。

2. 办好台湾名品博览会

（1）建议认真总结首届台湾名品博览会在举办过程中的经验与不足，分析和借鉴国内外同类展会的特色得失，把博览会做成两岸交流的精致品牌。

（2）要继续丰富展品的内容，以增强对市民尤其是青少年的吸引力，充分体现海峡两岸的"文缘"之亲，进一步传承和弘扬中华传统文化。

（3）选择适当场所，将台湾名品博览会固定成常年的台湾名优精品的展览交易场所。

3. 筑巢引凤，大力发展天津市文化产业

建议市委、市政府加大推进文化事业体制改革和机制创新的力度，提高公共文化产品和服务的供给能力。建立党委领导、政府管理、行业自律、文化企事业单位依法经营的管理体制和运行机制。积极培育文化市场主体，打破地区、部门和行业界限，最大限度地优化文化资源的配置，进一步解放文化生产力，鼓励和引导社会力量办文化，增强文化发展的动力和活力。按照政企分开、政资分开、政事分开、管办分开的原则，进一步理顺政府与文化企业单位之间的关系，重新整合资源、盘活资产，组建文化发展公司（集团）、演出公司，抢占文化发展的制高点。

4. 在坚持原则的基础上适当放宽

建议为津台文化产业的交流与合作创造良好的发展环境，本着坚持根本适当放宽的原则，考虑适当允许台资资本参与国有文化企业改制，吸引更多台湾民间资本进入文化市场，支持其进入政策允许的所有文化产业领域。

5. 加快文化产业法规和政策的完善

建议制定津台两地文化产业交流与合作发展规划，从天津实际出发，针对发展津台文化产业合作实践中亟须法律和政策规范调整的重点和难点问题，抓紧制定相关的地方法规和政策，并完善配套文件。抓紧清理现有涉及文化产业的法规政策条目，并将清理结果向社会公布。

6. 制定产业指导，发展产业集群

建议为文化产业的集群发展制定科学超前的规划，发挥集聚效应，以龙头企业为带动，使一些行业和地域的文化产业逐渐形成产业集群。出台津台文化产业合作的行业指导文件，引导和吸纳台湾资本在我们最需要的行业领域合作发展。

7. 纳入管理，给予资金扶持

建议将已经存在的台资文化企业纳入政府管理范围，对前景看好的台资文化企业和文化项目给予贷款、补贴、项目扶持等各种激励措施，促进台资文化企业迅速发展，为吸引更多的台资投入到天津市的文化产业建设中起到良好的示范作用。

B.15
文化——两岸交流的纽带

台盟安徽省委

一 安徽与台湾文化交流概况

自1987年两岸开放以来,文化交流始终在两岸交流中扮演着重要的角色。1987年前后台湾流行音乐在大陆兴起。1989年,大陆作家诸如鲁迅、冰心、巴金、茅盾的作品在台湾陆续解禁。1997年,以福建湄洲妈祖金身塑像赴宝岛巡游为开端蓬勃开展民俗文化交流。2001年,全年交流项目超过350个、人员达4000多人次,创历年之最。2004年,随着大陆影片《可可西里》在台湾获得第四十一届金马奖,两岸文化交流在临近年底时达到高潮。2007年,两岸文化交流高潮迭起,两岸文化界组织、实施了一系列有影响的两岸文化交流活动,打造了一批两岸文化交流精品。至10月,经文化部审核、审批的两岸文化交流项目累计达到438项,4234人次。虽然两岸的文化交流一直都在进行,但一般都是民间层次上的相互安排,层次不高,有时民间团体做的交流彼此间容易重叠。直至2008年,两岸关系出现了历史性转机。大陆积极搭建两岸文化交流平台,努力拓展交流领域,深化交流内涵,不断推动对台文化交流与合作向前发展,两岸的文化事务主管部门开始相互沟通,从而使两岸文化交流的层次不断提升。两岸同胞同文同种,语言相通,习俗相近,中华文化深深地根植于华夏儿女的精神生活和物质生活之中。尽管历史的阴霾曾使海峡之水长时间地寒冰冻结,但却冻结不了根深蒂固的文化根系,两岸同胞发自内心的文化交流,始终成为难割难舍的精神纽带。

具体到安徽与台湾的文化交流来看,虽然与其他省市相比,特别是与沿海地区的发达省市相比,安徽与台湾之间的文化交流还比较落后,需要开拓的领域很多,但是安徽人对推进皖台之间的文化交流有一份特殊的情结。一个重要的原因是对台湾建省作出重要贡献的首任巡抚刘铭传是安徽人,跟随刘铭传保台建台的还有一大批江淮弟子。所以,安徽人一提及台湾,就有一种深厚的同胞亲情之感,对开展皖台之间的文化交流有着诚挚的执著。改革开放以来,安徽学术界对刘铭传的研究逐步深入,邀请台湾学者、专家参加分别于1985年9月中旬在合肥召开"刘铭传首任台湾巡抚一百周年学术讨论会",1995年11月上旬在合肥召开"海峡两岸纪念刘铭传逝世一百周年学术研讨会",2005年10月举行"海峡两岸纪念刘铭传首任台湾巡抚一百二十周年学术研讨会"。这三次学术研讨会与20世纪80年代和90年代以及现今形成的三次经济合作与文化交流的高潮有着很大的关系。安徽与台湾的文化交流也是以刘铭传为主线展开的。2004年,由安徽省委宣传部、北京欣颖世文化有限责任公司等公司联手打造,特邀请两岸著名的导演和演员联袂拍摄,以刘铭传抗法保台、策划建省、开发建设台湾等历史事件为主线,客观、形象地展示出台湾在那段历史中的风云变幻,以及海峡两岸人民呼唤民族团结、渴望祖国统一的心声的电视剧——《台湾首任巡抚刘铭传》在央视一经播出,立即在海峡两岸引起热烈反响。该剧对加强大陆和台湾人民的血肉联系,维护海峡两岸往来和文化交流,反对当时的台湾分裂势力,推进祖国和平统一,具有重要的现实意义。2011年更是对台文化交流重头戏连台的一年,安徽省政府在刘铭传故乡肥西县境内的大潜山北斥资修建了墓园,并于4月12日举行了刘铭传遗骨安葬仪式,安葬了其部分遗骨。刘铭传是台湾近代化的奠基人,"溯其功业,足与台湾不朽",这是连战之祖父、著名史学家连横在《台湾通史》中对刘铭传的高度评价。因此他的另一部分遗骨将在台湾择址安葬,这将为皖台间的文化交流增加新的载体。4月18~25日,由安徽省省长王三运率领的"铭传亲缘宝岛行"安徽访问团,前往台湾桃园县铭传大学,代表安徽省赠送校方一尊刘铭传铜像,并与国民党主席吴伯雄、铭传大学校长李铨共同主持铜像揭幕仪式。此后,访问团圆满完成赴

台经贸文化交流各项活动，开启了一次内涵丰富、成果丰硕的亲情之旅、展示之旅、合作之旅。4月28日，由安徽省刘铭传研究会策划的大型电视文献纪录片《刘铭传》开机仪式在上海举行。这部预计投资达400万元的大型纪录片在刘铭传家乡合肥的拍摄已经启动，剧组在6月赴台湾拍摄，按计划9月全部杀青。全部制作完成后，该纪录片在北京人民大会堂举行首播仪式，随后将在央视播出。纪录片中还将采访众多台湾政要及社会知名人士，如马英九、连战、吴伯雄、宋楚瑜等。安徽省刘铭传研究会表示希望能用大量的史实，真实、系统、全面地介绍刘铭传的一生，一方面能将刘铭传的事迹作为文献资料很好地保存下来，另一方面能更真实地向海峡两岸的年轻人宣传刘铭传。

除了刘铭传这条主线以外，2009年11月15~20日，在省委常委、宣传部部长臧世凯带领下，"安徽文化周"演出团一行59人赴台湾参加"安徽文化周"演出，所到之处受到了台湾群众的热烈欢迎。另外，为了繁荣文化旅游产业，在安徽省政府的大力协助下，开通了合肥市骆岗机场与台北松山机场之间的直航。

二 两岸文化交流及文化产业合作的重大意义和作用

台湾地区领导人马英九在《2008赢回执政权》的演说中特别指出，"文化上，我们不应自外于中国。无论语言文字、历史情感，海峡两岸人民应该共用先人留下的伟大遗产。台湾不应'去中国化'，而应勇敢地承认我们的文化与历史根源。同时，我们应有开阔的心胸，吸纳中国大陆在内所有的思想文化，以涵养这块土地，成长茁壮"。2010年9月6日，中华文化联谊会名誉会长蔡武在"两岸文化论坛"开幕式上指出，海峡两岸的和平稳定与共同繁荣不能仅仅依赖物质方面的互利，经济合作与贸易往来不能够替代文化的交流与思想的沟通。由于历史和现实的原因，两岸文化交流还存在一些壁垒和障碍，需要两岸同胞共同作出不懈努力，营造鼓励和支持两岸文化交流的良好氛围，共创互利共赢新局面。将秉持中华文化一脉相承的品格，愿以更加开放、务实的态度，创造性地开展工作，努力构建两岸文化交流平台，全方位推动两岸文化交流与合作。由此可见，海峡两岸对文化交流已达成共识。30多年的经贸交流固然使两岸逐步地形成利益共同体，但经贸交流主要以利益为取向，并不能自动地转化为上层的意识形态，难以影响到深层次的认同感、信仰与价值观。在这里，文化交流将扮演着重要的角色，发挥着重要的功能，具有深远的意义。

文化具有巨大的思想统摄作用，它可以超越地域、阶级、种族、时代的界限，两岸文化的同源性也可以消除两岸隔阂，增进两岸共识，增强两岸团结。台湾文化在历史、地理和现实的多重外在环境影响下，也兼具有自身的一些特色。如台湾文化具有浓厚的闽南文化、客家文化和当地原住民文化特色，同时还受到西方文化、日本文化的影响，使得台湾文化十分丰富多元。因此，台湾文化既有中华文化主体性的一面，又确实有其多元化的一面。但是作为中华传统文化的一部分，同样有着义不容辞的责任，这也是两岸文化交流与合作的现实基础。通过教育、科技、艺术、传媒等各项交流达到相互学习、取长补短，共同繁荣中华传统文化、增进文化认同的目的。

另外，两岸的文化交流不是为了交流而交流，它需要对两岸人民精神生活的提升有帮助，对两岸和平发展有帮助，对中华民族的伟大复兴有帮助。因此两岸的文化交流应逐步从交流走向整合，要让两岸的文化交流成果走进千家万户，落地生根，从而形成两岸文化共同体，建构优秀的新中华文化，让两岸的中国人携起手来，为世界文化的发展作出贡献。

三 安徽与台湾文化交流及文化产业合作实例介绍

（一）徽风皖韵热宝岛，两岸交流谱新篇

2009年11月15～20日，"安徽文化周"演出团一行59人在省委常

委、宣传部部长臧世凯带领下，赴台湾参加"安徽文化周"演出，所到之处受到热烈欢迎，观众在赞叹祖国优秀传统文化的同时，更为安徽艺术家的精湛表演而折服。

这次赴台演出是2009年安徽文化交流的一件大事、盛事，是宣传安徽、展示安徽的重要平台，是文化之旅、合作之行。

阵容强大，特色鲜明。按照"安徽特色、脍炙人口"的思路，省文化厅挑选精干人员，组织名团名角一流阵容，演出名剧名段。演出团由省黄梅戏剧院、安庆再芬黄梅戏剧院、省徽京剧院荣获国家戏剧最高奖——梅花奖的7位著名演员领衔出演，15位国家一级演员参演。节目由黄梅戏、徽剧和京剧组成，分黄梅金曲、徽风皖韵、黄梅经典三大部分，既有传统经典折子戏，又有现代名剧选段，汇集名剧、名家、名角、名段于一台，安徽特色浓郁，演出水平精湛。

时间紧凑，调度有序。此次演出是"安徽文化周"的重要内容。根据省委常委、宣传部部长臧世凯指示，省文化厅高度重视，精心组织，科学调度，合理安排，除来回路程外，演出团在台湾4天辗转3地连演4场，每天演出1场，时间虽短，但整个行程紧凑高效、和谐有序。演出团除完成演出任务外，还参观、考察了台湾的文化设施和历史文化遗址，如著名的台北"故宫博物院"、南投县中台禅寺、台南赤坎楼、文化产业基地莺歌镇、林家花园遗址等。台湾浓厚的中华传统文化特色，简洁、规范、高效的文化管理方式和大众文明守纪的人文素养给大家留下深刻印象。

观众踊跃，反响热烈。11月16日，"安徽文化周"开幕演出在台北市久负盛名的孙中山先生纪念馆举行。演出团抵台前几天，演出票就被索取一空。尽管当天大雨滂沱，观众仍冒雨而来，2500人的剧场座无虚席。演出团首先奉献了黄梅金曲唱段《游龙戏凤》选段"天女散花"、《徽商胡雪岩》选段"金猫缘"、《牛郎织女》选段"果然喜从天上降"、《刘海戏金蟾》选段"十五的月亮为谁圆"、《风尘女画家》选段"海滩别"等，接着是反映吕布与貂蝉故事的徽剧《小宴》和京剧《程长庚》选段

"想当年"。《小宴》让台湾观众进一步体验和熟悉了徽剧这一剧种古朴雄浑、大气沉稳的艺术风格，演员扎实的功底和精彩的技艺赢得满堂喝彩。演出在"黄梅经典"部分达到高潮，韩再芬担纲演出了《女驸马》选场"洞房"，蒋建国、周源源等演出了黄梅戏传统小戏《喜荣归》，演艺精湛，引人入胜。反映"八仙"之一的吕洞宾刁难药店之女反被奚落无颜的经典小戏《戏牡丹》压轴登场，由黄新德、李文等联袂诙谐演出，博得全场观众笑声阵阵。最后，全体演员合唱《天仙配》选段《夫妻双双把家还》，熟悉的词曲让现场许多台湾观众自觉参与进来。演出在满堂掌声、喝彩声中结束。观众仍意犹未尽，连声称赞演员"唱得好"、"演得好"。

11月18日，演出团驱车一个半小时，赴台中县明台高级中学为600余名师生演出，附近十几所中学校长也赶来观看。演出结束后，明台高中为每位演员颁发纪念证书。11月19日，演出团赴台湾艺术大学为师生演出。两场演出均受到师生的热烈欢迎，演员们受到了校方的盛情接待。

艺术家们的精彩表演，将徽风皖韵诠释得淋漓尽致，每曲终了，观众都报以长时间掌声。4场演出，场场爆满。

宣传造势，影响广泛。"安徽文化周"演出引起两岸媒体的极大兴趣和格外关注。台湾电视媒体对文化周开幕演出作了现场直播，台湾多家报纸、电台和网站，中央电视台、中央人民广播电台、新华社、中新社报道了演出盛况，香港凤凰卫视专题采访了演员。台湾媒体竞相以"安徽文化周黄梅戏天后来台开唱"、"安徽戏曲三宝"等大标题和大幅彩色剧照报道"安徽文化周"演出消息，台北市主要街道还悬挂了上百面演出广告旗。台中县明台高中和台湾艺术大学也早早在各自网站上绚丽宣传，图文并茂，引以为荣。

这次台湾"安徽文化周"演出，是传播徽文化、宣传新安徽的一次成功营销和尝试，为提高安徽的知名度、美誉度发挥了积极作用，增进了台湾同胞对两岸同文、同种、同根的民族情感。台湾传大艺术有限公司和台湾中国传统文化推广协会均表示，要加强与安徽的文化交流与合作，让台湾民众更多地分享安徽灿烂的文化艺术。

（二）心手相连开启皖台合作新时代——安徽访问团"铭传亲缘宝岛行"综述

2011年4月18～25日，由省长王三运率领的"铭传亲缘宝岛行"安徽访问团，圆满完成赴台经贸文化交流各项活动，开启了一次内涵丰富、成果丰硕的亲情之旅、展示之旅、合作之旅。

4月的台湾，春光明媚，草木葱茏。在这个两岸和平发展的春天，安徽访问团的到来，又增添了一抹浓浓的绿色。8天里，访问团一行从北部到南部，从城市到乡村，从高层到民间，从经贸到文化，广泛展开传递亲情、推介安徽、增进合作的一系列活动。访问团带着对台湾同胞血浓于水的感情，以亲和友善的形象、务实高效的作风，赢得了台湾民众的认同，开启了皖台加强合作的新篇章！"安徽访问团以'铭传亲缘宝岛行'为主题，突出亲情之旅，突出了两岸人民的感情，很有智慧，很有意义。"访问团抵达台湾当日，国民党荣誉主席吴伯雄如是评价安徽访问团的"亲情之旅"。他说："经贸合作让皖台人民的手拉得更紧，文化合作让皖台人民的心连得更紧，民间交流让皖台人民的情变得更浓！"台湾亲民党主席宋楚瑜在会见安徽省访问团时说，"两岸都是一家人，越走越近越亲近！安徽访问团的亲情之旅，进一步拉近了两岸人民的地理距离和心理距离"。这正是此次安徽宝岛之行的特色所在、魅力所在。这一次亲情之旅，是从追寻皖台两地共同记忆的刘铭传的足迹开始的。

安徽省人民政府省长王三运说："安徽是刘铭传的故乡，台湾是刘铭传战斗过的地方，今天我们在以他命名的铭传大学共同追忆他的奋斗历程，缅怀他的光辉业绩，弘扬他的崇高风范。"

4月20日，王三运在刘铭传铜像揭幕暨铭传大学安徽教育中心揭牌仪式上的演讲，激起了皖台两地人民的共鸣。访问团在台期间还看望了中科大台籍毕业生，探望了远嫁台湾的安徽姑娘，不仅同与安徽有缘的人们牵起亲情之手，还来到屏东县玛家乡原住民居住区，捐资助学，奉献爱心。在与台湾政界、经贸文化界的交流中，王三运讲得最多的是安徽是粮食大省、资源大省和经济大省,是安徽的区位优势、科教优势和产业配套优势,是安徽的战略机遇、政策机遇和市场机遇。这样的展示,向台湾民众呈现了安徽多姿的山水与厚重的文化,呈现了黄山的壮美和黄梅戏的悠扬。这样的展示,让台湾各界认知了安徽居中靠东、沿江通海的独特区位和自然资源、科教资源、劳动力资源的比较优势,认知了安徽日益完善的现代产业体系和产业发展综合配套能力。这样的展示,更让台湾投资者看到了安徽在区域发展中的战略地位和广阔空间,看到皖江城市带承接产业转移示范区、合芜蚌自主创新综合试验区和国家技术创新工程试点省建设的无限商机。访问团不仅为台湾民众展示了一个魅力、潜力、活力的安徽,更在宝岛留下了安徽人民创新、创业、创造的精神。特别是安徽访问团给予台湾企业界诉求的"即时回应",受到台湾各界的广泛赞誉。抵达宝岛的当晚和次日,王三运在会见台湾知名企业家和拜访工业总会期间,工商协进会荣誉理事长黄茂雄及工业总会副理事长、台玻集团董事长林伯丰等企业家先后坦陈6点建议,希望地方政府提供更好的服务。连续两晚,王三运分别主持召开专题会议,围绕企业家提出的意见逐项分析研究,要求立即制定优化台商投资环境的政策措施,真正让台商在皖安心投资、放心创业、舒心生活。4月21日的台湾《工商时报》等媒体盛赞王三运的重信和"较真",在台湾各界引起了强烈反响。

台湾鸿海精密集团董事长郭台铭说:"所有的媒体报道在台湾都引起了非常大的回响。我想在台湾发展经贸的过程中,大家不能忽略掉安徽。"

台湾工业总会理事长陈武雄说:"台湾有很多跟安徽的关系很深远,(这次活动)我想一定会加速安徽跟台湾的经贸关系、文化关系。"

"通过这次合作之旅,架起皖台更加便捷畅通的合作桥梁,厚植两地共同利益。"在与台湾高层、企业家和投资者的交流中,王三运反复强调的就是互利合作、发展共赢。联结亲缘,展示商机,这次"铭传亲缘宝岛行"进一步打响了两岸合作的"安徽概念",一个个合作项目"瓜熟蒂落"。据不完全统计,访问团与台湾各方共签约126项,其中引资合同类项目 71 个，总投资 137 亿美元；71 个引资合同类项目中，总投资超亿美元项目 23 个，新兴产业项目占工业项目的 64%，总投资额近百亿美元。合作覆盖各个领域，文化产业合作亮点突出。以商贸、旅游、文化为主的现代服务业项目占引资项目的 28%，尤其是文化产业签约 21 个项目，总投资 36.7 亿元，协议引进资金 19.8 亿元，涉及音像、期刊、多媒体产品、合作拍摄影视节目、版权交易、文化演出、产品代理等多个方面。

台湾诚品股份有限公司总经理李介修说："我们就引进安徽的黄梅剧的音像产品，在诚品（公司）的旗舰店销售。"

旺旺中时媒体集团执行副总裁羊晓东说："我们跟安徽当地的电视台的产业方面，我们都有很多的合作交流，我绝对地相信以安徽这样不管是人文、艺术文化各方面有这么深厚的底子，未来在各方面跟台湾都一定有很多的活动。"

安徽省委常委、宣传部部长臧世凯欣喜地说："安徽访问团组成文化产业和文化交流两个分团，推动了中华传统文化的广泛传播，开创了皖台文化交流合作的新局面。""讲实效、树形象、建机制"，王三运在访问团出访之前已经明确了皖台合作的目标和着力重点。讲实效当贯穿始终，树形象为合作基础，建机制能持续收获。8 天访问何其匆匆，跟进落实任重道远。继续加强联系，不断优化环境，扩大合作成果，是留给各级各部门必须尽快作答的课题。

（三）安徽经贸文化宝岛行隆重开幕

安徽经贸文化宝岛行开幕式暨台湾安徽经贸合作研讨会 2011 年 4 月 19 日在台北圆山大饭店隆重举行，来自皖台近 700 多名政商界嘉宾出席。安徽省省长王三运表示，安徽此次组团访台，要向台湾各界展示一个魅力的安徽、潜力的安徽和活力的安徽，希望以此次活动为新的起点，进一步架起皖台两地便捷、畅通的合作之桥，不断丰富交流合作的空间。

王三运在研讨会演讲时介绍，安徽希望进一步密切皖台各类学校特别是大学之间的合作对接，通过扩大校际交流规模、深化师生互访联谊，搭建多层次的交流合作平台。在基础科学、先进技术、应用技术的研发方面，在发展战略性新兴产业、推进产业规划和政策的对接方面，期待两地能有进一步的实质性合作。希望能与台湾共同推动文化创意、动漫制作等方面的合作，共同铸造中华文化新的辉煌。此外，安徽希望能引进台湾农业技术和良种，建设现代农业产业园和合作试验区，同时努力为台湾的农产品在安徽打开销路。

中国国民党荣誉主席吴伯雄出席了开幕式。他在致辞中说，台湾目前经济好转，良好的两岸关系是其中不可缺少的因素。台湾全岛都感受到两岸经济合作的好处，不仅是企业，中南部的养殖业者也从两岸经贸交往中受益，仅台湾每年销往大陆的石斑鱼就价值几十亿元新台币。他还现场吟诵了杜牧的《清明》诗句，说很喜欢杜牧的诗，"儿童遥指杏花村"就发生在美丽的安徽。

吴伯雄说，两岸经济合作是手携手，文化交流是心连心。台湾有特殊的历史和政治环境，使得两岸交流还面临一些质疑和挑战。但两岸双方应该理直气壮，用实际行动一点一滴来改变。经贸来往和文化交流是两岸之间缺一不可的两座桥梁，争议可以搁置，但两岸关系良好的发展方向不能受到挫折，更不能后退，要存异求同，共创双赢。

海基会副董事长高孔廉、台湾工业总会理事长陈武雄等在开幕式上致辞。大会结束后，现代中医药产业合作研讨会、科技创新与新兴产业合作交流会、文化产业合作交流会、旅游合作交流会也在同日举行。

四　安徽与台湾文化交流及产业合作的建议、构想

（一）安徽省与台湾省文化交流及产业合作的建议

中华民族的伟大复兴必然伴随着中华文化的复兴。中华文化是两岸同胞共同的宝贵财富，也是维系两岸关系根基的重要纽带。当前，经过两岸同胞的不懈努力，两岸关系终于进入了和平发展的新阶段，开启了大交

流、大合作的新篇章,两岸各领域的交流合作在短短两年的时间里齐头并进,蓬勃发展,取得了一系列重大进展。随着两岸民众往来日益频繁,"三通"之后更重要的是实现心灵的沟通,深化感情的融合。只有不失时机地推进和深化两岸文化交流与合作,两岸关系的基础才能在今后的道路上经受风雨的考验。

当前,深化两岸文化交流与合作,需要两岸同胞从以下几个方面作出努力:

一是共同传承中华文化的优秀传统。中华文化积淀着我们民族最深层次的精神追求,我们应当以礼敬的态度来对待这些优秀的文化遗产,深刻认识民族传统文化的历史意义和现实价值,从中吸取智慧和力量,进而更加积极地弘扬中华文化。

二是共同塑造中华文化的时代形象。和谐是中华文化的主流。在人类社会进入21世纪的今天,倡导和谐与合作,应当成为我们中华文化在世界上的时代形象。两岸的专家学者可以共同研究,加强交流,争取形成更多共识。

三是共同构建两岸同胞的民族和文化认同。大陆和台湾是我们的共同家园,两岸同胞同为中华民族的子孙,都是中华文化的传人。两岸各界尤其是文化界的有识之士应当不断身体力行,不断加强中华文化的传播弘扬,不断促使两岸同胞更紧密地联系在一起,凝聚在一起。

四是推动交流制度化,构建两岸文化交流新格局。所谓建立交流制度化,就是推动两岸建立更为密切、经常性和规范性的联系与往来机制。胡锦涛总书记2010年12月明确提出,"大陆将继续采取积极措施,包括愿意协商两岸文化教育交流协议,推动两岸文化教育交流合作迈上范围更广、层次更高的新台阶"。如果海峡两岸适时商讨签署两岸文化交流协议,将有效地集中双方的资源、资金和智慧,推动两岸文化交流由感性交流向理性交流阶段跨越,增进互信,累积共识。

五是鼓励和支持两岸文化交流,营造互利共赢的新局面。两岸文化交流的不断发展需要有宽松的政策和良好的氛围。不可否认的是,当前两岸文化交流尚存在一些人为的壁垒和障碍需要双方共同克服。近期大陆将出台一些新的惠及台湾同胞的文化政策，为此，我们衷心希望海峡两岸一方面基于互利双赢的精神，减少政策性壁垒，让交流更加顺畅，合作更加广泛；另一方面出台相应鼓励政策，支持、扶持从事两岸文化交流的文化机构、艺术团体、文化企业，广泛吸收社会资金和企业赞助，推动两岸文化交流持续稳定向前发展。

（二）安徽与台湾文化交流及文化产业合作的构想

一是全面开展两岸文化交流与合作，不断拓展交流的深度和广度。我们应广泛开展两岸人员交流、演出、展览、研讨、联谊等活动，促成海峡两岸定期轮流举办各种主题的两岸艺术节、两岸艺术展演等综合性文化交流活动；积极倡导两岸文化界在相互尊重的基础上相互借鉴，共同打造艺术精品；大力支持大陆各地与台湾各县市开展文化往来，促成更多的两岸图书馆、美术馆、博物馆、文物保护机构和文化研究机构开展馆际交流，全方位推动两岸文化交流与合作。第一，每年定期举办文化教育论坛，作为两岸交流的平台，以两岸文化教育交流能全面化、正常化、制度化为目标。第二，两岸共同举办具有重大意义的节庆活动，如纪念清明节具有慎终追远的意义，庆祝中秋节具有月圆、家圆的意涵，这都有助于两岸在文化上更紧密地联结。第三，两岸共同设置中华文化大奖，鼓励全民投入文教事业。两岸中华文化大奖的主要概念应包括文化复兴、文化传承、文化创新三个面向，让文化既是思想，又是生活，更是产业。

二是优势互补，不断深化两岸文化产业合作。两岸文化产业基于共同的中华文化母体之上，合作潜力巨大，前景非常广阔。加强两岸产业合作，不仅符合两岸文化产业发展的需要，也符合两岸同胞的共同利益。我们将积极鼓励海峡两岸文化企业界人士通过参访、举办论坛、参加文博会等各种方式，探讨文化产业的经营理念和运作模式。发挥两岸各自优势，整合两岸资源、创意、资金、人才、市场，推动两岸文化产业对接，构筑两岸文化产业走向国际市场的桥梁，为繁荣两岸文化产业作出应有的贡献。

B.16 台湾文化创意产业发展概况

林炎旦　林义斌*

一　前言

文化创意产业不仅是世界各国的产业潮流趋势，也是当前两岸产业政策的重点项目，近年来，台湾与大陆都先后公布文化创意产业相关的法令和政策，据以推动之。本文旨在说明台湾文化创意产业发展的概况，首先，描述台湾文化创意产业政策的发展背景，并介绍文化创意产业发展的法治化过程；其次，透过最新统计数据说明台湾文化创意产业整体和各次产业的发展现况与未来趋势；最后，本文也指出台湾文化创意产业发展的几个关键性议题。

"创意经济"（creative economy）的概念，源自于20世纪末的西方国家，其主要意涵是指借由个人的创造力、技能或天赋而获得发展的事业，以及透过智慧财产权的开发，来创造潜在财富和就业机会的活动。因此，创意经济必须透过"创意产业"（creative industries）来实现。

联合国的创意经济报告（UNCTAD，2008）中对创意产业的定义为：①创意产业是一个以创意资产为基础的概念，借以刺激潜在的经济成长与发展。②它能刺激收入、职业与出口成长，并同时促进社会包容、文化多元性与人类发展。③它包含经济、文化与社会面向的互动关系，也包含科技、智慧财产权与观光领域。④它是一组以知识为基础的经济活动，并以

---

* 林炎旦，台北教育大学，人文艺术学院院长，文化创意产业经营学系教授；林义斌，台北教育大学，文化创意产业经营学系助理教授。

多种面向连接宏观与微观层次的经济领域。⑤它对创意、跨领域与跨部门政策具有可执行力，并且是一个跨产业的活动。⑥创意经济的核心是创意产业。

尽管各国对创意产业的范畴与分类各不相同，但是愈来愈多国家的政府，包括开发中国家和已开发国家，都将创意产业视为一种优先的产业政策和国家经济发展的重大策略。简言之，创意产业已经成为国际间强势发展的经济形态，以及主要的产业潮流。

基于国际潮流与产业发展趋势，台湾已经意识到，过去以代工和制造业为主的产业生产形态，在大陆和东南亚国家的竞争下，已经逐渐失去优势，因此，必须深化以知识为基础的经济竞争力，特别是以创意和设计为核心的文化相关产业。台湾长期以来就是精致、创新及当代华人文化的孕育地，在创意、流行和现代化方面引领两岸三地的风潮。自从两岸开放、经贸关系正常化以来，以华人文化为主的市场渐渐成形。对台湾来说，这是一个难得的契机，攸关台湾的产业转型与国际竞争力，因此，近年来，台湾积极致力于发展文化创意产业政策，以"创意台湾"为目标，希望未来能够抢占由两岸和全球华人社会所形成的大华语市场，打造台湾成为"亚太文化创意产业汇流中心"。

二 文化创意产业政策发展背景

台湾过去以制造业及技术发展为主的产业形态，造就了台湾经济的繁荣。但是，在全球化的趋势下，发展中国家快速的工业化，借助其廉价的劳动力、土地成本，使台湾逐渐失去竞争优势，使得台湾许多产业外移大陆或其他开发中国家，造成台湾目前产业空当与高失业率的情况，因此，需要有更多适合的产业来递补。其中，知识经济附加价值最高的，就是以创意为核心的领域，借由文化、创意与产业结合，足以为国家带来新的发展潜能和商业机会，进而创造经济成长与工作机会。

（一）文化创意产业发展计划

自2002年开始，政府以"创意台湾"（Creative Taiwan）为发展目标，首次将"文化创意产业发展计划"纳入"挑战2008——文化创意产业发展计划"推动，期能扩大国内文化创意产业的营业额与就业机会，透过文化创意产业开拓创意，结合人文与经济，发展兼顾文化积累与经济效益的产业，提升生活质量与国家竞争力。

"文化创意产业发展计划（2002~2007）"主要由四个部会共同推动："经济部"统筹并负责设计产业、"教育部"负责跨领域的人才培训、"新闻局"负责媒体产业、文化建设委员会（以下简称"文建会"）则负责艺术产业扶植；该计划包含五大推动措施、共有28个子计划。由于其执行计划分布于各部会，为有效统筹并凝聚各部会共识，"行政院"于2002年11月1日成立"'经济部'文化创意产业推动小组"及办公室，负责跨部会整合协调机制。

"文化创意产业发展计划"执行期程为2003~2007年，其具体成果概述有如下五个方面。

整备文化创意产业发展机制：①整备文化创意产业法令规章；②提供文化创意产业优惠贷款；③办理文化创意产业统计研析及出版产业发展年报；④扩大文化创意产业推广倡导；⑤举办"台湾国际文化创意产业展"及"文化创意产业趋势论坛"；⑥加强智慧财产权保护机制。

设置文化创意产业资源中心：①设置教学资源中心；②成立台湾创意设计中心；③规划设置创意文化园区；④建置国家影音产业信息平台。

发展艺术产业：①推动创意艺术产业；②发展工艺产业。

发展重点媒体文化产业：①振兴影视产业；②发展流行音乐产业；③发展图文出版产业。

台湾设计产业起飞：①办理台湾设计博览会；②办理新一代设计展；③协助优良设计产品参加国际设计大赛；④成功争取2011世界设计大会主办权；⑤举办台湾国际创意设计竞赛；⑥促进设计服务业发展；⑦促进

重点设计发展。

"挑战2008——文化创意产业发展计划"于2007年底执行完毕,借由政府政策的推动与民间创意能量的发挥,由文化面、创意面、艺术面、设计面来提升人民整体的生活质量,对台湾经济转型发展及民众生活形态的改变,已经产生关键性影响。为保持成长态势,2008年起,文化创意产业之后续推动事宜,并由"文建会"、"新闻局"及"经济部"等三个部会纳入相关项目计划共同推动。其中,"新闻局"主要负责振兴流行文化产业,包括:影视、图文出版和流行音乐;"经济部"则重点推动设计产业,期使台湾成为亚太地区具有知识运筹能力之创意设计重镇。

为落实文化创意产业发展方案各项策略,此时,"文建会"转化为台湾文化创意产业总体政策整合及协调的主要单位,并依"创意台湾——文化创意产业发展方案",完成"文化创意产业发展第二期(2008~2011)修正计划",经"行政院"于2009年10月23日核定;唯2010年6月23日"行政院经济建设委员会"于召开2011年度文化次类别预算复审会议时决议,又将"文建会""国立台湾美术馆典藏库房扩建工程计划"(2011~2013)纳入本计划中执行,再度提出"文化创意产业发展第二期(2008~2013)"第二次修正计划。

(二) 创意台湾——文化创意产业发展方案

2009年2月21日马英九在召开"当前总体经济情势及因应对策会议"中,特别强调文化创意是当前重要的六大关键新兴产业之一,政府应投注更多资源,以扩大规模、提升新兴产业产值,并辅导及吸引民间投资。"行政院"随即指示此六大关键新兴产业应在三个月内提出具体策略。①

为建立文化创意产业的跨部会整合平台,于2009年3月4日召开"行政院研商推动文化创意产业相关事宜会议",并于3月25日正式成立

---

① http://www.president.gov.tw/Default.aspx?tabid=131&itemid=14730&rmid=514&sd=2009/02/21&ed=2009/02/21。

"行政院文化创意产业推动小组",由"行政院长"担任召集人,曾志朗政务委员及"文建会"主委担任副召集人,并邀集六个相关部会首长及业界代表共十三人担任委员,责成"文建会"担任小组幕僚单位,以统整各方建议,研拟文创产业行动方案。最后,"文建会"汇整各部会所提文创旗舰计划,研提"创意台湾——文化创意产业发展方案",以结合各界资源强力推动文化创意产业的发展。本案经"行政院文化创意产业推动小组"2009年4月28日会议审议,由"文建会"修正后提报"行政院",并于2009年5月14日获"行政院"核定。

"创意台湾——文化创意产业发展方案"由"经济部"、"新闻局"及"文建会"共同负责、积极推动办理,其执行期程为2009~2013年,经费总需求为262.65亿元(新台币)。本方案主要系针对台湾当前发展文化创意产业发展之优势、潜力、困境及产业需求,提出推动策略,期能达到以台湾为基地,拓展华文市场,进军国际,打造台湾成为亚太文化创意产业汇流中心之愿景。

1. 环境整备本方案之推动策略分为"环境整备"与"旗舰产业"两大块

"环境整备"主要是对于所有文化创意产业整体面临的共通性问题,思考因应策略,并于文化创意产业发展第二期计划中以"多元资金挹注"、"产业研发及辅导"、"市场流通及拓展"、"人才培育及媒合"及"产业集聚效应"等五项计划具体措施进行,其目的就是希望建构对所有文创产业皆友善之发展环境,使相关产业皆能获得适当之辅导及协助而成长。

(1)多元资金挹注计划。整合各部会文创产业补助机制,提供文创产业资金补助。借由辅导成立文创产业创新育成中心、补助县市推动文创产业、补助艺文产业研发生产及营销推广、提供种子资金,协助文创产业化。建立文创产业投资机制,实行多层次投资方式进行。为使文创业者与资金市场衔接应用顺畅,同时推动文化创意产业无形资产评价机制,以整合服务机制协助建立管理配套机制。

(2)产业研发及辅导计划。透过成立文创项目办公室,设置单一服务窗口，建立咨询辅导与制度，协助业者了解政府法规、计划及经费申请程序，提供财务、法律、税务、营销、智慧财产权等经营管理事宜之专业咨询协助，组成顾问团及创新媒合平台，并从人才需求、创业资金、市场商机及异业合作建立纵向及横向的整合平台。透过调查研究、统计分析、办理研讨会等方式，建立全球文创产业情报网及产业数据库，作为政策拟订之参考，以及提供业者据以进行产业研发及市场拓展。同时推动跨界整合，促进科技与创意产业跨业合作，建置数字数据库及数字艺术推展，推动数字科技与文化创意产业整合发展。

（3）人才培育及媒合机制计划。文创产业核心资产为"人"，除持续扶持艺文产业新秀外，则透过产学合作、开设专业课程、办理工作坊等方式，培育兼具文化内涵、创意思考及产业经营能力的跨界人才，同时推动台湾文创产业经纪制度。

（4）市场流通及开拓计划。办理国际性大展及大奖，达成激发艺术创意、扶植产业发展及活络艺术市场之目的。鼓励民间透过与媒体合作，举办各类文化创意产业相关之优良品牌、商品、菁英与新秀评选，以整合营销将"台湾文化创意产业精品意象"营销国际，打造台湾文化创意品牌。每年定期举办台湾文化创意产业相关会展，提供文创业者营销与展售之通路，同时协助业者参与中国文博会，配合其他相关部会计划协助业者参与并开拓大陆市场。建立两岸文创产业合作及市场开发机制，协助业者就涉及之智慧财产权等相关法令及权益问题，进行谈判或签立互惠协议。透过文创产业情报网连接国内外相关文创组织与协会，促进与国际合作机会。

（5）产业集聚效应计划。延续推动台北、台中、花莲、嘉义及台南五大创意文化园区，使其在既有营运定位下以文创产业轴带概念，进行产业串联，进而达到文化创意产业整体区位发展、人才及产值全面提升之卓越绩效。借由地理位置邻近的优势，串联区域内具有相同构型但不同类型的业者，运用价值链整合提供产业群聚之最大效益。一方面使群聚产业之业者产生协调人力或技术互补，进而激荡创意，整合资源；另一方面塑造与提升参与业者在该产业领域之专业形象，使之更具产业竞争优势。

2. 旗舰产业

"旗舰产业"部分，则是从现有各产业范畴中，择取发展较为成熟、具产值潜力、产业关联效益大的业别，针对其发展特性及需求提出规划，予以重点推动，期能在既有基础上再做强化及提升，并借以发挥领头羊效益，带动其他未臻成熟的产业。"创意台湾"中的六大旗舰产业计划，包括电影、电视、流行音乐、数字内容、设计及工艺产业等六项，以下就其目的事业主管机关略述之。

（1）"新闻局"：电影、电视、流行音乐产业。六大旗舰计划中的电影、电视及流行音乐三项，不仅是普罗大众最容易接触的文创消费项目，也能带动其他产业的关联效益。"行政院新闻局"曾就媒体产业进行优劣势及国际竞争力分析指出，这三项是台湾最具文化输出能量的产业，在华语市场中也已经具备竞争的优势，因此，"新闻局"致力于扶持此三项旗舰产业计划。在电影产业部分，协助业者拍出在华语市场叫好叫座之国产片，建立策略性华语市场发行及推广辅导机制，并厚植我国电影人才及工业基础；在电视产业部分，培育专业人才，鼓励创意制作，健全法规及相关机制，并开拓国内外市场、与国际接轨；在流行音乐产业部分，培植音乐创作人才，奖励流行音乐发展，松绑相关法令，并进行研发推广及海外营销。

（2）"经济部"：数字内容、设计产业。近年来形成热潮的"宅经济"，反映出数位内容产业的巨大效益。根据"经济部"的分析指出，台湾的数字内容产业（音乐、游戏、影视、漫画）已经累积相当原创素材和制作能力，且为全球华文市场的流行指标，整体开发能力、素质、内容制作与技术人才仍优于亚洲（除日本）其他地区，且人力成本较欧美国家具竞争力。而在中国市场不断扩大，以及全球数字内容、多媒体娱乐市场持续成长的情势下，台湾有机会发展创新商业模式、创造利润。在数字内容产业部分，透过产业发展跃进计划、数字内容学院计划、国际领航拓展计划、数字学习与典藏加值计划等推动，发展台湾成为娱乐及多媒体创新应用的先进国家，以及数字经济产业的典范。

至于设计产业部分，台湾创意设计人力资源丰富，成本相对低于先进

台湾文化创意产业发展概况

国家；且中小型设计服务业企业众多，具弹性效率与国际竞争力。因此，"经济部"推动台湾设计产业翱翔计划、办理"2011台北世界设计大会"等大型活动以及创意生活产业发展计划等，并透过"台湾创意设计中心"成为创意设计发展的整合服务平台，提升台湾设计人才原创能力、促进国际设计交流、加强产业市场竞争力，并奠定企业发展自有品牌基础，提高产业附加价值，期使台湾成为亚太地区的创意设计重镇。

（3）"文建会"：工艺产业。工艺产业是台湾的艺术产业中发展较为成熟者。台湾工艺产业近年来与设计、时尚、科技等领域跨界结合，显现出多元发展的可能性；使用在地材质及具有生态友善特性的工艺，更能符合近年来的环保及乐活意识形态。"文建会"所属"国立台湾工艺研究发展中心"透过推动卓越研发、产业跨业合作、品牌形塑、工艺创新育成中心基地硬件设施整建等方案，希望借由创新研发设计与拓展营销通路的策略，开创台湾工艺转型的新契机。

三 "文化创意产业发展法"

为推动文化创意产业，2010年2月3日台湾公布了"文化创意产业发展法"[①]。内容有：总则、协助及奖励补助机制、租税优惠、附则等四章，涵盖文化创意产业的经费、投资融资、艺术教育、产业人才培育、市场、品牌、育成、营销通路建立、公有财产释出、政府采购、典藏开放利用、智慧财产权保障、产业聚落，以及鼓励企业投资文化创意产业或增加人才培育等相关支出等共计30个条文。包括：①文化创意产业内容及范围；②财团法人文化创意产业发展研究院设置条例；③发展基金投资文化创意产业之审核、提拔机制与绩效指标等办法；④文化创意产业协助、奖励及补助办法；⑤补助学生观赏艺文展演或艺文体验券发放实施办法；⑥鼓励文化创意事业以优惠之价格提供原创产品或服务办法；⑦奖励或补

---

① 引自 http://cci.culture.tw/cci/upload/law/20100511070307-e70aef9473f76000f67038e8b51e9d3d.pdf.

助民间提供适当空间予文化创意事业使用；⑧公有公共运输系统之场站应提供一定比例广告空间优先提供予文化创意产品或服务使用；⑨公有文化创意资产之出租、授权、收益保留及其他相关事项办法；⑩文化创意产业产生之著作财产权为标的之质权登记办法；⑪著作财产权人不明或其所在不明之利用办法；⑫营利事业捐赠文化创意事业抵税；⑬文创法施行细则等。

未来，透过文创法各项子法之订定，将可落实协助建构良好的文化创意产业发展环境、培养艺文消费人口、扩大文创市场，让文创业者获得实质的帮助。其预期效益如下：

健全文创产业法制基础：文创法通过后，政府的文创政策、经费预算及各项协助及奖励补助机制、租税优惠等措施都有法源依据，不会因政务人事更替而停止。

培养艺文消费人口：透过补助艺文团体提供中小学生欣赏艺文表演活动，以及鼓励企业购票捐赠学生及弱势团体，以增加艺文消费人口，扩大艺文消费市场。

健全文创产业商业机制：设立财团法人文化创意产业发展研究院，协助文化创意事业研究发展、人才培育、文化创意事业之投资、融资与信用保证，建立自有品牌及拓展国际市场等。

文创业者可享的租税优惠：营利事业捐赠文化创意团体之经费得列为当年度费用或损失；公司投资于文化创意研究与发展及人才培训支出金额得减免税捐；文化创意事业自国外输入自用之机器、设备免征进口税捐。

有效利用公有文化资产：政府机关管理之公有文化创意资产得以出租、授权或其他方式开放予文创业者有效利用。

建立著作财产权之设质登记与著作权人不明著作之授权制度：有利文化创意资产之设质融资，并保障交易安全；解决著作财产权不明或其所在不明所致之授权困难，活化文化创意资产之流通利用。

协助设置文化创意聚落：优先辅导核心创作及独立工作者进驻，透过群聚效益促进文化创意事业发展。

四 文化创意产业现况与趋势

为因应近年来全球经济剧烈变化，并有效提升台湾产业发展，刺激岛内景气与抢救失业，2009年"行政院"提出"观光旅游、医疗照护、生物科技、绿色能源、文化创意、精致农业"等六大新兴产业发展策略，期望能在国际经济大环境不佳的情形下，提升产业竞争力，突破出口困境。此外，为了持续保持经济成长态势，提升岛内产业竞争力，2010年通过文创法，借由立法保障以及政策主导，从文化、创意、艺术及设计等层面着手推动文化创意产业，为台湾整体文化创意产业发展投入一股新能量，期望台湾未来成为亚洲及华人世界的文化创意产业中心之一。

最近几年，世界已经看见台湾文创的实力，无论是"2011台湾国际文化创意产业博览会"或是"2011台北世界设计大会"等国际大型展会活动，还是受到欢迎的电影、流行音乐、舞台剧及偶像剧，抑或是在国际舞台发光发热的新秀设计师等，都在显示，台湾的文创产业已开始向全球伸展枝芽，逐步迈向国际化。

（一）整体概况

所谓"文化创意产业"，系指源自于创意或文化积累，透过智慧财产之形成及运用，具有创造财富与就业机会之潜力，并促进全民美学素养，使国民生活环境提升之产业。政府在界定文化创意产业的范畴时，除了考察是否符合文化创意产业的定义与精神外，也有产业发展的考虑依据，主要包括下列五项原则：①就业人数或参与人数多；②产值大或关联效益高；③成长潜力大；④原创性或创新性高；⑤附加价值高。

过去，台湾的文化创意产业只包含13类不同的次产业；2010年颁布的文创法，已经将文化创意产业的范畴，从13类扩增至16类（含其他）。依照产业的关联性，台湾的文化创意产业可归纳为四大领域，分别是艺文类、媒体类、设计类和数字内容，如表1所示。

表1 台湾文化创意产业分类

领　域	原13类产业范畴(2010年前)	15＋1类产业范畴(2010年文创法)
艺文类	视觉艺术产业	视觉艺术产业
	音乐及表演艺术产业	音乐及表演艺术产业
	文化资产应用及展演设施产业	文化资产应用及展演设施产业
	工艺产业	工艺产业
媒体类	电影产业	电影产业
	广播电视产业	广播电视产业
	出版产业	出版产业
	广告产业	广告产业
	—	流行音乐及文化内容产业
设计类	设计产业	产品设计产业
		视觉传达设计产业
	设计品牌时尚产业	设计品牌时尚产业
	建筑设计产业	建筑设计产业
	创意生活产业	创意生活产业
数位内容	数字休闲娱乐产业	数位内容产业
其　他	—	经中央主管机关指定之产业

资料来源：《2011台湾文化创意产业发展年报》。

自2003年起，"文建会"每年出版《台湾文化创意产业发展年报》，除传达与展现政府在文化创意产业发展的施政方向与成果外，也有系统地介绍各国文创产业的发展趋势，剖析文创产业面临的重要课题，并透过多元的论述以及不同国家的发展经验，让社会大众借此清楚掌握产业的发展趋势。

历届年报中之统计分析，皆以"行政院财政部财税数据中心"之磁带数据作为数据基础。根据2011年的年报统计指出，2010年台湾文化创意产业营业额达新台币6616亿元，较2009年成长约16.1%，为历年来最高。[1] 在经历国际金融海啸冲击后，国内经济已经逐渐复苏，2010年名目国内生产毛额（GDP）达新台币13.6兆元，较2009年成长9.1%；而文化创意产业营业额相较GDP展现更高的力道，占GDP比率为4.9%，较2009年成长0.3%，如表2所示。

---

[1] "行政院"文化建设委员会（2011）：《2011台湾文化创意产业发展年报》，台北市："行政院"文化建设委员会出版。

表2　2006～2010年台湾文创产业营业额与名目国内生产毛额

单位：百万元（新台币），%

类别＼年份	2006	2007	2008	2009	2010
文创产业营业额	599758	617415	609137	569834	661597
名目国内生产毛额（GDP）	12243471	12910511	12620150	12481093	13614221
名目国内生产毛额（GDP）成长率	—	5.4	-2.2	-1.1	9.1
营业额占GDP比率	4.9	4.8	4.8	4.6	4.9

资料来源：《2011台湾文化创意产业发展年报》。

（二）各领域概况

2010年，在台湾文创产业四大领域当中，包含"广播电视"与"广告"等次产业的媒体类，占过半文创产业营业额，可达54.7%。其他依序为设计类（21.9%）、艺文类（16.7%）。艺文类领域虽占整体文创产业营业额的仅16.7%，却是2010年营业额成长最为显著的主要类别，达45.4%，且营业额也首度突破新台币千亿元。相较其他领域，艺文消费受到整体经济景气的影响最为显著，2009年在民众大幅缩减艺文消费支出下，大幅衰退15.7%，待2010年景气恢复时之反弹力道也最为强烈。占有台湾文创产业54.7%的媒体类领域，则在媒体内容不断更新，以及各种平台载具的发展，带动出版产业的成长，此外，再加上广告产业随着经济景气的复苏展现不错的成长力道，驱动媒体类领域之营业额在2010年维持14.3%的成长，如表3所示。

（三）各次产业概况

2010年台湾文创各次产业中，营业额最高的前五个依序为：广告[1328.4亿元（新台币）]、广播电视[1097.9亿元（新台币）]、工艺[954.2亿元（新台币）]、出版[886.7亿元（新台币）]、建筑设计[785.4亿元（新台币）]。而2010年各次产业营业额成长率最高的前五个则依序为：工艺（51.5%）、文化资产应用及展演设施（30.1%）、设计品牌时尚（28.6%）、视觉传达设计（22.7%）、广告（19.4%），如表4所示。

表3　2006~2010年台湾文创产业营业额与成长率（依领域别）

单位：百万元（新台币），%

领域	年份	2006	2007	2008	2009	2010	CAGR
艺文类	营业额	79612	83425	89912	75819	110244	8.5
	成长率	—	4.8	7.8	-15.7	45.4	
媒体类	营业额	341739	344035	337191	316562	361757	1.4
	成长率	—	0.7	-2.0	-6.1	14.3	
设计类	营业额	130232	145737	139316	130506	144780	2.7
	成长率	—	11.9	-4.4	-6.3	10.9	

注：CAGR为年复合平均成长率，统计年度为2006~2010年。
资料来源：《2011台湾文化创意产业发展年报》。

表4　2006~2010年台湾文创产业营业额与成长率（各次产业别）

单位：百万元（新台币），%

产业类别		年份	2006	2007	2008	2009	2010	2010占比	CAGR
艺文类	视觉艺术	营业额	4553	4602	4666	3838	4321	0.7	-1.3
		成长率	—	1.1	1.4	-17.7	12.6		
	音乐及表演艺术	营业额	6208	7165	8497	7629	8742	1.3	8.9
		成长率	—	15.4	18.6	-10.2	14.6		
	文化资产应用及展演设施	营业额	1449	1319	1343	1352	1759	0.3	5.0
		成长率	—	-9.0	1.8	0.7	30.1		
	工艺	营业额	67401	70339	75406	63000	95423	14.4	9.1
		成长率	—	4.4	7.2	-16.5	51.5		
媒体类	电影	营业额	12379	12518	12962	13127	14602	2.2	4.2
		成长率	—	1.1	3.6	1.3	11.2		
	广播电视	营业额	99893	103003	102021	99962	109787	16.6	2.4
		成长率	—	3.1	-1.0	-2.0	9.8		
	出版	营业额	80006	83312	82404	77691	88668	13.4	2.6
		成长率	—	4.1	-1.1	-5.7	14.1		
	广告	营业额	132174	129063	124611	111247	132842	20.1	0.1
		成长率	—	-2.4	-3.4	-10.7	19.4		
	流行音乐及文化内容	营业额	17287	16139	15193	14537	15858	2.4	-2.1
		成长率	—	-6.6	-5.9	-4.3	9.1		
设计类	产品设计	营业额	50864	63424	54463	55619	64425	9.7	6.1
		成长率	—	24.7	-14.1	2.1	15.8		
	视觉传达设计	营业额	1094	1200	1304	1328	1630	0.2	10.5
		成长率	—	9.7	8.7	1.8	22.7		
	设计品牌时尚	营业额	106	138	121	145	187	0.0	15.3
		成长率	—	30.9	-13.0	20.5	28.6		
	建筑设计	营业额	78168	80975	83428	73414	78538	11.9	0.1
		成长率	—	3.6	3.0	-12.0	7.0		

注：CAGR为年复合平均成长率，统计年度为2006~2010年。
资料来源：《2011台湾文化创意产业发展年报》。

分析其成长因素，工艺产业除海外市场销售稳定成长外，金银及珠宝受到国际价格上升影响，是其营业额2010年成长的一大原因。而文化资产应用及展演设施、设计品牌时尚、视觉传达设计之营业额尚小，实际产业营业额增长仍极为有限。

较受到注目的是广告产业，2010年营业额大幅增加了216亿元新台币。广告产业在台湾有较为完整成熟之产业链，虽受到2009年金融风暴影响，广告主大幅缩减广告支出，不过2010年景气回温下广告产业也因此受惠不少，加上数字媒体平台如网络社群、网络影音等持续热络，带动广告产业营业增长。

台湾文创厂商达5万多家，2006~2010年厂商家数并无剧烈变化，2010年比2006年时减少3000多家，不过平均每家厂商营业额增加近新台币200万元。台湾文创各次产业之厂商家数，以广告产业最多，共有12743家，其他依序为工艺产业、建筑设计产业等，如表5所示。

表5　2006~2010年台湾文创产业厂商家数（各次产业别）

单位：家

产业	年份	2006	2007	2008	2009	2010
艺文类	视觉艺术	2871	2777	2692	2614	2586
	音乐及表演艺术	1075	1218	1341	1467	1722
	文化资产应用及展演设施	44	45	54	58	66
	工艺	10638	10337	10034	9879	10056
媒体类	电影	620	602	609	642	664
	广播电视	1602	1601	1576	1594	1603
	出版	5172	5104	5046	5042	5051
	广告	12198	12312	12457	12477	12743
	流行音乐及文化内容	1678	1679	1652	1629	1672
设计类	产品设计	2103	2215	2320	2461	2642
	视觉传达设计	77	77	98	113	143
	设计品牌时尚	12	13	30	43	74
	建筑设计	7449	7211	7030	6886	6940
整体		55717	54492	53164	52263	52673

资料来源：《2011台湾文化创意产业发展年报》。

以平均每家文创厂商之营业额来看，近年来台湾文创厂商每年营业额在新台币1000万元左右，2010年最高可达12560万元，较2009年显著成长15.2%。

2010年在各文创次产业当中，平均每家文创厂商之营业额以广播电视产业最高，可达新台币68489万元，产品设计、电影、出版、视觉传达等产业居次。主要因为广播电视产业经营上有一定之规模与范畴经济，进入门槛也不低，几家中大型的有线、无线电视台每年营业额都在新台币数亿元以上，如表6所示。

表6　2006~2010年台湾文创产业平均每家厂商营业额（各次产业别）

单位：万元（新台币），%

产业		年份	2006	2007	2008	2009	2010
艺文类	视觉艺术	平均营业额	1586	1657	1733	1468	1671
		成长率	—	4.5	4.6	-15.3	13.8
	音乐及表演艺术	平均营业额	5775	5883	6336	5201	5201
		成长率	—	1.9	7.7	-17.9	0.0
	文化资产应用及展演设施	平均营业额	5775	5883	6336	5201	5201
		成长率	—	1.9	7.7	-17.9	0.0
	工艺	平均营业额	6336	6805	7515	6377	9489
		成长率	—	7.4	10.4	-15.1	48.8
媒体类	电影	平均营业额	19966	20794	21285	20446	21991
		成长率	—	4.1	2.4	-3.9	7.6
	广播电视	平均营业额	62355	64337	64734	62711	68489
		成长率	—	3.2	0.6	-3.1	9.2
	出版	平均营业额	15469	16323	16331	15409	17554
		成长率	—	5.5	0.0	-5.6	13.9
	广告	平均营业额	10836	10483	10003	8916	10425
		成长率	—	-3.3	-4.6	-10.9	16.9
	流行音乐及文化内容	平均营业额	10302	9612	9197	8924	9485
		成长率	—	-6.7	-4.3	-3.0	6.3
设计类	产品设计	平均营业额	24186	28634	23475	22600	24385
		成长率	—	18.4	-18.0	-3.7	7.9
	视觉传达设计	平均营业额	14209	15581	13311	11753	11398
		成长率	—	9.7	-14.6	-11.7	-3.0
	设计品牌时尚	平均营业额	8815	10651	4018	3377	2523
		成长率	—	20.8	-62.3	-16.0	-25.3
	建筑设计	平均营业额	10494	11229	11867	10661	11317
		成长率	—	7.0	5.7	-10.2	6.1
整体		平均营业额	10764	11330	11458	10903	12560
		成长率	—	5.3	1.1	-4.8	15.2

资料来源：《2011台湾文化创意产业发展年报》。

（四）文化创意产业发展趋势

综合上述分析，台湾的文化创意产业有以下四项发展趋势。[①]

产业创新的关键角色。台湾文创产业有不错的环境调整能力，主要是归功于产业的创新以及市场的灵活反应。以出版产业为例，最近几年来，该产业面临强大的经营压力（尤其是产业价值链与生态链的变化），然而，台湾业者不断致力于创新能力的提升，如数位出版产品的开发、异业结合的灵活经营策略等，继续维持一定的产业竞争力。

大者恒大的状态。台湾的产业发展有个明显的趋势，即规模越大的企业越具有竞争力，出现大者恒大的样貌。这样的特色表现在营业额的数据上。从企业的资本结构统计数据来看，资本额规模在1亿元以上之企业营业额维持在正成长；相对地，资本额在1亿元以下的企业，其营业额的状态则不甚稳定，因此特别需要以政策扶持中小型甚或微型产业。

集中化的问题。台湾的文化创意产业出现集中化的现象。就营业额来说，台北市是台湾第一大创意城市，第二大城市是新台北市，第三是高雄市，第四是台中市，第五是桃园县。这些数据凸显出来，创意经济的发展在台湾是不均等的，城乡差异、南北差异等现象非常明显，有着明显"创意落差"问题。

严酷的市场竞争。台湾文化创意产业市场的竞争变得越来越激烈、非常严酷。虽然2002～2007年的家数是成长的，而且在新兴的产业（如设计、创意生活等产业）及创业门坎低的产业（如出版、广告、表演艺术等产业）方面，产业家数也一直维持在正成长，但是，从2005年高峰之后，整体家数的发展开始呈现负成长，而且是连续2年减少。政策的推力可以带动初期产业的成长，接下来市场现实的考验将会扮演核心的机制，影响产业创业的意愿，以及进行产业的淘汰。

---

① 创意台湾——文化创意产业发展方案行动计划（核定本）。

五 文化创意产业发展关键议题

国际金融风暴引发全球性的经济衰退，对世界各国各地区的经济造成严重的伤害，台湾也无法幸免于外。不过，对台湾的文化创意产业而言，现阶段的经济不景气正好可以提供台湾产业转型的契机与诊断文化创意产业发展的困境。目前，台湾推动文化创意产业政策面临下列三大关键议题。[①]

1. 让文化创意成为台湾经济的 DNA

DNA 只是一种比喻，强调文化创意与整体经济的关系，前者应该是内在于后者的运作之中，而不是外加的组合。

文化创意一定要成为台湾经济发展的 DNA，台湾的每一个企业都应该拥有文化创意的基因。越是能够巧妙结合文化创意的企业，越是能够打造其竞争对象所无法超越的优势。因此，唯有与整体经济产生更紧密的联结，文化创意产业才能释放更强大的发展能量；唯有当文化创意成为所有经济活动的共同元素，唯有越来越多的产品与服务是以文化创意作为价值的诉求时，台湾才有机会成功进行经济的转型与升级。

在产业外移、国外新兴国家崛起等因素的冲击下，台湾传统产业逐渐丧失竞争优势。因此，如何使传统产业与整体经济接轨，是台湾文化创意产业面临的一大考验。政府推动的"六大新产业"（即文化创意产业、观光产业、精致农业、生技产业、医疗照护产业以及绿能产业）政策，是带动文化创意产业与其他产业联结的新契机。其中，尤其是观光产业与精致农业的推动，可以透过文化创意工作者说故事、创造内容、设计体验等方面的专业技能，使产业与整体经济接轨，提高价值并促进消费。

2. 打造台湾成为创意汇流中心

文化创意产业的主要特色之一，就是创意竞争主要比的是原创性、鉴

[①] 李仁芳（2010）：《2010台湾文化创意产业发展年报》，台北市："行政院"文化建设委员会文化创意产业专案办公室。

赏力与生活态度等，与人力素质和专业人才有很大的关系。打造台湾成为"创意汇流中心"（Creative Hub），是指台湾必须积极在区域市场中建立下列三项优势：第一是"人才汇流中心"（Talents Hub），第二是"交易汇流中心"（Trades Hub），第三是"潮流汇流中心"（Trends Hub）。

人才汇流中心。台湾必须成为全球创意人才都想要来、都喜欢来、都愿意来的地方。只要创意人才聚集的地方，就是一个具有高度竞争力的地方。台湾的社会展现自由、开放、多元、活泼的生活氛围，足以吸引创意人才的聚集。政府应该积极推动国际性的创意人才交流活动，不论其方式是官方直接主导，或是协助民间组织。以创意人才的网络，作为区域发展的国际竞争优势。

交易汇流中心。在台湾，人们可以买到最多样的商品，从最热门到最前卫、从大众到分众的商品。来到台湾，人们将可以看到任何最新的、最好的、最原创的以及最多元的创意表现，建立起区域发展的利基。台湾是创意表现的橱窗，随着国民教育水平、生活环境质量等方面的提高，台湾的消费市场在华人世界中，具有独特的指标意义。政府应该积极运用此一优势，持续采取各种方式，去推动民众的生活美学教育，并且鼓励民众追求生活品位。以消费者的鉴赏力，作为区域发展的国际竞争优势。

潮流汇流中心。想要成为区域发展的文化创意产业重镇，我们需要不同于传统的发展策略。除了交流的网络平台、消费者的鉴赏力之外，展现台湾的生活价值观与生活风格，也是我国在区域市场上的利基。文化创意产业商品的基本价值不是建立在满足民众基本的生活需求，而是诉求人们追求更高生活质量的欲望。台湾必须成为创意潮流的设定者、生活风潮的带动者。以生活的价值观，作为区域发展的国际竞争优势。

3. 促进产业生态体质健全化

危机就是转机。全球经济风暴虽然威胁到台湾文化创意产业的发展，例如，企业投资下降、研发经费减少、消费市场萎缩等，但就长期来看，政府只有促进产业体质健全、打造符合产业需求的环境，才能成为文化创意产业发展的稳固基础。

从供应链的观点来看，整体产业生态是由研发、制造、物流、营销和消费及服务所构成，每个环节也都同等重要。政府必须针对产业生态的每个环节，提供完善的基础建设、法令规章、人才培育、资金投入等政策。十多年来，文化创意产业辅导政策已经成为台湾推动文化创意产业发展的一大特色，这套辅导系统的涵盖层面多元并且广泛：从学生竞赛（如新一代设计展）、创业育成（如创新育成中心辅导）、企业转型（如商业设计应用辅导）到开发利基市场（如创意生活产业辅导）等策略。

六　未来展望

在全球化的趋势下，随着两岸政策开放、经贸关系正常化以来，以中华文化为主的市场渐渐成形，为两岸文化创意产业的合作营造出更宽广的空间。对台湾来说，基于同文同种的优势，由两岸和全球华人社会所形成的大华语市场，不仅是一个难得的新契机，也攸关台湾未来产业的竞争力。

大陆不仅具有庞大的人口和劳动力，也有可观的消费市场。特别是在全球金融海啸之后，大陆在世界经济中的重要性益显重要，13亿华人的市场，变成世界经济的新支柱。未来，海峡两岸如何利用彼此在文化创意产业上的优势、劣势、机会与威胁，寻找新的定位，并共同合作交流、共存共荣，打开长期以来中华文化的弱势地位，开创新的机会，将是一个非常关键的时刻。

参考文献

"行政院"经济建设委员会（2008）："挑战2008：国家发展重点计划"，可取自：http：//www.cepd.gov.tw/m1.aspx? sNo=0001539&ex=1&ic=0000015。

"行政院"文化建设委员会（2009）："创意台湾——文化创意产业发展方案行动计划（核定本）"，http：//www.ey.gov.tw/public/Data/912816311971.pdf。

"行政院"文化建设委员会(2009):"文化创意产业发展(第二期)修正计划(核定本)",可取自:http://cci.culture.tw/cci/upload/law/20100604102504-539c2aeb8ea3e223d9f7bbb3bb8bdf60.pdf。

"行政院"文化建设委员会(2010):《2010台湾文化创意产业发展年报》,台北市:"行政院"文化建设委员会出版。

"行政院"文化建设委员会(2011):《2011台湾文化创意产业发展年报》,台北市:"行政院"文化建设委员会出版。

UNCTAD (2008), *Creative Economy Report 2008*, available on: http://www.unctad.org/en/docs/ditc20082cer_en.pdf.

两岸文化产业合作与交流大事记

Memorabilia

B.17
两岸文化产业合作大事记
(1980～2011年)

1980年

1980年 祖国大陆各地出版社出版了台湾作家聂华苓的《台湾轶事》、《桑青与桃红》，李黎短篇小说集《西江月》、《白先勇短篇小说集》以及《台湾民歌选》、《高山族神话说》、《台湾历史故事》等，台湾电影《窗外》在大陆上映。

1983年

1983年 大陆画家谢学文的国画《万里长城》参加在台南市鹿港圣

母庙举办的综合性画展,与国画大师张大千的名画《长江万里图》并列展出,引起极大反响。此后,黄胄、吴冠中、关山月等大陆著名画家的个人画展陆续在台湾展出。

1984 年

1984 年 2 月 11 日 原台湾"监察院长"于右任的两本著作《于右任诗集》、《于右任墨迹选》由湖南人民出版社和湖南美术出版社分别出版,这是新中国成立以来大陆第一次出版国民党高级军政人员的著作。

1984 年 11 月 中国美术家协会在北京主办了"台湾画家 6 人作品展",展出了台湾画家陈庭诗、孙瑛等人的作品,这是海峡两岸美术界的第一次公开交流。

1984 年 大陆举办"80 年代中国新电影选",台湾举办"台湾新电影展",双方代表团成员互相观摩。

1984 年 虞堪平导演的《搭错车》在福建厦门、泉州等地连映三个多月,电影插曲《酒矸倘卖无》风行闽南地区。

1985 年

1985 年 4 月 25 日 深圳首次举办台湾图书展销会,展销会展出台湾出版的图书 11000 多种、2 万多册。

1986 年

1986 年 2 月 大陆首次在西安举办了台湾邮票展览。

1986 年 2 月 台北艺术馆举办 12 场中国大陆地方戏联合观摩公演。这一时期,台湾的音乐人特别是一些知名通俗歌手纷纷来大陆演出,成为两岸文化交流的热点之一。

1986 年 7 月　以大陆风光为主的录像片以"历史教学"为由,大量进入台湾。

1986 年 9 月　台北举办"两岸姐妹景"风光图片展览,展出了 20 多幅大陆风光名胜与台湾风光相似相近的图片。

1986 年 10 月　台湾李行导演的《汪洋中的一条船》在大陆各省市上映,受到广大观众的好评,该片于次年 2 月被提名竞选第十届百花奖。

1986 年　台湾新地出版社出版了大陆作家钟阿诚的小说集《棋王》,在台湾发行十几万册,被列为 1986 年台湾文坛十大畅销书之一。

1986 年　大陆出现"琼瑶热"、"三毛热",1987 年台湾新闻界评出的台湾文坛十件大事中,"大陆作品出版热"名列第一。这期间,大陆学者的论著也在台湾被翻印,其中包括谭达先的《中国民间文学概论》、周汝昌的《书法艺术答问》、祝嘉的《书学格言疏证》等,大陆出版的彩色大型画册《紫禁城宫殿》也被翻印出版。

1987 年 8 月 11 日　台湾"行政院新闻局出版处"通知 60 多所学术、教育机构,该局开始受理进口大陆出版品的申请。同月,台湾当局宣布有限度地开放书禁,允许学术机构订阅大陆一切书刊。条件是不准个人保留,凡大陆书刊经"审查"的可以在台翻印。

1987 年

1987 年 9 月 15 日　台湾《自立晚报》记者李永得、徐璐经日本首次赴大陆采访,后先到北京、杭州、广州、深圳和厦门 5 个城市,采访了张春男、王锡爵、陈鼓应、黄顺兴、李大维等人。

1987 年 11 月 2 日　台湾宣布开放大陆探亲与大陆出版品入境,从此两岸恢复了互动关系。

1987 年　台湾知名影视制片人凌峰首行冲破台湾当局的限制,在大陆拍摄《八千里路云和月》,将大陆大好河山和社会风俗介绍给台湾民众。

1988 年

1988 年 2 月 8 日　国家版权局印发《关于当前在对台文化交流中妥善处理版权问题的报告》和《关于出版台湾同胞作品版权问题的暂行规定的通知》，为两岸的出版交流创造了必要条件。

1988 年 4 月 22 日　国家版权局成立中华版权代理总公司。

1988 年 6 月 18 日　台湾诗人和书画家范光陵率台湾第一个经济文化访问团到大陆访问，开创了 40 年来两岸经济文化交流的先河。

1988 年 10 月 20 日　"海峡两岸图书展览"在上海举办，开启了两岸出版交流的大门。

1988 年　台湾导演虞戡平和郭南宏分别执导了《海峡两岸》和《笑声泪影大陆行》两部以台湾同胞探亲为题材的影片，《笑声泪影大陆行》是首部台湾导演在大陆拍摄实景的影片。

1988 年 12 月 1 日　台湾"行政院"核定《现阶段国际学术会议或文化体育活动涉及大陆有关问题作业要点》规定，凡台湾为会员的非政府间国际组织，台湾可派团或人员出席或参加大陆举办的各项正式活动。

1989 年

1989 年 2 月 28 日　由合作出版促进会主办的"第一届合作出版洽谈会"在深圳举行。这是我国首次以民间形式举办的较大规模版权贸易和出版交流活动。台湾光复书局、锦绣文化企业、五南图书出版公司、淑馨出版社等 20 多家出版机构参加洽谈，这也是台湾出版界第一次成规模地参加两岸出版与版权贸易洽谈。

1989 年 3 月　首部两岸合作拍摄的电影《狂飙车手》在珠海拍摄完成。

1989 年 4 月 17 日　台湾"行政院大陆工作会报"通过"新闻局"提

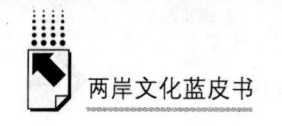

出的《现阶段大众传播事业赴大陆地区采访、拍片、制作节目报备作业规定》，允许台湾通讯社、报社、杂志社、广播、电视、电影及其他视听事业、港九电影戏剧自由会会员前往大陆采访、拍片、制作节目。

1989年9月8日 "海峡两岸电影节"在美国纽约揭幕，两岸代表团于9月7日下午举行首次正式会晤，双方就各地电影现状、个人创作以及两岸影片的发行进行了广泛的交流。

1989年 两岸书画界合作，分别在北京、高雄举办"海峡两岸绘画交流展"，台湾书画家刘森福等也在北京举办了个人画展。

1990年

1990年2月13日 台湾当局决定在"不妨碍台湾安全和台湾利益"的前提下，准许台湾地区的影艺人员赴大陆从事商业性演出或者参加大陆主办的活动，准许学术人员或民间社团参加大陆主办的辅导性会议。

1990年3月12日 台湾"行政院大陆工作会报"通过《台湾厂商派员赴大陆考察及参加国际性商展作业要点》，开放台商赴大陆考察参展。

1990年3月21日 合作出版促进会在深圳举办了"第二届合作出版洽谈会"，台湾出版事业协会组团参加，中国展望出版社和台北汉光文化事业公司签署了《中国十大古典文学名著画集》的版权转让合同。

1990年4月 上海举办"琼瑶影视研讨展映"，多部根据琼瑶作品改编的电影和影片录像带引入大陆。

1990年5月20日 台湾公布《现阶段文教机构、民间团体派员赴大陆地区访问作业要点》。

1990年6月25日 台湾"行政院大陆工作会报"通过《现阶段大陆人士来台参观访问申请作业要点》，决定允许大陆记者、编辑等4类人员到台参观、访问、采访，但对有共产党员身份者又作设限，同时通过《现阶段公务人员赴大陆探亲、奔丧作业要点》。

1990年7月28日 台湾当局修正《现阶段大陆人士来台参观访问申

请作业要点》。

1990 年 7 月　台湾导演陈朱煌导演的《妈妈再爱我一次》以转口贸易的方式在大陆公映，至年底，该片拷贝数达 397 个，观众人次超过 2 亿。

1990 年 8 月 28 日　"台北出版人访问团"40 余人参加第三届北京国际图书博览会，并参加由中国出版工作者协会、合作出版促进会、中国出版对外贸易总公司举办的"海峡两岸出版交流研讨会"。

1990 年 10 月 12 日　应中国电影家协会邀请，著名台湾导演李行以导演协会理事长身份，率领电影导演宋存寿等一行六人，组织台湾电影导演访问团抵达北京参观访问，首开两岸电影界交流活动先河。

1990 年 11 月 8 日　台湾"新闻局"局长邵玉铭强调，台湾当局现行大陆政策的文化交流方针"不可能大幅度开放"。目前虽然已经逐渐开放，但有三项限制：一是"不违背台湾安全"，二是"不违反法令规章"，三是"不得做商业性演出"。"新闻局"将设立"大陆新闻处"，并准许大陆出版物、电影、电视等在台湾展演。

1990 年　台湾《工商时报》与大陆《中华工商时报》签订了海峡两岸新闻界第一份合作协议。协议规定，两报自 1990 年 8 月 1 日起，通过传真交换经济信息，由此使台湾报纸上第一次出现大陆报纸提供消息的电头。同年 8 月 26 日，新华社经济信息部与美国美亚国际有限公司在台湾地区发行中文版《中国经济信息》的合同正式在纽约签字。这是 40 多年来新华社开通的第一条通往台湾地区的专线。

1991 年

1991 年 2 月 13 日　台湾"行政院大陆委员会"原则通过《旅行业办理台湾民众赴大陆旅行作业要点》，放宽台湾民众前往大陆探亲、旅游、考察、访问等申请的限制。

1991 年 6 月 28 日　台湾"新闻局"局长邵玉铭宣布台同意两岸报纸

电影对等发行放映。

1991年8月12日 新华社记者范丽青和郭伟锋抵达台北采访被扣的大陆渔民,他们是海峡两岸隔绝42年后第一次进入台湾岛内采访的大陆记者。

1991年12月12日 "1991年海峡两岸科技合作项目洽谈会"在厦门举行,大陆方面有20多个科技所、500余件科技合作项目参展,台湾科技企业界100多人赴会,会上签订正式合同4项,共4600万美元。

1992年

1992年1~6月 经五年多的筹办,由两岸共同主办的"妈祖信仰民俗文物展"在台湾举行,成为两岸开放以来首次最大规模的民俗文化交流活动。

1992年春节 台湾省少数民族传统歌舞团一行41人于2月在昆明、北京共演出5场,与大陆各族同胞欢聚一堂,被报界称之为40多年来全国56个民族第一次文化聚会。以此为发端,台湾来大陆的文艺团体接踵而至。

1992年2月20日 由台湾中国两岸影艺协会和大陆中华文化交流与合作促进会共同主办的"海峡两岸影艺界交流座谈会"在北京举行,这是两岸就影艺问题第一次在大陆作正式交流。

1992年3月 台湾当局通过《延揽大陆地区杰出民族艺术及民俗技艺人士来台传习作业要点》,放宽对大陆艺术界知名人士赴台交流限制。

1992年3月 台湾公布《大陆地区保存之古物运入台湾地区展览申请作业要点》,两岸文物交流才开始正式起步。同年8月,中国科协在台举办"敦煌古代科技展",是大陆首次在台举办的展览;10月,台湾展望文教基金会在台举办了"大陆古物珍宝展",展出了兵马俑与金缕玉衣等大陆文物精华,有力地推动了两岸文物领域的交往。

1992年5月 中央民族歌舞团著名舞蹈演员杨丽萍等3人应邀赴台

演出，成为大陆第一个3人以上的文艺组织赴台交流演出活动。

1992年6月　台湾开放台湾文艺团体赴大陆进行交流活动，第一支赴大陆的正式专业团体是明华歌仔戏剧团。

1992年7月27日　台湾"行政院陆委会"通过《大众传播事业赴大陆地区采访、拍片、制作节目作业要点》，规定了赴大陆拍片雇用大陆人士任编剧、导演、主角及配角的比例，电影方面不得超过每部片人数的1/2；电视、广告节目的人数比例不得超过1/3。

1992年8月　由12名艺术家组成的"大陆艺术家演出团"首次进入台湾，实现了两岸艺术界的双向文化交流，实现了大陆文艺团体入台"零的突破"，当年，中央芭蕾舞团150人、上海昆剧团62人、云南歌舞团85人、中央乐团109人相继赴台。

1992年9月1日　台湾出版界109人参加"第四届北京国际图书博览会"，期间，合作出版促进会与台湾出版代表团联合举办了"两岸图书合作出版座谈会"。

1992年9月3日　由《人民日报》、中央人民广播电台、中央电视台等17家大陆新闻单位组成的"首批大陆记者采访团"，赴台进行了为期8天的采访。

1992年9月　台湾光复书局企业股份有限公司与大陆外文出版社所属的海豚出版社、北京市通县纸箱厂合资设立光海文化用品有限公司，这是大陆第一家两岸三方合资的文化企业。

1992年12月29日　"海峡两岸电影学术交流研讨会"在台北召开。

1992年大陆摄制组到台湾拍摄外景，两岸影视界在北京、上海、广州、台北、台中、高雄举办电影周，内地与台湾汤臣公司合拍的电影《霸王别姬》获戛纳电影节金棕榈奖。

1993年

1993年1月11日　台湾导演李行率25人代表团参加上海召开的"第

二届海峡两岸暨香港电影研究会",第一次把大陆、台湾、香港的电影视为一个互相关联和影响的整体,为后来"华语电影"的提出奠定了基础。

1993年1月 大陆中新社派出采访组采访台湾中小企业营运情况,这是大陆去台湾的首次自费采访。

1993年2月12日 北京电影制片厂新片《泪洒台北》外景队一行18人抵达台湾展开为期18天的外景拍摄工作,这是大陆第一部获准赴台拍摄的电影。

1993年3月3日 台湾当局通过《大陆地区大众传播人士来台采访拍片制作节目许可办法》和《台湾地区大众传播事业赴大陆采访拍片制作节目许可办法》,放宽海峡两岸新闻交流限制,允许台湾通讯社、报社、杂志社、广告电台、电视台在大陆设立分支机构和代理机构。

1993年4月12日 应台湾中华文化发展基金会的邀请,以周述曾为团长的北京京剧院一行68人抵达台湾,进行为期18天的访问演出,成为大陆第一个赴台演出的京剧团体。

1993年4月 贵州安顺地戏团作为大陆第一个以农民为主体组成的表演艺术团体赴台演出;北京京剧团入岛亮相,梅葆玖、梅葆玥、马长礼、谭元寿、叶少兰等梨园名门之后云集台湾,各施绝技,并与岛内京剧同行切磋交流。中国京剧院紧随其后,在前后仅隔10天的时间里赴台演出。四川省川剧院、北京人民艺术剧院、中国青年艺术剧院、北京舞蹈学院青年舞蹈团、上海歌舞团、中国广播艺术说唱团等艺术团体纷纷赴台演出。台湾演艺界来大陆表演日益增多。游好彦舞团、刘凤学舞团、台湾中华友好说唱团、高雄少儿合唱团、台湾师大附中学生管弦乐团、台北爱乐合唱团、高雄妈妈合唱团等大型音乐团体也纷纷来大陆演唱。

1993年5月5日 以中国出版工作者协会副主席许力以为团长的大陆出版代表团赴台参加"海峡两岸图书出版合作研讨会",这是两岸出版界的第一次大型合作交流,并与台湾方面达成"五点共识"。

1993年6月9日 由中影公司、中华交流与合作促进会以及台湾两岸电影艺术协会共同举办的"首届海峡电影展"在台北开幕。6月28日,影展移师大陆，分别在北京、成都、南京举行，同时在上海召开了"第二届海峡两岸暨香港电影导演研讨会"。

1993年7月1日 "海峡两岸录像节目展"在北京开幕，40余名两岸音像界人士参加开幕式。

1993年7月15日 海峡两岸首次携手筹备的周秦文化学术讨论会在西安举行，福建省歌舞剧院交响乐团和台湾省立交响乐团在福州大戏院举行"海峡潮声两岸情"交响音乐会。

1993年8月1日 "1993海峡两岸广告媒体研讨会"在福州开幕，海峡两岸近200位广告专业单位代表出席了会议。

1993年8月 "李可染书画艺术特展"在台北举办。9月，大陆少年儿童绘画艺术访问团赴台交流。10月和12月，北京两批著名书画家相继访台。

1993年8月11日 中新社记者郭伟锋、周建闽，新华社记者范丽青离京经香港赴台湾，采访国民党"十四全"，这是40余年来大陆记者首次采访国民党的重大政治活动。

1993年10月 台湾"行政院陆委会"通过《赴大陆制片管理办法修正案》，准许在戛纳、柏林等五大国际影展获得主要奖项的影片在台上映，《霸王别姬》、《大红灯笼高高挂》及《活着》等有台资背景的影片才能够在台湾公映。

1993年11月4日 台湾图书展在北京举办，展出了台湾307家出版社2.04万册图书，这是台湾出版物首次在大陆公开单独展出，显示海峡两岸图书贸易与出版合作进入一个新阶段。

1993年11月 "海峡两岸及港澳新闻研讨会"在香港举办，1997年12月，澳门新闻工作者协会正式加入，此后会议由四地轮流承办，成为海峡两岸及香港、澳门地区新闻交流的重要平台。

1993年12月23日 海峡两岸广播电视交流研讨会在北京开幕，中国版权研究会在北京举办"海峡两岸著作权研讨会"。

1993年 台湾当局公布《大陆地区图书发音片电影片录影节目进入

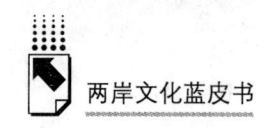

台湾地区展览观摩作业要点》，允许大陆电影在台举办观摩性影展。

1993 年 中央电视台"神州风采"、"电视你我他"、"体坛纵横"、"综艺大观"、"正大综艺"等节目组相继入岛摄制节目。

1994 年

1994 年 3 月 1 日 台湾"陆委会"举行文教会报，决定由"陆委会"与"新闻局"为主办单位，推动两岸签订新闻交流协定、报纸对等发行、两岸报业在对方所在地互设办事处等工作。

1994 年 3 月 15 日 台湾"陆委会"公布《现阶段两岸文化交流实施原则》、《中华发展基金管理委员会年度协助大陆地区人民出版学术著作计划》。

1994 年 3 月 29 日 由中国书刊发行业协会主办、中国图书进出口总公司承办的"1994 年大陆图书展"首次在台湾举行，大陆 180 余家出版社的 1.8 万种图书参展，这是大陆图书首次在台湾展出。

1994 年 5 月 7 日 来自海峡两岸及东南亚等国和港澳共近万名民众，参加了妈祖千年大祭。台湾北港朝天宫、鹿耳门天后宫和莆仙同乡会天后宫冲破层层阻力，组织 200 余名台胞信徒跨越海峡，到湄洲岛参加了隆重的妈祖祭典。

1994 年 5 月 25 日 福州闽剧院一团启程赴台在台北、台中、台南、基隆、花莲、新竹和马祖等地作为期一个月的环岛演出，这是时隔近 50 年后闽剧专业团体首次赴台，也是登临马祖岛演出的首个大陆文艺团体。

1994 年 5 月 30 日 台湾"陆委会委员会议"决议通过《关于开放公营事业赴大陆地区申请专利及注册商标案》。

1994 年 6 月 23 日 "九四南京台湾书展"在江苏省美术馆举行。此次书展由江苏省出版总社和台湾人类文化事业有限公司联合主办，江苏省图书进出口公司协办。

1994 年 6 月 26 日 海峡两岸旅游座谈会在福州市举行，两岸业内人士就加强两岸及闽台旅游交流、旅游安全、旅游纠纷及避免拖欠款等问题，经过坦诚协商，达成四条共识。

1994年8月14日 据新华社报道，国家工商行政管理局和国务院台湾事务办公室已决定，允许台湾企业和个人在大陆发布企业广告、商品广告和寻亲广告。

1994年9月17日 "第二届海峡两岸及港澳新闻研讨会"在武汉开幕。

1994年11月11日 海峡两岸经贸协调会和海峡两岸商务协调会在北京签订了新的合作协议书，双方将协调办理两岸经贸活动中的具体事务，包括商务纠纷调解仲裁、知识产权保护、工商考察、洽谈、研讨、展览、沟通及资讯服务等多种事项。

1994年11月13日 大陆中华文物交流协会会长张德勤率团参加在台举办的"海峡两岸博物馆事业与文物交流学术访问"活动，参观台湾文物古迹，举行交流座谈会，并提出许多交流与合作项目。同时，两岸还合作打击文物走私活动，以有效保护中华文物。

1994年12月14日 由中国电影合作制片公司、台湾龙祥国际股份有限公司联合拍摄的《南京大屠杀》，在南京江东门侵华日军南京大屠杀遇难同胞纪念馆举行了开机仪式。

1995年

1995年3月25日 京、津等15家出版社参加由台湾敦煌书局在台北主办的"海峡两岸科技图书出版交流成果暨科技图书展"，两岸共展出图书900余种。

1995年3月29日 由台湾文化观光研究发展协会与上海旅游协会合办的"海峡两岸观光旅游学术研讨会"在台北举行。

1995年5月15日 由中国出版工作者协会、台湾两岸图书出版合作委员会与香港出版总会联合举办的"第一届华文出版联谊会议"在香港

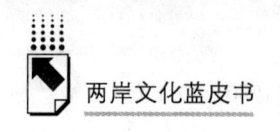

举行，会议主题为"保护版权、加强交流"。

1995年6月7日 台湾当局拟订《两岸文化交流理论架构》作为海峡两岸文化交流的"中心思想及总纲领"，并制定《台湾地区大众传播事业赴大陆地区采访拍片制作节目管理办法》，允许与大陆有关单位共同采访制作和发行节目，大陆获国际金奖影片可到台湾放映；每年进口大陆电影10部，进口大陆电视节目包括自然地理、文化艺术、体育运动、语言教学、医药卫生等10类。

1995年9月23日 福建举办闽南黄金海岸1995闽台民间艺术节，邀请台湾、福建两省30多家民间剧团联袂献艺，观赏的人数达10万人以上。

1995年10月2日 "20世纪华人音乐经典系列音乐会"在台北揭开序幕，中华民族文化促进会借此机会组织191名大陆著名音乐家参访台湾，此后，还组织了40多名画家参访以及其他形式的文化交流活动。

1995年开始 由中国出版工作者协会、台湾两岸图书出版合作委员会与香港出版总会联合举办的两岸三地"华文出版联谊会议"（后来澳门出版协会加入成为两岸四地），使华文出版人在不断交流、不断沟通、不断研讨中，增进了了解，加强了信任，为今后实现共同理想、让华文图书走向世界、让中华文化走向世界搭建了坚实的合作平台。

1996年

1996年1月27日 上海与台北合作举办一场中国书画拍卖会，主会场设在台湾，上海设一分会场，用电话直接报价的形式，转播台湾拍卖现场的实况，上海的买家可同时竞投，这种国际上已普遍采用的跨地区同步拍卖方法，在祖国大陆尚属首次。

1996年5月16日 台北"故宫博物院"珍藏的历代书画的全部复制品首次到上海展出。

1996年5月21日 "台湾现代美术精粹巡回展"在北京中国美术馆开幕。

1996年5月25日 台湾10余家广播媒体代表及祖国大陆部分省、市电台台长、节目总监等 40 余人聚集北京，举行"1996 海峡两岸广播事业交流研讨会"。

1996 年 5 月 25 日　沪、港、台三地艺术家首次联袂在上海演出舞剧《三毛》。

1996 年 7 月 30 日　台"陆委会"文教处长吕木琳提出两岸文教交流"新三通"，即"通思维、通文化、通资讯"。

1996 年 12 月 1 日　国务院台湾事务办公室出台《关于台湾记者来大陆采访的规定》。

1997 年

1997 年 1 月　台湾"行政院"修订《大陆地区电影片进入台湾地区映演实施要点》，规定大陆电影每年在台发行数以 10 部为限，另外影片的拷贝和映演场所数量均有限定。

1997 年 8 月 23 日　"第二届华文出版联谊会议"在台北举行，主题为"华文出版走向世界所面临的问题"。同时举办了"1997 年祖国大陆图书展览会暨版权贸易洽谈会"，1.3 万余册图书参展。

1997 年 9 月 16 日　海峡两岸媒体首次合作，通过卫星双向传送中秋晚会。

1997 年 12 月 1 日　"第四届海峡两岸及港澳新闻研讨会"在港举行。

1997 年 12 月 8 日　"海峡两岸广播电视交流座谈会"在香港举行。

1997 年 12 月 13 日　第三十四届电影"金马奖"在台北颁奖，大陆首次派团参加活动。

1998 年

1998 年 4 月 17 日　应台湾联合报系文化基金会邀请，包括人民日报、新华社、经济日报、光明日报、中央电视台及有关部门的 17 位负责人组成的代表团赴台访问，成为两岸新闻交流以来规模最大、层次最高的一次

交流活动。

1998 年 7 月 23 日 首届海峡两岸甲骨文书法联展在南京江苏省美术馆拉开帷幕，来自海峡两岸近 200 件书法、篆刻精品参展，展期 10 天。

1998 年 11 月 22 日 由两岸合办并以寻根溯源为主旨的"追根究底——台闽族谱暨家传文物特展"在台北展出。

1999 年

1999 年 5 月 18 日 福州市在举办第六届中国福州国际招商月活动的同时，举办海峡科技文化博览会，为两岸首届海交会，安排 87 场主要活动，签约项目超过 300 项，总投资 20 亿美元。

2000 年

2000 年 5 月 18 日 第二届海交会召开并正式更名为海峡两岸科技成果交易会。这届海交会上，规划用地 1000 亩的福州软件园产业基地正式揭牌，9 家企业落户福州软件园。

2000 年 11 月 22 日 江苏、北京、上海、福建、湖北、四川等省市传媒界人士受台湾朝阳科技大学的邀请，赴台参加"第三届海峡两岸传媒迈入 21 世纪学术研讨会"。

2000 年 11 月 台湾出台《大陆新闻人员进入台湾地区采访注意事项》，正式开放大陆中央级媒体，新华社、人民日报、中央电视台、中央人民广播电台派员到台采访。

2001 年

2001 年初 陕西"兵马俑——秦文化特展"赴台展出，3 个月内参观者达 105 万人次，创下岛内文化展的历史纪录，为满足岛内民众的要求，该展合约期满后破例移师台中继续展出，在前后不到5个月的时间内，观众达165万人次。

2001年1月29日 应台湾沈春池文教基金会的邀请，山省博物馆赴台举办"山西永乐宫壁画展"。

2001年2月8日 新华社记者范丽青、陈斌华成为大陆首批到台驻点记者。

2001年7月 由中华文化联谊会举办的"情系三峡海峡——两岸文化联谊行"活动在湖北省、重庆市举办，邀请台湾文化界同行120多人沿三峡参访。

2001年9月 中央电视台与台湾东森电视台再次联手，在台湾合作录制《同一首歌——中秋特辑》。

2001年 中华文化联谊会分别在宜昌、重庆举办2场"跨越海峡，情系两岸"大型演唱会。

2001年 两岸合拍影片《卧虎藏龙》在美国获三项奥斯卡大奖。

2002年

2002年1月23日 中国期刊协会应台北市杂志商业同业公会邀请组团访问台湾，在台北市举办"大陆杂志展"，共展览期刊1200余种、13000余册，还展出20世纪上半叶"中国期刊创刊号"157种。

2002年7月5日 由中华文化联谊会举办的"情系黄山——海峡两岸文化联谊行"活动在安徽省举办，邀请海峡两岸、港澳特区近百名文化界人士参加活动。

2002年 中华文化联谊会分别在苏州、青岛、长沙举办3场"跨越海峡，情系两岸"大型演唱会。

2003年

2003年1月16日 台湾"陆委会"与"新闻局"原则同意，台商和

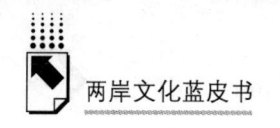

大陆订户订阅的台湾报纸杂志等平面出版品,将可以由金门"小三通"管道进入厦门,并转运大陆各地。

2003年2月5日 首批台湾报纸自金门"中转"至厦门。

2003年7月28日 台湾图书出版事业协会13家会员共同投资福建"闽台书城"。

2003年8月18日 海峡两岸出版交流中心成立。

2003年 中华文化联谊会分别在西安、盘锦、武汉举办3场"跨越海峡,情系两岸"大型演唱会。

2004年

2004年2月25日 国务院台办举行新闻发布会上,发言人李维一与新闻出版总署台湾事务办公室副主任王化鹏说,随着两岸加入世贸组织,大陆出版界遵循《出版管理条例》、《出版物市场管理规定》等法律法规,积极开展两岸出版界的交流与合作,在坚持世贸组织规则的前提下,对台商投资大陆的项目采取同等优先的原则。

2004年6月6日 2004两岸传播学与实务研讨会在台湾召开。

2004年8月 中华文化联谊会、福建省文化厅、厦门市政府共同在福建省厦门市举办海峡两岸歌仔戏艺术节,以"弘扬中华民族优秀传统文化、共同推动两岸歌仔戏的发展"为主题,通过举办优秀剧目展演、青年演员比赛、学术研讨、图片展览以及民间职业剧团广场演出等丰富多彩的活动,充分展示了海峡两岸共同的文化传承。

2004年10月30日 中华文化联谊会与福建省广播影视集团在北京共同举办"情系两岸相约东南"大型电视晚会。

2005年

2005年4月9日 经新闻出版总署、商务部批准,台湾康轩文教集团投资的南京康轩文化用品有限公司获得了由江苏省新闻出版局颁发的"出版物经营许可证",该公司可以在大陆进行内地版图书、报纸、期刊批发和零售业务(不含台、港、澳地区),成为2004年12月出版物批发权开放后首家在大陆经营的台资出版物批发公司。

2005年5月18日 "海峡两岸数码科技和数码娱乐产业发展高峰论坛"在福州举行,台湾普洛尔科技股份有限公司成为首批入驻福州动漫产业基地的企业。

2005年7月5日 "第一届海峡两岸信息产业技术标准论坛"在北京召开。

2005年7月5日 "两岸县市双百论坛"在南京开幕,主题为"两岸合作、共同发展"。江苏、浙江等地的100名地方人大代表与来自台湾的100名县市"议员"参加了论坛。

2005年7月22日 2005年金门书展揭幕,两岸图书首度在"小三通"的金门交流。

2005年7月31日 首届海峡两岸图书交易会在厦门圆满落幕。期间,两岸出版界销售和征订图书码洋突破2000万元,其中台版图书200万元,并达成多项版权贸易和出版合作协议。

2005年9月17日 由中华文化联谊会、福建省文化厅、厦门市政府共同主办的"海峡两岸南音展演暨闽南民间艺术节"在厦门举行,来自东南亚国家和台湾、香港、澳门以及闽南地区的15个知名南音社团共500多名南音界艺术家、专家学者和爱好者应邀参加。期间,南音弦友进行了8场展演,南音艺术家和专家学者还就南音的保护、传承进行了研讨与座谈。

2005年10月22日 由中华文化联谊会和北京市共同主办的"海峡两岸文化节暨京台文化周"在北京开幕,活动举办了以"一脉中华·文化北京"为主题的京台文化产业论坛及国画展、台湾电影题材展、歌仔戏演出、民间文艺演出等6项活动。

2005年10月22日 上海交通大学举办首届海峡两岸文化产业发展论

坛，两岸四地共60多位业界人士、文化行政官员和专家学者出席论坛，回顾了两岸文化产业互动发展已取得的成效，积极探讨进一步扩大和发展两岸文化产业新途径，探讨建立两岸四地文化产业学术交流的互动机制的可行性等议题。

2005年 福建省政府公布的101项省级非物质文化遗产项目中，有40多项与台湾密切相关，许多在台湾广为流传。歌仔戏既是福建的五大地方剧种之一，也是台湾的主要地方剧种；闽南一带盛行的梨园戏，在台湾也有热心的观众；木偶雕刻、闽南歌谣、南音、妈祖信仰等都承载着两地共同的文化诉求。

2006年

2006年2月19日 中华文化联谊会、福建省广播影视集团与台北市电影电视演艺业职业工会、台湾东森媒体集团携手合作，在台北新落成的巨蛋体育馆成功举办"情声艺动　相约东南"大型电视晚会。这是祖国大陆首次在台湾大型体育场馆举办大型演艺活动，取得圆满成功。

2006年4月16日 国家旅游局、公安部、国务院台办制定的《大陆居民赴台湾地区旅游管理办法》公布。

2006年5月25日 中国大陆第一个对台博物馆——中国闽台缘博物馆在泉州落成开馆，该馆是展示祖国大陆与宝岛台湾历史关系的国家级对台专题博物馆，将成为国家级关于闽台及两岸关系问题的研究中心、信息中心和交流中心。

2006年9月6日 "2006年京台文化创意产业交流会"在北京石景山区数字娱乐产业示范基地举行，京台两地代表就北京市文化创意产业发展概况与鼓励政策、文化创意产业的实务投资和风险等进行了探讨，同时举行了北京数字娱乐发展有限公司与台湾群联电子合作签约仪式。

2006年9月15日 由中华文化联谊会、北京市、台北市共同主办的"两岸城市艺术节——城市文化互访系列"之"台北周"在北京举办，台北市准备了"一展六演":《台湾美术发展一九五〇——二〇〇〇》展,台北市立国乐团、台北市立交响乐团、台北越界舞团、汉唐乐府、创作社剧团以及台北华冈艺术学校的六场演出。

2006年10月5日 由中华文化联谊会、北京市、台北市共同主办的"两岸城市艺术节——城市文化互访系列"之"北京周"在台北登场,北京中国美术馆、北京交响乐团、北京京剧院、中国杂技团、北京现代舞团、北京第二中学舞蹈团在台北举行"五演一展"活动,全面展示北京市近年来的美术、戏剧、舞蹈、音乐、杂技等文艺创作成就。

2006年11月3日 两岸台北旅展在台北登场,大陆31个省区市百余家企业、500多人共同赴台参展。

2006年11月8日 "2006华人歌仔戏创作艺术节"在台北市揭幕,来自台北、厦门、新加坡三地的八个歌仔戏演出团体登台演出,为台湾观众带来12场精彩演出。此外,歌仔戏创作者与学者专家将举办8场"城市戏说"戏艺论坛。

2007年

2007年4月7日 "第一届海峡两岸动漫展"在厦门举办,展会展示了海峡两岸优秀动漫原创作品、游戏作品、影视作品、动漫周边衍生产品及高校学生设计作品,同时开展先进技术现场体验等活动。

2007年4月20日 中华文化联谊会和福建省广播影视集团等单位在台湾台中县举行"妈祖之光 相约东南"大型电视综艺晚会。

2007年4月28日 北京举行第三届两岸经贸文化论坛,主题为"直航、教育、旅游观光",在经贸议题的基础上,增加了教育、文化的内容,论坛达成了六点共识,包括积极促进两岸教育交流与合作、继续推动实现大陆居民赴台旅游等。

2007年9月21日 由中华文化联谊会、福建省文化厅和厦门市政府共同主办的"海峡两岸民间艺术节"在厦门举行,共安排演出10场,包

括漆线雕、民间绘画、剪纸、木偶、珠绣、扎花等闽南民间工艺展览，以及6场海峡两岸民间艺术学术研讨会。该活动被列入文化部、国务院台办2007年对台文化交流重点项目。

2007年11月1日 台湾画家王吉隆等12人应中国文联和台湾"中国文艺协会"邀请，参加北京"世纪初艺术——海峡两岸绘画联展"相关活动。

2007年11月7日 "两岸城市文化创意产业交流互访系列"之"两岸城市文化创意产业论坛"在北京举办，200多位北京、台北两地的文化创意、影视产业界人士就进一步务实推动两岸文化创意产业的交流与合作进行为期一天的研讨。为配合论坛，主办方还专门在第二届中国（北京）国际文化创意产业博览会上开设了"台北主题馆"，邀请参加论坛的台湾同胞参观、交流。此前，北京市文化创意产业交流参访团应邀赴台，在台北市和台北县等地合作举办了"两岸城市文化创意产业论坛"及参访交流活动。

2008年

2008年5月7日 北京台湾街盛大开街，中国国民党荣誉主席连战、中共北京市委书记刘淇等出席了开街仪式。

2008年5月18日 海峡两岸经贸交易会在福州市召开。期间，福州市旅行社协会与澎湖县旅游发展协会签订了《建立旅游市场合作与交流关系协议书》，举办了2008海峡两岸创意产业合作与发展高峰论坛及其配套活动。其中，"首届海峡两岸创意设计作品巡回展"荟萃了海峡两岸79所大学的513件创意作品，联合8个城市科协在6个城市开展作品巡回展；创意产业对接会在福州软件园举行，海内外近70家动漫、工业设计、软件企业和30个台湾院校、5家风险投资机构参加对接会，交流探讨合作事宜，福建敏迅上润电气科技有限公司等9家企业签约入驻福州软件园。

2008年6月8日 中华文化联谊会与台湾沈春池文教基金会共同举办的"相约北京2008——海峡两岸艺术周"在北京上演,期间举办了奥运文化活动、"海峡两岸民间艺术节暨歌仔戏展演"及"两岸城市艺术节——台北县文化艺术周、南京市文化艺术周"等大型文化交流活动。台湾文化交流访问团、鸿胜醒狮团、原舞者舞蹈团、无垢舞蹈剧场、台湾豫剧团、台北新剧团、河南省豫剧二团以及"台湾当代陶艺展"随展团8个文艺团体260多人应邀参加了"海峡两岸艺术周"的交流、展演活动。

2008年6月19日 "2008两岸文化创意产业高峰论坛"在北京举行,论坛主题为"两岸文化创意产业的碰撞与交融",与会者分别就"两岸创意产业的竞合关系——为两岸文化创意交流点石成金"、"文化产业与经济发展——传统产业之活化、创意产业之转型与营销"等题进行了演讲。

2008年6月27日 福建海峡之声广播电台与台湾非凡联播网在福州共同签订《电台交流新闻集散合作协议书》,这是两岸广播电台首次就转播、共同制作节目等达成协议。

2008年7月27日 南京市与台北县签署经贸文化和旅游交流与合作关系备忘录,这是两岸城市间首次确立战略合作框架。

2008年8月8日 第29届夏季奥运会开幕式在北京国家体育场"鸟巢"举行,国民党主席吴伯雄、国民党荣誉主席连战、亲民党主席宋楚瑜、原新党主席郁慕明等参加,中华台北代表团45人参加了开幕典礼,高金素梅率领的文化团体表演了歌舞《我们都是一家人》,台湾"台视"、"中视"、"华视"、"民视"四家无线电视台获准转播此次奥运会。

2008年8月26日 "第三届海峡两岸中华文化发展论坛"在江苏开幕,论坛以"文学名著与区域文化发展"为主题,来自海峡两岸的80多名专家学者及文化界知名人士,围绕"文学名著对中华文明和文化的传承"、"海峡两岸现代化进程中民族文化品牌建设"、"文学名著在区域经济、社会、文化发展中的作用"、"继承发扬文学名著的创作传统及其现实意义"等议题进行了研讨交流。

2008 年 9 月 20 日 中国出版工作者协会和台湾图书出版事业协会主办的"纪念海峡两岸出版交流 20 年系列活动"在台北展开。

2008 年 9 月 23 日 "2008 海峡两岸图书展"在台中市展出,会场展示了大陆 265 家出版社提供的 12000 多种、3 万多册图书,而台湾地区则提供近两年出版的畅销书 5000 多种、约 2 万多册,会场另安排印象厦门摄影展、厦门文化专区等。

2008 年 9 月 27 日 "两岸文化交流协商会议"在澳门落幕,并发布会议纪要。中华民族文化促进会主席高占祥表示,两岸首次民间文化交流协商有了良好的开端。海峡两岸及港澳地区文化艺术界和文化产业界的知名人士约 110 人出席会议。

2008 年 10 月 15 日 "2008 海峡两岸产业合作与发展论坛"在昆山开幕,两岸约 300 位知名企业家和专家学者参加论坛。

2008 年 10 月 17 日 中华文化联谊会和福建省文化厅、厦门市政府共同在厦门市举办"金桥·2008 海峡两岸民间艺术节暨歌仔戏展演",艺术节主要安排了歌仔戏交响音乐会、福建省非物质文化遗产精品展、两岸艺术展演、海峡两岸地方文化行政交流座谈会、歌仔戏学术交流论坛、两岸合作歌仔戏《蝴蝶之恋》签约仪式等活动内容。

2008 年 10 月 31 日 第三届海峡两岸台北旅展在台北举行,155 家大陆旅游业机构、近 300 人参展。

2008 年 11 月 1 日 国务院台湾事务办公室公布了《台湾记者在祖国大陆采访办法》。

2008 年 11 月 1 日 第十届湄洲妈祖文化旅游节在莆田举行,"天下妈祖回娘家"系列活动是其中的重点,20 个国家及地区的近 300 家妈祖文化机构齐聚湄洲,台湾大甲镇澜宫等 130 多家宫庙、500 多名信众谒祖进香。

2008 年 11 月 1 日 首届厦门国际动漫节在厦门软件园举行,来自海峡两岸和世界各地的 1001 部动漫作品参加了此次动漫节的展演,角逐"金海豚"奖。

2008年11月15日　由中华文化联谊会、南京市和台北县共同主办的"两岸城市艺术节——台北县文化艺术周"在南京市举行,台北的鸿胜醒狮团、江之翠剧场、福舟表演剧坊3个文艺表演团体在南京举行3场演出,还同期举办3个艺术展览,以及"两岸城市文化论坛"等活动。12月4日,南京市组团赴台北县举行"南京市文化艺术周"活动。

2008年11月27日　首届海峡两岸(厦门)文化产业博览交易会在福建省厦门市举办,活动主要由博览交易、高峰论坛和配套活动三大板块组成。其中,博览部分由1个主展馆和4个分会场组成,主展馆包括主题馆、精品馆、台湾文化创意馆等,分会场则分别展示创意园艺、油画、漆线雕和石艺;高峰论坛的主题为"海峡两岸文化产业交流合作与城市发展";博览交易会的配套活动包括影视展映、演义展演、广场活动等。文博会共签约109个项目,签约总金额达58.7亿元。

2008年12月20日　第四届两岸经贸文化论坛在上海开幕。为了应对国际金融危机,大陆再推出10项惠台措施,加强两岸各类产业的合作与发展。论坛提出9条共同建议,其中提及要加强两岸服务业合作,包括加强两岸信息服务业、文化创意等领域的合作等内容。

2008年12月19日　由民建中央文化委员会、中国和平统一促进会主办的"两岸文化交流展"在京举行,共展出作品总计208幅,有蒋介石的书法作品、宋美龄的国画作品、蒋经国生前巡视基隆的照片50帧,陈立夫、于右任、张光宾等国民党元老、书法大师的书法作品,马英九、连战、宋楚瑜等台湾政要题词23幅,以及台湾著名收藏家张建富收藏的齐白石、张大千等著名国画大师的作品。展出期间,还举办了两岸书画家现场书画交流活动。

2009年

2009年3月12日　中华文化联谊会组派福建文化艺术交流访问团一行185人赴台湾交流,参加"台中县大甲妈祖观光文化节",并举办"海

峡两岸传统戏曲汇演"活动，该活动是"福建文化宝岛行"系列活动之一。

2009年4月17日 第四届海峡两岸（厦门海沧）保生慈济文化节在厦门青礁慈济祖宫盛情启幕，海内外6000余名嘉宾出席了保生慈济文化节活动。经大陆国台办批准，从本届起，首次在名称上增加"海峡两岸"，这意味着保生慈济文化节已升格为区域性对台交流平台。

2009年4月10日 台湾电影基金会成立"两岸电影交流委员会"。

2009年4月18日 中央电视台推出大型直播节目《直播台湾》，福建东南台、福建一套综合频道、海峡电视台、东南广播公司等同步直播，台湾TVBS在岛内播出。

2009年4月23日 海峡两岸文化创意产业展在台北开幕，以"传承、创新、合作、发展"为主题，展览设置了"中华传统工艺"和"现代创意设计"两个展区，展品涉及宫廷工艺品、民间手工艺品、工业设计、旅游商品、动漫、版画等，展览交易协议额达亿元人民币。

2009年5月5日 由台湾沈春池文教基金会主办的"新情势下两岸文化交流的挑战与机遇座谈会"在台北举行。中华文化联谊会副秘书长萧夏勇在会上提出五点建议：推动交流制度化，建立两岸文化交流新秩序；出台鼓励政策，推动两岸文化交流与合作；增加投入，支持双方民间单位开展交流；加强合作，推动两岸文化交流全方位发展；优势互补，深化两岸文化产业合作。

2009年5月6日 国务院发布的《关于支持福建省加快建设海峡西岸经济区的若干意见》明确提出，"大力发展文化创意产业，建立海峡两岸文化产业合作中心"，为海峡两岸创意产业合作提供了强有力的政策支撑。

2009年5月17日 由广电总局、福建省政府共同主办的"海峡论坛·两岸影视展映展播周"在厦门开幕。

2009年5月18日 福州召开的第十一届海峡两岸经贸交易会上，海峡两岸创意产业对接成果丰硕，台北市电脑商业同业公会、台湾前进国际顾问服务有限公司等与福州软件园签约，签约金额分别达 1.53 亿元和 5000 万美元。

2009 年 7 月 7 日　两岸互联网发展论坛在北京召开，论坛达成四点共识，为两岸业界提供了相互了解的平台，奠定了相互合作的基础。

2009 年 7 月 11 日　第五届两岸经贸文化论坛在湖南长沙举行，主题为"推进和深化两岸文化教育交流合作"，这是论坛自设立以来首次以"文化教育"为主题，重点讨论了中华文化的传承与创新、推进两岸文化产业合作、拓展两岸教育交流合作三项议题。提出的"共同建议"所涉及的 6 个方面 29 项，几乎涵盖了文化交流合作的所有重要领域。

2009 年 7 月 12~22 日　由中华文化联谊会、陕西省人民政府主办的"情系长安——两岸文化联谊行"文化交流活动在陕西举行，活动期间举行了"陕西文物与华夏文明"、"中华历史文化给当代人的启示"等文化研讨会。

2009 年 9 月 16 日　2009 年京台文化节由北京市委常委牛有成同志率团赴台，首次在台北举办"流动的紫禁城"大型文化展演活动，成功实现 30 年来北京市现任市级领导首次率团赴台交流，在京台交流的规格和层次上取得重要突破。

2009 年 10 月 7 日　"雍正——清世宗文物大展"在台北故宫博物院开展。展览分为"雍正皇帝的一生"和"雍正朝的文化与艺术"两部分，共 11 个单元，参展的 246 件文物中，有来自北京故宫的 37 件文物，这是分藏于两岸故宫的文物相隔一甲子的再聚首。

2009 年 10 月 15 日　由中华文化联谊会、上海文化联谊会和台北市文化局、台北市文化基金会共同举办的"两岸城市艺术节——上海文化周"在台北拉开帷幕。期间，安排艺术交流活动 20 多场，以"城市更新中的文化传承"为主题的文化论坛也同时推出。

2009 年 10 月 29 日　"第二届海峡两岸（厦门）文化产业博览交易会"召开，以"弘扬中华文化、推动两岸文化市场融合"为宗旨，深化两岸文化交流与产业对接，设"传统元素、现代时尚"主题展区、广播

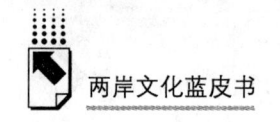

影视展区、创意生活展区、艺术产业精品展区、演艺展区、非物质文化遗产展区，签约项目82个，交易金额近87亿元。本届海峡两岸文博会适度整合在厦门市举办的涉台文化交流活动，形成"两会两节"的办展办会格局，即海峡两岸文博会和海峡两岸图书交易会，两节是指"海峡两岸民间艺术节"和"厦门国际动漫节"。

2009年10月29日 由中华文化联谊会和福建省文化厅、厦门市政府共同主办的"金桥·2009海峡两岸民间艺术节"在厦门举办，以戏剧、民间舞蹈、民乐的演出和交流为主题，邀请闽台13个表演团队参加演出（台湾5个，大陆8个），共安排15场演出（剧场演出10场，广场演出5场）。

2009年10月30日 海峡两岸文化创意产业知识产权保护论坛在厦门举行。论坛首次实现两岸文化知识产权保护合作交流，首次实现两岸文化交流与文化产业的对接，首次实现两岸戏剧合作，两岸文化产业进入深度合作期。

2009年11月5日 由中国传媒大学文化产业研究院发起的"两岸文化创意产业研究联盟"在福建成立。

2009年11月7日 由中华文化联谊会、台湾沈春池文教基金会联合举办的"守望精神家园——第一届两岸非物质文化遗产月"系列活动，由在台北市中山堂举行的"国风——中华非物质文化遗产专场演出"拉开序幕，该活动期间还举行了"根与魂——中华非物质文化遗产大展"和"保护·传承·弘扬——两岸非物质文化遗产论坛"。

2009年11月19日 "首届海西广告高层论坛"在福建泉州举行。

2009年11月26日 台湾"中央社"消息，台当局"文建会"主委盛治仁表示，"文建会"计划在大陆设点，加强台湾艺文团体展演营销，扩大台湾艺文团体表演舞台，推广台湾文化创意产业。

2009年12月30日 海峡出版发行集团在福州揭牌成立，该集团将与台湾出版业界建立"华文文化创作营运共同作业平台"，有效整合两岸文化资源，进行文化产品的出品、发行、物流配送、进出口业务、版权代理、版权贸易、参展活动、讲座论坛、营销宣传的一体化运作。

2010 年

2010 年 2 月 27 日 泉州举办的首届海峡两岸闽南文化节，台湾的南音社团、歌仔戏剧团、南少林武术团、专家学者等 300 多人参加。

2010 年 3 月 26 日 鸟巢版大型景观歌剧《图兰朵》赴台中市演出，这是两岸表演艺术首次大规模合作。

2010 年 4 月 19 日 福建省发展和改革委员会、福建省文化厅、晋江市人民政府主办"中国（晋江）国际鞋业博览会暨海峡两岸文化创意产业发展（晋江）研讨会"在晋江举行。

2010 年 4 月 23 日 以"合作、发展、共赢"为主题的 2010 年海峡两岸文化创意产业展在台北举行，这是海峡两岸文化创意产业展第二次在台举办。此次展览设置了现代创意设计、工艺美术两个主题展区，吸引了 60 多家大陆文创机构和企业参展。

2010 年 4 月 25 日 第五届海峡两岸保生慈济文化节首次在台北举办，此次活动是厦门、漳州和台湾保生大帝信仰总会三地合办并轮流承办保生慈济文化节的第一年。

2010 年 5 月 18 日 以"版权、创意、精品、交易"为主题的首届中国·福州海峡版权（创意）产业精品博览交易会举行，展会签约达 8000 万元，两场拍卖会成交金额达 1540 万元。

2010 年 6 月 海峡出版发行集团与台北出版商业同业公会达成合作设立世界华文文化创意控股公司意向，海峡文艺出版社与台湾图书出版事业协会达成共同推进"海峡 27 城市历史文化系列"出版项目意向，海峡出版发行集团福建人民出版社有限责任公司与台湾五南图书出版股份有限公司达成《中华大辞林》合作出版合同等。

2010 年 6 月 13 日 第八届海峡两岸中华传统文化与现代化研讨会——两岸四地电影产业发展论坛在上海市和苏州市举行，论坛设置了三个议题：推动两岸四地多元文化交融，探讨电影文化发展趋势；开创两岸

四地电影发展新环境,扶持电影创作新生力量;繁荣电影产业,提高中华文化影响力。

2010年6月13日 "2010年京台文化节"在京举办,以"两岸中华情 京台世博行"为主题,期间举办京台文化创意产业合作发展论坛暨"台湾映像"项目洽谈会、台北市立国乐团音乐会、京台电影交流展映、京台书画名家作品联袂展览、台湾现代话剧小剧场演出等活动。论坛围绕"京台文化创意企业在'台湾映像'的集聚发展"和"文创产业与城市美术馆"两大主题展开。"台湾映像"于2010年9月28日前门大街开街一周年之际,引进台湾知名商企近400家,以台湾为主题的商务区正式开园营业。

2010年6月18日 第三届海峡两岸(厦门)文化产业博览交易会开幕,共有签约项目138个,总金额达98.9835亿元。本次项目签约活动的最大特点是单项签约额度大、两岸合作项目多,涉及影视、数字内容、演艺、印刷出版、动漫游戏、文化旅游和文化创意产业园区建设等众多领域。其中,动漫项目23个,签约额为6.2892亿元,平均单项签约额高达2700多万元;演艺项目13个,金额2.5843亿元,签约项目比上届减少了2个,但签约额却增长了36.30%,项目质量明显提高;涉及两岸文化产业合作的项目共有14个,签约金额5.3511亿元。台、港、澳地区共有24个签约项目,交易金额为15.3407亿元。单项签约额最大的是莆田连天红文化创意产业园项目,签约额高达7.8亿元,而文化创意项目签约总额达32.445亿元。城市论坛以"海峡两岸文化创意产业示范区的构建和运营"为主题。

2010年6月19日 第二届海峡论坛在福建举办。论坛安排了开幕式暨综艺晚会和论坛大会、政策研讨活动、两岸文化艺术交流、民间民众交流嘉年华四大板块24场大型活动。期间安排两岸文化艺术交流活动8场,包括妈祖文化活动周、海峡影视展映展播周暨两岸广播影视制作业峰会、海峡27城市新闻出版业发展论坛、海峡两岸中医药发展与合作研讨会、海峡两岸合唱节、海峡两岸客家高峰论坛、武夷山朱子文化节、海峡两岸少数民族联谊交流会等。期间举办的第三届海峡两岸(厦门)演出交易会上，台北爱乐管弦乐团赴厦门、泉州、福州演出"管弦交响音乐会"等8个项目现场成功签约，总交易金额过亿元。

2010年6月19日 厦门市被国家新闻出版总署认定为"海峡两岸新闻出版交流与合作基地"。

2010年6月29日 海峡两岸关系协会会长陈云林与海峡交流基金会董事长江丙坤在重庆举行"两会"恢复协商以来的第五次会谈，并签署两岸经济合作框架协议和两岸知识产权保护合作协议。双方同意逐步减少或消除彼此间的贸易和投资障碍，创造公平的贸易与投资环境；进一步增进双方的投资贸易关系，建立有利于两岸经济繁荣与发展的合作机制；同意对两岸专利、商标、著作权等各类知识产权提供广泛而有效的保护。

2010年7月 中华文化联谊会先后邀请台湾地区大学院校艺文中心协会访问团来北京、上海交流访问，邀请台湾文化行政专业人士交流访问团、台湾中南部地区文化界人士访问团及台湾表演艺术专业人士交流访问团来大陆交流访问，并举办"海峡两岸文化交流座谈会"，邀请台湾戏曲学院京剧团来北京、苏州、上海、厦门进行交流演出，取得了良好的效果。台北市交响乐团、朱宗庆打击乐团、屏风表演班、台湾汉唐乐府等优秀表演团体一年来相继来大陆演出，深受大陆观众的欢迎。

2010年7月10日 "第六届两岸经贸文化论坛"在广州开幕，围绕增强两岸经济竞争力这一主题，就加强两岸新能源产业合作、节能环保产业合作及深化两岸经济合作三项议题展开深入讨论，并举行了文化教育专题座谈会。论坛通过22条共同建议，其中包括建立出版物交流合作规范，继续扩大出版物贸易和版权贸易；探讨两岸图书批发零售业相关促进政策；推动尽快实现两岸媒体互设常驻机构，支持制定促进新闻交流与媒体合作的政策；完善两岸广播、影视、出版等业界沟通对话机制，加强两岸文化创意、数字内容、音乐产业的交流合作，支持制定两岸合作发展文化创意产业的规划及相关政策，共同开拓海外文化市场；推动落实两岸知识产权保护合作协议，共同维护两岸文化市场秩序，保障两岸业者权益等内容。

2010年8月15日 由中华文化联谊会和广西壮族自治区共同主办的

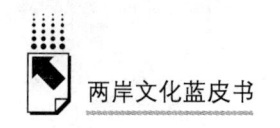

"情系八桂——两岸文化联谊行"活动在广西举办。

2010年8月19日 闽西南五市广播电台与台湾传媒合作发展论坛在泉州举办,来自福建厦门、漳州、泉州、龙岩、三明等五市广播业界和台湾同行现场观摩了泉州人民广播电台与台湾广播节目协会联办的部分广播节目,并围绕与台湾传媒交流、合作、发展这一主题进行了探讨。

2010年8月27日 海峡两岸文化创意产业发展高峰论坛在江苏昆山花桥"东南东"文化创意产业园内举行,与会各地代表还分为都市文化创意产业、农业文化创意产业、旅游文化创意产业三个组别介绍了各地进行文化创意、传承非物质文化遗产、推动和发展农业经济的经验。

2010年9月6日 "2010年两岸文化论坛"在台北举行,中华文化联谊会名誉会长蔡武与台湾文化总会会长刘兆玄、台湾"文建会主委"盛治仁共同出席论坛,实现两岸文化部门高层领导的首次会晤。蔡武在此期间提出四点意见和建议:凝聚共识,推动两岸文化交流制度化;深化交流,共同推动中华文化的传承与发展;搭建交流平台,不断拓展交流领域;加强产业合作,增强两岸文化产业的国际竞争力。他同时提出"两岸文化交流协议"的初步构想,其中包含"建立两岸文化合作机制"、"两岸艺术团体联合创作"、"合作举办各类文化节庆活动"等内容。同时,文化部提出签订文化交流协议的先行计划。据文化部港澳台办负责人透露,目前大陆已开展两岸文化协议内容的准备工作,如已在文学艺术、文化遗产和非物质文化遗产等领域的制度性合作,以及两岸艺术院校交流、人才培养及历史文献研究等领域的制度性协商展开先行研讨,为签订两岸文化交流协议做准备。大陆的积极准备与先期计划获得台当局善意响应。台湾"文建会主委"盛治仁称,签订文化协议是两岸努力的方向,并倡议两岸文化部门互设办事处,将文化交流制度化、透明化。"行政院政务委员"曾志朗说,"两岸文化协议类似《海峡两岸经济合作框架协议》(ECFA),先谈架构、再谈细项,至于协商时程,应会纳入2011年的'陈江会'"。

2010年9月11日 海峡两岸关系协会和财团法人海峡交流基金会完

成换文程序，同意《海峡两岸经济合作框架协议》和《海峡两岸知识产权保护合作协议》于2010年9月12日实施，据此，未来两年两岸将在20个服务领域实行相互开放，其中涉及文化与创意的就有12项。

2010年10月 台湾中华两岸文化创意产业发展协会在台湾成立。该协会是由台湾"立法委员"丁守中与台湾文化产业界人士共同筹组的非营利的社会团体，其宗旨是推动两岸文化创意产业交流发展与合作。

2010年10月11日 台湾《新新闻周刊》与大陆《中国新闻周刊》签署合作协议，由《新新闻周刊》出资1200万元人民币与《中国新闻周刊》新创《新闻文摘》类杂志——《I Look》，杂志发行范围以大陆为主，但不排除在台发行的可能性。

2010年10月15日 由中华文化联谊会、福建省文化厅和厦门市政府共同主办的"2010海峡两岸民间艺术节"在厦门艺术剧院隆重开幕，吸引了两岸演出团体及专家学者约600人参加，共同展示出两岸歌仔戏、高甲戏、布袋戏、民俗技艺及客家音乐的传承与发展。

2010年10月26日 根据《海峡两岸经济合作框架协议》，大陆对台湾电影实施开放措施：根据台湾有关规定设立或建立的制片单位所拍摄的、拥有50%以上的电影片著作权的华语电影片经大陆主管部门审查通过后，不受进口配额限制在大陆发行放映。同时，要求电影片主要工作人员组别中台湾居民应占该组别整体员工数目的50%以上。

2010年11月11日 由中华文化联谊会和台湾商业总会共同主办的首届"海峡两岸文化创意产业展"在台北举办，该展是第一届台湾国际文化创意产业博览会的组成部分。大陆参展团一行150人赴台参展，参展的大陆文化创意企业共50余家，以海峡西岸文化企业为主，涵盖了文化创意园区、工艺美术、动漫、影视传媒和茶艺等诸多行业领域。期间，还举办了"两岸文创产业交流论坛"学术交流活动。

2010年12月15日 "两岸动漫产业中关村论坛"在北京召开，北京市中关村科技园区管理委员会与台北动漫联盟签订合作意向书，10家台湾动漫企业即将落户中关村。

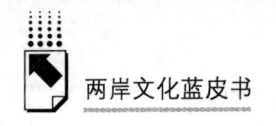

2011 年

2011 年 1 月 13 日 由海峡两岸科学技术交流中心、致公党中央联络部、台湾财团法人李国鼎科技发展基金会共同主办的"海峡两岸科技论坛"在北京举行，两岸科技界、产业界专家、学者 200 余人共同探讨加强两岸科技创新合作之道。

2011 年 1 月 18 日 第二届海峡两岸闽南语电影研讨会在厦门举行。

2011 年 2 月 18 日 为纪念辛亥革命 100 周年，中华现代国画研究学会、台北市福建省同乡会、福建省老年书画艺术学会等机构在台北主办了海峡两岸书画名家交流展，共展出两岸名家的近百幅书画作品。

2011 年 2 月 24 日 台湾文化创意产业园正式签约落户"成都东村"三圣乡片区，项目建成后将形成与红星路 35 号相呼应的文化创业产业发展基地，估计总投资将超过百亿元，建成一个聚集创意设计、文博艺术、影音娱乐、动漫游戏和传媒等为一体的文化创意产业基地。

2011 年 3 月 31 日 第九届海峡两岸中华传统文化与现代化研讨会暨"我们的节日·清明"文化节，在山西省介休市（中国清明节的发源地）绵山风景区举办。

2011 年 4 月 17 日 文化部艺术服务中心美术创作研究基地福建基地在厦门挂牌。根据规划，该基地占地约 120 亩，拟在五缘湾附近打造大规模的"海峡两岸文化产业园"，除了吸引台湾方面的文化机构来厦外，还将在高雄、台北两地设立办事处，定期举办美术、书法创作研究，筹划举办大型美术展、摄影展等活动，打造两岸艺术品交流中心。

2011 年 4 月 20 日 海峡两岸旅游交流协会和台湾海峡两岸观光旅游协会分别发出通知，同时实施《大陆居民赴台湾旅游团队组接社合作合同要点》。

2011 年 4 月 21 日 "2011 海峡两岸文化创意产业展"在台北开幕，展览以"合作、创新、发展"为主题，设置了"工艺美术"、"动漫游戏"、"文博旅游"和"文化创意产业集聚区"四个主题展区。工艺美术展区，20多位北京工艺美术大师现场展示、讲解景泰蓝、玉雕、漆雕、骨雕、镶嵌等宫廷工艺品和面塑、脸谱、剪纸等民间传统手工艺品的制作技艺；动漫游戏展区，汇集了卡酷传媒、联众游戏、武神世纪等优秀动漫网游企业；文博旅游展区，汇集了老舍茶馆、故宫宫苑、古玩城、首都博物馆等一批知名的文博创意企业；文化创意产业集聚区形象展区包括了琉璃厂、卢沟桥文化创意产业集聚区等，集中展示了北京市近年来文化创意产业发展的成果。

2011年4月24日 第六届两岸产业共同市场研讨会在台湾花莲县举行，两岸专家学者、文化人士围绕"文化、交融、合作、发展"的主题展开探讨。专家建议，广西和台湾可在文化产品研发、文化旅游业开发、出版发行、影视制作、网络动漫、文化旅游商品研发与推广、文化会展等方面加强交流合作，共同促进文化产业的双向投资合作。

2011年4月27日 由中国音乐家协会、台湾新竹市政府和福州市政府共同主办的"为了艺术·为了爱"第四届海峡两岸合唱节在台湾新竹市开赛，两岸18支合唱团队以及4支童声合唱团参赛。

2011年5月6日 第七届两岸经贸文化论坛在成都举行，论坛主题为"深化两岸合作 共创双赢前景"。与会代表围绕大陆"十二五"规划和台湾"黄金十年"、ECFA实施与促进两岸经济发展、两岸文教合作与青少年交流三个主题进行讨论。论坛达成19条共同建议，其中包括推动建立两岸文化交流与合作的机制；继续推动两岸文化产业交流与合作，扩大两岸出版物贸易、版权贸易及影视业合作，加强技术合作与项目合作，共同开拓海外华文市场，增强中华文化的国际传播力和影响力；拓展交流合作渠道，加强业务往来和沟通协调，并探讨市场准入与渠道议题，增强两岸文化产业实力；落实两岸知识产权保护合作协议等内容。

（执笔：胡惠林 段莉）

₿.18
大陆广电系统与台湾交流活动大事记（1984~2011年）

1984年

1984年 大陆举办"80年代中国新电影选"，台湾举办"台湾新电影展"，双方代表团成员互相观摩。

1986年

7月 以大陆风光为主的录像片以"历史教学"为由，得以大量进入台湾。

1987年

1987年 台湾知名影视制片人凌峰首行冲破台湾当局的限制，在大陆拍摄《八千里路云和月》，将大陆大好河山和社会风俗介绍给台湾民众。

1989年

4月 台湾当局制定了《现阶段电影事业、广播电视事业、广播电视节目供应事业赴大陆地区拍片及制作节目报备作业实施要项》后，台湾广播影视界掀起了"大陆热"，自5月开始，大陆广播电视界接待了近20

批200多人次的台湾广播电视界人士来大陆访问或制作节目，其中有6个电视剧组、十多个专题片组。

7月8日 台湾闽南语电视剧《妈祖外传》剧组抵达福建进行拍摄，是第一个到大陆拍外景的制作单位。

9月8日 "海峡两岸电影节"在美国纽约揭幕，两岸代表团于9月7日下午举行首次正式会晤，双方就各地电影现状、个人创作以及两岸影片的发行进行了广泛的交流。

1990年

7月 台湾导演陈朱煌导演的《妈妈再爱我一次》以转口贸易的方式在大陆公映，至年底，该片拷贝数达397个，观众人次超过2亿。

10月12日 应中国电影家协会邀请，著名台湾导演李行以导演协会理事长身份，率领电影导演宋存寿等一行六人，组织台湾电影导演访问团抵达北京参观访问，首开两岸电影界交流活动先河。

1992年

2月20日 由台湾中国两岸影艺协会和大陆中华文化交流与合作促进会共同主办的"海峡两岸影艺界交流座谈会"在北京举行，这是两岸就影艺问题第一次在大陆作正式交流。

12月29日 "海峡两岸电影学术交流研讨会"在台北召开。

1993年

1月11日 台湾导演李行率25人代表团参加上海召开的"第二届海峡两岸暨香港电影研究会"，第一次把大陆、台湾、香港的电影视为一个互相关联和影响的整体，为后来"华语电影"的提出奠定了基础。

2月12日 北京电影制片厂新片《泪洒台北》外景队一行18人抵达台湾展开为期18天的外景拍摄工作，这是大陆第一部获准赴台拍摄的电影。

6月9日 由中影公司、中华交流与合作促进会以及台湾两岸电影艺术协会共同举办的"首届海峡电影展"在台北开幕。6月28日，影展移师大陆，分别在北京、成都、南京举行，同时在上海召开了"第二届海峡两岸暨香港电影导演研讨会"。

7月1日 "海峡两岸录像节目展"在北京开幕，40余名两岸音像界人士参加开幕式。

12月23日 海峡两岸广播电视交流研讨会在北京开幕。

1993年 中央电视台"神州风采"、"电视你我他"、"体坛纵横"、"综艺大观"、"正大综艺"等节目组相继入岛摄制节目。

1996年

1月17日 广电部副部长兼中央电视台台长杨伟光会见台湾年代影视有限公司总裁邱复生一行，双方就由年代公司代理中央电视台第四套节目进入台湾有线电视事宜达成一致意见。

2月7日 台湾中国电视公司播出了中央电视台90分钟春节晚会节目，这是台湾电视史上首次在无线电视节目中播出祖国大陆的电视节目。

5月25日 台湾10余家广播媒体代表及祖国大陆部分省、市电台台长、节目总监等40余人聚集北京，举行"1996海峡两岸广播事业交流研讨会"。

8月20日 广电部副部长兼中央电视台台长杨伟光会见台湾TVBS无线卫星电视台联意制作股份有限公司理事长邱复生一行。

8月27日 中央电视台副台长于广华会见来访的台湾中视电视公司总经理江奉琪一行，双方探讨了在电视领域内合作的可能性。

11月22日 中央电视台副台长于广华会见台湾财团法人台影文化基

金会电视文化代表团一行，双方表示将加强双方广播电视等传播媒体之间的交流与合作。

1997 年

3 月 19 日 中央电视台台长杨伟光会见台湾海峡两岸企业交流协会理事长黄建雄。

7 月 7 日 中央电视台副台长李丹会见台湾环球电视有线公司代表团。

8 月 4 日 中央电视台副台长李丹随广播电视交流协会代表团访问台湾。

9 月 16 日 中央电视台、上海东方电视台、台湾电视公司及台湾中国时报联合制作的"千里共婵娟——中秋夜·两岸情"1997 中秋特别节目，通过卫星双向传送，在上海外滩和台北歌剧院音乐厅广场同时举办，并于 22：00 同步在东方电视台和台湾电视公司的电视频道播出。

12 月 3 日 中华广播影视交流协会组团赴台湾参加"海峡两岸卫星有线电视研讨会"。

1998 年

1 月 15 日 台湾"中国电视公司"、台湾中视文化公司一行 12 人到浙江访问参观，就《海峡》栏目合作事宜进行了商谈。

2 月 13 日 中央电视台副总编罗明会见了由海峡两岸关系协会邀请的台湾新党——"民意代表"及学者一行 30 人。

2 月 23 日 应台湾大陆研究文教基金会邀请，由中央电视台台办室主任李晓明任团长的银河少年电视艺术团一行 45 人赴台访问演出。

3 月 31 日 应台湾裕台传播事业股份有限公司邀请，济南市广播电视学会交流团一行 8 人赴台湾进行学术交流。

3月　台湾"中央广播电台"董事长朱婉清一行到中央人民广播电台访问。

5月19日　中央电视台副台长刘宝顺会见了台北新闻媒体代表团一行19人。

7月5日　中央电台副台长王燕春率"祖国大陆广播代表团"赴台湾参加"1998海峡两岸广播事业交流研讨会"。

9月6日　浙江电视台一行4人摄制组与浙江省政府台湾事务办公室合作，赴台采拍《跨海看台湾》专题片。

11月　台湾"中广公司"廖俊杰副总经理一行访问大陆，与中央电台探讨节目合作可能性，并商定与中央电台《海天风景线》节目进行交流。

1999年

3月21日　国家广电总局总编室主任张振东一行12人组成电影电视代表团访台。

6月13日　中国广播交响乐团一行89人，应台湾亚艺艺术公司邀请，赴台演出。

9月21日　中央电视台综合报道了台湾地震震情、沿海受波及情况，播出了《江泽民对台湾地区发生强烈地震表示慰问》等新闻。

9月23日　中央电视台针对台湾岛内通信设施损坏严重的情况，开设了"中国新闻特别报道：北京－台北两岸寻亲热线"，当晚有近千名观众拨打寻亲电话。

10月21日　北京广播学院院长刘继南等一行11人，赴台湾参加"21世纪两岸广播电视发展趋势研讨会"。

11月10日　中央人民广播电台、中央国际广播电台、中央电视台4名记者在台湾大地震50多天后获准前往台湾采访，当天抵达台湾后，即发回消息及报道。

1999 年　有近 20 个台湾地区的传媒摄制组来内地拍摄各类专题节目。

2000 年

6 月 22 日　台湾政党联谊会会长吕宝尧带领的祖国大陆访问团，参观访问了中央电台台港澳广播中心。

7 月 1 日　海峡之声广播电台在福州召开了"台湾政局及两岸关系走向与对台广播言论宣传研讨会"。

8 月 22 日　第三届台湾听众联谊会在北京开幕。

9 月 7 日　海峡两岸 22 家媒体 30 名记者组成了"联合采访团"，赴西藏等地采访，这是自 1992 年采访三峡工程以来，海峡两岸记者第二次大规模联合采访活动。

10 月 23 日　"2000 年海峡两岸广播事业交流研讨会"在上海开幕。

2001 年

2 月 16 日　国家广电总局副局长吉炳轩会见了台湾真相政经新闻网董事长周荃。

4 月 13 日　国家广电总局副局长吉炳轩会见了台湾"中国广播公司"总经理李庆平一行。

5 月　中央人民广播电台、中央电视台开始向台湾地区派出驻点记者，每次 2 人，每月轮换一次。

7 月 3 日　"中华广播电视交流协会电视代表团"一行 15 人到台湾访问。

7 月 24 日　"中华广播电视交流协会电视广告代表团"一行 12 人访问台湾。

9 月　中央电视台与台湾东森电视台再次联手，在台湾合作录制《同

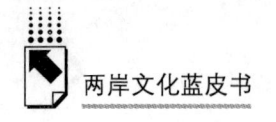

一首歌——中秋特辑》。

10月30日　国家广电总局副总编辑田进会见了台湾艾迪比尔媒体集团、东丰卫星网络公司等传媒界的代表一行9人。

12月29日　国家广电总局副局长张海涛会见了台湾中视卫星传播股份有限公司（台湾中天电视）董事长简汉生一行。

2002年

2月9日　中国电影乐团民族乐团一行65人赴台湾演出。

2月28日　中央电视台副台长张长明会见台湾中华视听著作传播事业协会理事长沈会承，双方签署了有关使用CCTV-4节目的框架协议。

4月19日　国家广电总局办公厅主任朱虹为团长的中华广播影视交流协会参访团一行13人赴台进行交流访问。

4月27日　经国务院台湾办公室和文化部的批准，应台湾陈添涛文教基金会和耐斯企业集团邀请，中央电视台银河少年电视艺术团一行54人赴台湾进行了为期10天的以"同一片蓝天"为主题的访问演出。

5月　台湾"中国广播公司"新任董事长赵守博一行8人到中央人民广播电台访问。

5月29日　中央电视台副台长王庚年会见了台湾两岸文教经贸交流协会大陆事务部文宣处处长徐昌胜等人，就台商大陆发展的宣传、台湾1万多学生访问大陆的宣传事宜进行了沟通。

6月9日　由中华广播影视交流协会、九州文化传播中心联合举办的"第七届海峡两岸影视交流与合作座谈会"在上海举办。

6月10日，台湾"中央广播电台"董事长周天瑞一行6人到中央人民广播电台参观访问。

6月25日　国家广电总局副局长徐光春会见台湾年代集团董事葛福鸿，双方就CCTV-4的复播及播出频道进行了确定，并商谈了双方合制节目的设想。

大陆广电系统与台湾交流活动大事记（1984～2011年）

6月25日 第五届海峡两岸广播事业交流研讨会在台北举行，与会人员围绕"海峡两岸加入WTO之后，广播业务的交流与合作"和"海峡两岸在数字广播技术方面的交流与合作"两议题进行了研讨。中央人民广播电台提出的"海峡两岸少年儿童中华民谣咏诵活动"、"两岸文化艺术交流20年"、"中国世界自然文化遗产巡礼"、"说我中华"、"西部放歌"、"全球客家歌谣大展播"等6个交流合作项目，得到了台湾广播界的回应。

6月 中央电台对台湾广播《空中之友》节目在传统节日端午节期间，与台湾Kiss Radio再度合作，采用两岸连线方式，推出端午特别节目《粽香飘两岸》。

7月5日 应邀来访的台湾"中广"儿童合唱团在中央电台音乐厅和中央少年广播合唱团一起进行了交流演出。

8月23日 中央电台"第五届台湾听众联谊会"在北京、敦煌、西安举行，来自台湾各界的广播听众代表和有关方面人士共80人出席了开幕式。

9月30日 台湾东森媒体集团所属14家有线电视系统开始恢复转播CCTV-4，订户为100多万户，占台湾省有线电视订户的1/3。

11月20日 中华广播影视交流协会电视节目——广告参访团赴台交流访问。

12月22日 中央电台和中央电视台在央视演播厅联合举行了《两岸情缘》征文颁奖晚会，这是两台落实中央对台宣传工作会议精神的一次联合行动。

12月24日 中央电台对台湾广播推出系列节目《十六大报告名词解释》。

2003年

3月7日 台湾东森电视台总经理访问山东电视台，并签署与山东电

187

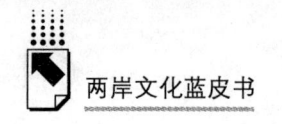

视台业务交流合作协议书。

8月下旬　"海峡两岸电视业者合作座谈会"召开，近百位台湾主要电视机构负责人赴北京参加会议。

9月18日　国家广电总局副总编田进会见台湾年代公司董事、东风卫视董事长葛福鸿。

9月24日　国家广电总局副总编田进会见台湾东森媒体集团副总裁赵怡。

10月13日　中央电视台台长赵化勇会见了台湾中天电视总经理王克捷等一行6人。

10月27日　国家广电总局港澳台办副主任周桂珍率中华广播影视交流协会代表团赴台湾交流访问并洽谈业务合作。

2003年　大陆广电系统赴台交流团组12个，中央电视台和中央人民广播电台派驻台湾记者各6批。

2004年

2月28日　台湾大中国际多媒体有限公司《万里江山——大陆寻宝》摄制组到云南拍摄纪录片《茶马古道》。

4月11日　陕西电视台2人、陕西人民广播电台1人赴台湾地区进行工作访问和考察交流。

5月17日　国家广电总局副局长田进会见台湾地区数字电视协会代表团。

6月17日　中央电视台副台长张长明会见了台湾无线卫星电视（TVBS）总经理李涛一行。

6月28日　中央人民广播电台主办的"2004海峡两岸广播事业交流研讨会"在云南昆明举办，来自祖国大陆电台的60余位代表和来自台湾地区电台的20余位代表参加了研讨会，就广播新技术和经营管理展开研讨。

7月11日 青海广播电视信息网络有限公司副总经理冯新基等2人，随中华广播影视协会代表团赴台湾考察。

7月 中央人民广播电台副台长赵忠颖率总局广播代表团一行20余人赴台湾进行业务交流和访问。

7月 河北电视台台长杨兴盛等2人随总局团组赴台湾进行业务交流与访问。

7月 青岛广播电视局总编辑胡滨率访问团一行17人赴台湾东森电视台进行访问。

8月2日 应台湾"大中国际多媒体股份有限公司"的邀请，江苏广电总台台长周莉赴台湾进行业务交流和访问。

8月18日 应台湾"大中国际多媒体股份有限公司"的邀请，湖北广播电视局1人随国家广电总局参访团赴台湾进行业务交流和访问。

8月26日 中央电视台副台长张长明会见了台湾中天电视台董事长周盛渊一行。

8月30日 昆明电视台1人随团赴台湾进行业务交流。

8月 河北电视台新闻综合频道4人赴台湾采访拍摄专题片《中华民族服饰》。

9月 山东人民广播电台1人随山东省新闻交流团赴台访问交流。

10月12日 中央电视台台长赵化勇会见了台湾中天电视台总经理王克捷一行。

10月12日 国家广电总局办公厅副主任王云鹏率中华广播影视交流协会代表团赴台湾地区交流访问。

10月20日 应台湾长鑫影视股份有限公司邀请，中国传媒大学所属的北京亚环影音制作有限公司总经理边晓军等4人，赴台参加国家电视剧《画魂》在台湾播映期间的宣传推广活动。

10月31日 应台湾世新大学邀请，中国传媒大学副校长冯克庄为团长的代表团一行12人，赴台湾世新大学进行访问。

11月10日 中央电视台副台长张长明会见了台湾东森电视台副总裁

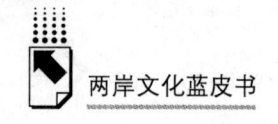

赵怡等一行，商谈合作。

11月12日 国家广播电影电视总局田进副局长会见了台湾东森媒体集团副总裁赵怡。

11月12日 广西广播电影电视局副局长朱日荣率广西广播电视考察团一行7人，赴台进行广播电视考察。

11月16日 青海省广播电视局局长巨伟等2人，随中华广播影视协会代表团赴台湾考察。

11月26日 国家广播电影电视总局首次组织大型参展团赴台湾地区参加"台北电视节目交易会"，宣传和展销内地电视节目。

11月27日 中国传媒大学所属的北京亚环影音制作有限公司代表团一行10人，随国家广电总局赴台湾地区参加"台北电视节——两岸影视节目交易展"。

2005年

1月 中央人民广播电台赵忠颖副台长率大陆广播电视参访团一行20余人赴台湾访问。

1月15日 应台湾"卓越传播公司"邀请，湖北省广播电视局1人随国家广电总局考察团赴台进行交流访问。

3月 河北电视台新闻频道4人赴台湾拍摄、采访。

4月5日 台湾马祖电台台长朱复轰、台北佳音广播电台台长吕思瑜拜访福建人民广播电台东南广播，商谈两地电台合作事宜。

5月17日 中央电视台赵化勇台长、张长明副台长会见了台湾东森媒体集团总裁王令麟一行。

5月17日 国家广电总局副局长田进会见台湾东森电视集团总裁王令麟。

5月22日 云南电视台记者赴台湾参加"2005年两岸学生纪录片创作观摩展"。

6月26日 以台湾辜金良文化基金会董事长许金良为团长的影视艺术交流访问团一行10人来中国传媒大学进行访问交流。

6月 河北电视台总编室2人赴台湾进行广播电视交流。

7月26日 国务院台湾事务办公室与中国国际广播电台联合举行"话说台湾——台湾问题系列讲座"合作项目。

7月26日 中央电视台副总编程宏会见了台湾人间卫视电视台台长一行。

7月 中央人民广播电台副台长刘宝顺率参访团赴台湾进行交流，访问了"中国广播公司"、联合报系、东森电视台、大众传播公司等岛内媒体。

8月16日 广电总局物业管理中心主任率中华广播影视交流协会代表团一行9人访问台湾。

8月16日 针对厦门卫视的台湾、金门落地问题，厦门广播电视集团副总工程师林晓尧带队，赴金门进行考察访问。

8月20日 国际台全面启动《中国的宝岛——台湾》知识竞赛，通过43种语言的无线广播和在线广播，在世界各国听众中举行，共收到来自142个国家和地区的听众答卷60多万份。

8月24日 广电总局副局长田进会见了由台湾主要电视台和业界协会负责人组成的广播电视代表团一行15人。

9月6日 中央电视台副台长刘宝顺会见了以台北市记者公会理事长、中国广播公司总经理李庆平为团长的台北市新闻记者会大陆参访团一行20人。

9月8日 广电总局副局长田进会见了以台湾有线宽频产业协会理事长陈继业为团长的台湾数字电视代表团一行24人。

9月8日 中央电视台副台长何宗就会见了台湾"2005两岸科技交流访问团"一行。

10月17日 中华广播影视交流协会代表团赴台湾参访，期间与台湾同行研讨双方节目的合作与交流、国际台节目在台湾落地情况及收听情况等。

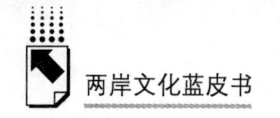

10月25日 台湾光复60周年纪念日，国际台将此作为纪念抗战胜利60周年报道的一部分，对此作了充分的报道，共播发新闻10余条，时事报道1篇；《国际在线》从8月25日起开辟了"纪念台湾光复60周年报道"专题，下设12个栏目，共发布专题稿件450篇，图片186张。

11月8日 江苏省广播电视总台副台长肖泉和节目采购部负责人赴台进行参访和业务交流活动。

11月11日 中国传媒大学亚环影音制作有限公司边晓军等7人，应台湾"大中国际多媒体有限公司"邀请，赴台参加影视节目展及相关参访交流活动。

11月上旬 江苏省广播电视总台副台长徐敢峰赴台参加两岸数字电视及信息研讨会。

11月25日 中央电视台台长赵化勇等人会见了台湾中天电视台总经理王克捷一行。

11月底 中央电视台电视剧司司长李京盛率团参加"台北影视展"活动，展出和销售内地制作的影视节目。

12月12日 厦门广播电视集团总裁周旻率9人访问团赴台考察媒体发展现状，探讨两岸媒体合作事宜，为广播电视加强入岛宣传再做谋划，就厦门广播电视集团与台湾各主流媒体、节目制作公司在节目交流与合作等方面的工作进行了广泛的探讨，达成了共识，形成了一些具体的合作意向。

2005年 中央人民广播电台派往台湾驻点采访，全年12批24人次。

2006年

1月1日 四川人民广播电台4人应台湾中国广播公司邀请赴台进行为期10天的交流考察。

1月12日 中央电视台副台长罗明会见了台湾东森电视台副总裁赵怡一行。

1月14日 台湾马祖电台台长吴轼子等赴福建东南广播公司进行业务交流活动。

1月15日 厦门卫视开播一周年之际，与台湾三立电视台共同主办了"2005两岸关注"评选活动，评选出了两岸都接受并认可的"2005两岸关系十大新闻"和"2005大陆（台湾）最喜爱的台湾（大陆）形象"。

2月 云南电视台台长杨文虎等一行6人前往台湾参加业务研讨会。

2月8日 应台湾中华电影制片协会的邀请，天津电视台2人赴台湾参加两岸电影文化事业及新闻传播交流座谈会及有关参访活动。

2月19日 中华文化联谊会、福建对外文化交流协会、福建省广播影视集团和台北电影电视演艺业工会、台湾东森媒体集团联合举办了"情声艺动 相约东南"大型电视晚会。

3月20日 福建东南卫视全新改版正式启动"欢乐海峡"文化综艺栏目带，推出《我从台湾来》、《美丽佩配》、《娱人码头》等新节目，台湾主持人吴佩慈、吴淡如签约东南卫视。

4月19日 东南卫视《海峡新干线》全程报道国民党荣誉主席连战祖地行。

5月 福建东南卫视《海峡论坛》在福州采访了中国国民党副主席江丙坤。

5月11日 中央电视台副台长罗明会见了台湾东森电视台副总裁赵怡一行。会见中，罗明表示，东森台和中央电视台的合作是成功的，对于海峡两岸具有影响的新闻都要加以报道，赵怡表示希望今后能与中央电视台有更多的内容、更好形式的合作。

5月15日 厦门新闻采访团赴台采访，这是大陆地方媒体首次大规模组织采访团赴台采访。厦门广播电视集团此行制作了15集电视系列片《台湾寻缘》和15集系列报道《台湾行》。

6月27日 由台湾三立电视台、宁行电视台共同拍摄制作的专题片《今生必游之地——宁德》在宁德电视台试播。

7月 江苏省广播电视总台3人赴台湾拍摄八集纪录片《昆曲六百

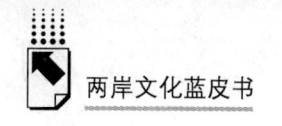

年》。

7月31日 广电总局副局长田进会见由台湾20多家广播电台负责人组成的台湾广播电台代表团成员。

7月31日 台湾"2006两岸广播产业文化交流访问团"一行64人到广电总局设计院进行了技术交流和参观访问。

7月31日 中央人民广播电台副台长王求会见了台湾"中华广播电台联合总会"理事长杨碧村和"中华社区广播电台协会"理事长涂进益等台湾广播业界代表团一行64人。

8月9日 由中央电视台、福建省广播影视集团和台湾TVBS电视台联手打造的系列电视直播节目《海峡西岸行》正式启动，开创了两岸主持人共同主持、两岸记者共同采访、两岸同步推出大型系列直播和报道的全新模式。

8月19日 台湾世新大学代表团一行26人到中国传媒大学动画学院，参加暑期"多媒体研习营"活动。

8月22日 广电总局副局长田进会见由台湾东森媒体集团总裁王令麟任团长的台湾广电媒体负责人大陆访问团一行15人。

8月22日 中央人民广播电台第九届台湾听众联谊会在广西桂林召开，来自台湾大学、"国立中央大学"等12所大学的14名听众应邀与会。

8月22日 中央电视台台长赵化勇会见了台湾东森媒体集团总裁王令麟，表示双方可以开拓扩大合作途径。

8月23日 国家广电总局领导在"海峡两岸影视交流会"上宣布放宽对台湾剧及台湾艺人的准入机制，内地与台湾地区的合拍剧可以进入各电视台的黄金档播出；凡有台湾演员参加的电视剧，可下放到属地管理部门进行审批。

9月 中央人民广播电台副总编辑李国君率由中央和地方电台20余位代表组成的大陆广播代表团赴台湾地区参加每两年一次的"海峡两岸广播事业交流研讨会"。

9月6日 中央电视台副台长张长明赴台湾出席海峡两岸知识大赛。

9月9日 台湾艺术大学传播学院院长朱全斌来访，先后与《现代传播——中国传媒大学学报》编辑部、中国高等院校电影电视学会等单位的专家进行了交流。

9月中旬 天津电视台副总编辑等4人对台湾东森电视台进行了访问。

9月16日 台湾举办第七届"海峡两岸广播事业交流研讨会"，研讨两岸电台经营、广播广告业务合作机制等问题。

10月11日 "海峡情·2006梨园百花春"大型戏曲晚会在北京上演，两岸戏曲名家同声献艺，两岸电视媒体同步直播。

11月 由中共福建省委宣传部、福建省人民政府台湾事务办公室、福建省广播影视集团联合主办的"中华首届闽南歌曲创作演唱会"在福州举行总决赛暨颁奖晚会。

2006年 中央电台赴台湾地区驻点采访全年12批，24人次。2006年底，福建东南卫视《海峡新干线》、《海峡论坛》联手中国台湾网等主流网站和厦门大学台研院等权威学术机构推出"2006年两岸关系十大新闻"与"2006年台湾十大焦点"评选活动，在海内外引起较大反响。

11月10日 福建东南广播公司参与策划主办的"2007华东六省一市电台及台湾电台春节文艺节目大联播暨广播文艺交流研讨会"在福建举行。

11月29日 国家广电总局港澳台办公室组团赴台湾参加为期12天的广播电视节目主持人访问团进行业务交流。

2007年

1月22日 国家广电总局无线局一人、731台一人参加中华广播影视交流协会组织赴台湾交流访问团。

2月 四川广电集团党委书记陈华一行4人应台湾东森电视台邀请，赴台进行业务考察。

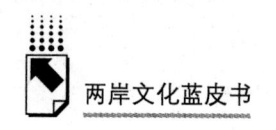

3月15日 国家广电总局广科院技经所派1人随电影学会赴台湾地区考察。

4月20日 一场以"爱与和平"为主题的"妈祖之光 相约东南"大型电视综艺晚会在台湾台中县大甲镇举办。由福建省广播影视集团、台湾台中县文化建设基金会和台湾东森媒体集团联合举办，福建东南卫视、海峡卫视、台湾东森电视、中天电视、年代电视向全球卫星直播和实况录播。

5月16日 中央电视台台长赵化勇会见了台湾中天电视台总经理陈守国一行。会见中，双方对举办青年海峡两岸知识大赛活动充满信心。

5月18日 台湾"中国新闻学会"理中长、牟宗灿率领台湾媒体访问团一行12人考察青岛市广播电视局，青岛市广播电视局党委书记张相逢等与客人进行了座谈，就广播电视新闻宣传及数字电视发展等问题进行了友好交流。

6月8日 首届海峡两岸闽南语歌星选拔赛在福建泉州市广电中心落幕。这次大赛由泉州人民广播电台刺桐之声等海峡两岸有关单位共同承办。

7月1日 应台湾瑞迪广告事业股份有限公司邀请，云南人民广播电台台长覃信刚、常务副台长高国庆等14人，赴台湾进行业务交流。

7月9日 台湾东森电视台副总经理马咏睿一行到青岛电视台考察，双方就举办第二届"青岛电视周"等事宜进行了洽谈。

7月15日 由国家广电总局港澳台办组团，新疆电视台编译中心主任帕尔哈提·卡依尔赴台湾进行业务交流。

7月16日 潍坊市广播电视学会组织全市广播电视系统部分单位负责人赴台湾进行考察交流活动。

7月下旬 青海广播电视局副局长、青海电视台台长白居壁赴台湾进行影视业务交流活动。

7月 应台湾传播管理研究协会邀请，安徽电视台副台长禹成明率团赴台访问，探讨双方进一步合作事宜。

大陆广电系统与台湾交流活动大事记（1984～2011年）

8月2日 台湾TVBS电视台大陆事务部总监林大法一行到湖北省广播电视总台交流访问。

8月3日 台湾传播管理研究协会访问团一行13人考察青岛市广播电视局。青岛市广播电视局副局长潘盛国、童季平会见参访团一行，向客人介绍了青岛有线数字电视发展等方面情况。该参访团是应中国记协邀请来大陆进行"环渤海"访问的，旨在进一步拓展对台新闻交流工作渠道。

8月23日 国家广电总局副局长田进会见参加两岸影视交流座谈会的台湾影视界代表15人。

8月25日 台湾中视《万里江山——大陆寻奇》电视摄制组赖宗正导演一行3人赴广西，历经14个市县采制《广西特辑》专题节目。

8月27日 中央人民广播电台主办的全球华语广播协作网年度会议分别在北京和青岛召开，台湾大众广播公司、香港电台派员参加。

10月7日 北京人民广播电台音乐广播、台湾台北之音Hit Fm、新加坡Yes933醉心频道、马来西亚988频道、香港电台等亚洲7家电台，联合举办"全球华语歌曲排行榜颁奖典礼"。

11月5日 广电总局无线局副局长黄晓兵等赴台湾地区进行业务交流并参观访问。

11月7日 国家广电总局副局长田进会见参加两岸城市文化创意产业论坛暨影视对台政策调整发布会的台湾业界代表12人。

11月19日 经国家广电总局港澳台办公室同意，台湾中华广播联合总会理事长杨碧村一行20人赴广西桂林市人民广播电台考察。

11月 山东电视台1人随中宣部组团赴台湾执行采访任务。

12月12日 应台湾东森电视台邀请，青岛市广播电视局局长、电视台台长楼树军率青岛电视台参访团一行6人，赴台考察了台湾电视业发展情况，并与台湾东森电视台就双方进一步加强交流与合作，特别是在2008年奥帆赛、啤酒节期间的互动、合作事宜进行了深入探讨，达成初步意向。

2008 年

1月1日起 大陆与台湾合拍的电视剧经大陆主管部门核准后,可视为大陆生产的电视剧播出和发行。

1月5日 厦门卫视联手台湾东森,实现两岸媒体第一次 SNG 同步直播两岸马拉松赛,使两岸观众在同一时刻同时分享 2008 厦门国际马拉松和 2008 金门马拉松盛况。

1月18日 台湾宝岛客家广播电台董事长廖运塘到福建省龙岩市,分别与龙岩人民广播电台和龙岩电视台签署了龙岩人民广播电台入岛播出合作文件和龙岩电视台节目入岛的代理文件。

2月5日 由厦门卫视与台湾中天电视联手打造的"台胞返乡探亲20周年"特别节目《守·望》在台湾4次播出,引起台湾民众强烈反响。

2月 由海峡之声广播电台、海峡导报、中央人民广播电台联合举办的"2007年台湾十大军事新闻"评选结果揭晓,参加票选的海峡两岸受众近19万人次。

3月10日 中央人民广播电台副台长赵铁骑会见台湾广播节目协会参观访问团一行33人。

4月1日 福建省广播影视集团在台湾台中、台南举办2008年"妈祖之光"大型电视综艺晚会,共有15万人到现场观看演出。

4月3日 台湾快乐联盟网总经理廖凤彬和中国华艺广播公司总经理柳林岚带领的台湾媒体界代表团一行8人,对陕西人民广播电台进行了参观访问。

4月8日 中央电视台副台长张长明会见了台湾高点电视台董事长戴永辉一行5人。

4月11日 台湾龙阁文化传播公司派员到福建省龙岩电视台正式签约并录制电视节目。

5月12日 台湾金门"太武之春广播电台"同步转播了中央人民广

播电台的北京奥运会火炬厦门传递直播节目。中央电台的宣传报道首次实现了在台湾岛内同步转播。

5月18日 海峡两岸青年学生"奥运·北京"摄影展在中国传媒大学举办。台湾地区世新大学等五所高校的22名师生和中国传播大学电视与新闻学院的10名学生志愿者共同参与了此次活动。

6月2日 国家广电总局副局长田进会见台中市新闻记者公会理事长赵怡、台湾"中国电视公司"董事长郑家钟、台湾电视公司总经理丘岳、台湾《联合晚报》社长项国宁等台湾媒体代表团成员。

6月3日 中央电视台副台长张长明会见并宴请台北新闻记者公会理事长赵怡率领的12人代表团。

6月13日 中央电视台副台长张长明会见了台湾东森电视台总经理。

6月23日 台湾中华社区报业一行15人到广西防城港市广播电视台参观访问,就共同促进两地的经贸文化合作进行了交流。

6月24日 由中央人民广播电台主办的2008海峡两岸广播交流研讨会在北京举行,来自祖国大陆和台湾地区的90多位广播界同行、专家、学者聚首北京,共话两岸广播的未来与发展。

6月27日 海峡之声广播电台与台湾非凡音联播网就两家电台节目交流签订《电台交流新闻集散合作协议书》,这是两岸广播电台首次就转播、共同制作节目等达成协议。

7月4日 福建省泉州电视台闽南语频道《唱歌拼输赢》栏目组应邀到台湾金门参加"2008金门金湖花蛤季"活动。

7月4日 两岸实现周末包机直航,厦门卫视联合台湾中天、东森、三立、台视,以及长城平台成员台,包括北京电视台、上海东方卫视、江苏国际频道、广东南方电视台等,联手制作大型直播特别节目《两岸直航》,直播5小时45分钟,这是厦门广电集团迄今为止第一次横跨两岸多点直播。

8月9日 中国国际广播电台台长王庚年会见到访的台湾新党主席郁慕明,当天郁慕明还接受了华语台《CRI会客厅》专访。

8月19日 "泉州·澎湖旅游文化电视周"在台湾澎湖举行。该活动由福建省泉州电视台和澎湖有线电视有限公司合作拍摄制作一批介绍泉州旅游和历史文化的节目,在澎湖有线电视有限公司的电视频道连续播出1周(7期),每期25分钟。

8月 中央人民广播电台"你好台湾网"为中央电台对台湾广播中华之声、神州之声设立了专属广播频道和互动社区,为中央电台驻台记者开辟了专栏频道——台湾传真。此外,自主开办了台湾青年人博客、BBS统一论坛、政治动漫FLASH等15个频道。

9月9日 海峡之声广播电台和台湾非凡音联播网在福州成功举办"两马(马尾、马祖)"旅游合作研讨会。

9月18日 应台湾"中视"邀请,广西广播电影电视局局长阳建国一行11人,赴台湾与相关媒体机构进行业务洽谈。

9月29日 四川电视台《重建之路——台湾"9·21"地震灾后重建启示录》摄制组一行5人在台湾进行了相关的电视采访与拍摄工作,全方位报道和整理台湾"9·21"大地震的重建经验,为四川的灾后重建提供借鉴。

11月3日 中国传媒大学与台湾世新大学签署了《中国传媒大学与世新大学学生交流协议书》。

11月3日 海协会会长陈云林率团访问台湾,并开展第二次"陈江会",海峡之声广播电台记者随团赴台采访。

11月16日 中央人民广播电台副台长赵铁骑应台湾世新大学的邀请,赴台湾参加"两岸类型化电台交流论坛",并作主题演讲。

11月23日 国务院台湾事务办公室新闻局与中国电影艺术委员会联合举办了36集电视连续剧《台湾·1895》研讨会。

11月25日 中央电视台副台长张长明会见了台湾高点电视台执行董事郭调和一行。

12月16日 海峡之声广播电台和台湾非凡音联播网在厦门就两岸旅游推介、广告代理、台湾著名艺人吴乐天讲古作品授权播出等合作联合召开新闻发布会。两岸40多家媒体作了报道。

12月20日 中央电视台副台长张长明会见了台湾无线卫星（TVBS）电视台节目总监林大法、台湾东森电视台总经理陈继业、台湾中天电视台董事黄宝慧、台湾中国电视台执行副总经理饶圣雄。

12月22日 为纪念全国人大常委会《告台湾同胞书》发表30周年，由中央人民广播电台主办的"开启海峡两岸和平之门"主题论坛在厦门举行。两岸专家学者及各界近百人出席论坛。

12月23日 大熊猫"团团"、"圆圆"跨越海峡，飞跃台湾。当天，中央人民广播电台《神州之声》和台北《亚广调频》联合并机推出6个多小时的大型现场直播报道——《团团圆圆跨海峡》。中央电台对台湾广播首次实现在台北进行现场直播。四川电视台新闻中心、SCTV-4频道也进行了相关电视直播报道。

2008年 中央人民广播电台记者共有10批20人次赴台北驻点采访。驻点记者坚持每天与中央电台各频率节目连线，发回记者播报600多次，发回文字稿件655篇、图片1650幅，策划完成了一批针对性强的重点报道项目：《开启海峡两岸和平之门》、《跨越海峡的对话》、《"两会"复谈纪实》、《台湾游客看奥运》、《大陆民众看台湾》、《台办主任论坛》、大型FLASH动漫《奥运北京欢迎你！》等。

2009年

1月3日 厦门卫视与台湾东森电视台、中国台湾网合作同步直播2009厦门国际马拉松赛，同时特派记者前往金门，在直播过程中实现连线，使得两岸观众能够在同一时刻，通过更多传播方式同时欣赏2009厦门国际马拉松赛和2009金门马拉松比赛。

1月17日 厦门卫视联手台湾华视举办年度品牌活动——"2008两岸关注"系列活动，包括两岸关注十大新闻评选、两岸大点名和叩问2009三项内容。

1月25日 由厦门卫视联手台湾TVBS共同打造的《欢喜大围炉——2009两岸闽南话春晚》在厦门卫视、TVBS和马来西亚ASTRO频道同步播出。

2月12日 湖南省广播电视局局长欧阳常林一行赴台湾与近百位电视媒体从业人员一同进行了两岸电视制作实务交流合作座谈，并拜访了华视、八大、中天等台湾主流电视媒体，和台湾电视高层商谈了国际频道落地和节目互换等业务问题。

2月13日 厦门卫视联手台湾华视，并派记者赴山东全程报道"台湾嘉义市天后宫妈祖信众进香团"直航进香盛况。

2月18日 国家广电总局副局长田进会见由台湾中时报业集团、中视公司、中天电视台负责人组成的访问团，就加强两岸电视交流与合作交换了意见。

2月21日 海峡之声广播电台和台湾宝岛客家广播电台就台湾地区调频联播网合作事宜正式签约。根据协议，从2009年3月16日开始，海峡之声与台湾岛内5家调频电台（宝岛客家广播电台、正义之声广播电台、姐妹电台、高屏溪电台、花莲电台）合作，每天在各电台分别播出2小时的广播节目。

3月23日 厦门广播电视集团总裁周旻带团到达台中，与台湾媒体签订两个合作协议：闽南之声广播与台中广播结为"合作伙伴"协议、厦门卫视与华视签订共同开展"台湾走透透"活动的协议。

4月18日 福建省广播影视集团与中央电视台国际频道、台湾TVBS共同制作了20集系列节目《海峡东岸行直播台湾》。两岸媒体采用移动直播的形式，每日一地对台湾7市16县的人文地理、旅游文化、经济社会发展等情况进行全景式直播。

4月19日 福建龙岩人民广播电台与台湾宝岛调频联播网签订节目入岛播出新一期合约文件。新一期合约规定节目除由宝岛客家广播电台播出外，还拓展至苗栗正义广播电台、云林姐妹广播电台、高屏溪广播电台、花莲客家广播电台播出。播出范围扩大后，台湾75%的地区可收听到龙岩人民广播电台制作的节目。

5月5日 中广电广播电影电视设计研究院6人赴台湾参加海峡两岸广播电视工程技术交流活动。

5月7日 中央电视台20集大型系列移动直播节目《直播台湾》圆满结束。节目在央视网、人民网、中国台湾网等网站的访问量超过1300万。作为大陆电视媒体首次入岛以直播形式实施的系列报道，《直播台湾》采取"连续直播游台湾、每日一地赏宝岛"的报道模式，走遍了台湾的22个县市，行程1000多公里，采访岛内各界人士近200人，累计时长超过8小时，深入展现了台湾人文历史、经济文化、社会民生、旅游资源以及两岸交流合作等。

5月12日 厦门卫视与台湾华视携手推出《爱在"5·12"》——汶川地震一周年大型特别节目。

5月17日 由国家广电总局、福建省政府共同主办的"海峡论坛·两岸影视展映展播周"在厦门开幕。

5月17日 厦门卫视携手台湾华视同步直播2009首届郑成功文化节开幕节。在直播中实现多路SNG连线。

5月20日 广西人民广播电台、广西电视台6名记者随广西壮族自治区主席马飚赴台湾采访报道"两岸产业高峰会议——2009年桂台经贸合作论坛"。

6月26日 中国电影资料馆、电影频道节目制作中心、中国电影博物馆联合举办"李行电影回顾展"，纪念台湾著名导演李行从影60周年。

8月13日 中央人民广播电台第11届对台湾广播联谊会在北京举行，台湾岛内听众、青年学生、媒体代表、专家学者等20人与会，台湾东森电视台、联合报以及多家广播电台进行了报道。

8月14日 厦门卫视、厦门音乐广播、台海宽频联手推出大型直播特别节目《爱在两岸》，反映两岸民众在灾难面前血浓于水的情感。

8月14日 2009厦门卫视"台湾走透透"巡演活动启动。厦门卫视在金门县、台北市、台北县、宜兰县、台中市、台中县、高雄7个地区进

行为期10天的巡演,成为第一家在台湾地区南北巡演的大陆媒体。

8月15日 以台湾大众广播公司董事长、台湾广播协会理事长袁韵婕女士为团长的台湾广播事业协会大陆访问团一行15人,到山东人民广播电台就广播事业发展与合作进行座谈交流。

8月18日 应中国记协邀请,台湾大众广播股份有限公司董事长、台湾广播事业协会理事长袁韵婕为团长的台湾广播事业协会大陆访问团一行17人赴青岛访问。

8月19日 为帮助在"莫拉克"台风中受灾的台湾同胞,福建省红十字会、福建东南卫视、海峡卫视和厦门卫视在福州举办了"闽台情深 共渡难关"赈灾晚会。晚会现场共收到福建省社会各界捐款8743.3万元。台湾中天、东森电视台播出了晚会实况。

8月25日 台湾省台北县有线广播事业发展基金交流团一行9人赴青岛考察有线数字电视和广播电视技术发展情况。

9月4日 由厦门广电集团闽南之声广播与厦门春辉国际旅行社共同策划组织的大陆首个赴台广播听友团——闽南之声听友回访团,到台湾进行了参访活动。闽南之声广播、台中广播、厦门春辉国旅、台湾泰元旅行社在台中市共同签署旅游合作四方协议。

9月22日 厦门广电节目公司与台湾中视及台湾时华影视制作公司分别签订了电视剧《今生不了情》和《瑰宝》的合作协议。

9月22日 国家广电总局组织大陆电视参展团赴台北参加了"2009台北电视节",展出了近万小时的电视剧、专题节目和闽南语节目,大陆电视代表团分别在海峡两岸电视论坛、国际数字内容电视论坛上进行主旨发言,与台湾业者就合拍片选题策划、联合播出、数字内容合作等进行了深入交流。

9月底 应台湾中华广播电视节目制作商业同业公会的邀请,江苏省广播电视总台派出15人代表团赴台参加2009台北影视节,参加台北电视电影暨数位内容展、台北数位广电影视论坛、海峡两岸影视论坛,考察台湾影视基地,拜会影视团体,并与影视公司进行座谈交流。

10月10日 中国国际广播电台台长王庚年会见到访的台湾东森电视台总经理陈继业一行。双方就积极探索有效合作模式，充分实现资源共享和互利双赢等问题进行了探讨。

10月15日 台湾周大观文教基金会会长周进华一行10人到山东电视台参观访问，洽谈合作事宜。

10月27日 中央人民广播电台举办两岸媒体"重走客家迁台路"大型联合报道活动，邀请台湾10家广播媒体全程参与采访报道，历时7天。

10月28日 国家广电总局副局长田进会见了台湾海峡交流基金会董事长江丙坤率领的台湾新闻交流访问团，成员包括台湾"中视"、"华视"、东森电视公司等15家主要媒体的负责人。

11月5日 来自台湾师范大学、台湾艺术大学、台湾成功大学、中国传媒大学、同济大学、厦门大学6所大学的代表在福州市共同签订了两岸文化创意产业研究联盟合作协议。

11月15日 "安徽文化周"在台湾举办。安徽电视台与台湾中视公司签署了有关联合制作电视剧和电视节目的合作协议，以及《2010年端午节特别节目合约书》。

11月21日 厦门卫视和台湾中视共同推出的《两岸新闻·资讯大三通》栏目开播，这是两岸新闻界的第一档由两岸媒体共同制作、共同播出的新闻类栏目。

11月 江苏省广播电视总台新闻中心采访部4名记者赴台湾开展2009年《台湾江苏周》的新闻报道。城市频道派出5人摄制组赴台，拍摄系列片《台湾名品之旅》的后续报道，并就与台湾东森电视台的深度合作进行了考察交流。

11月底 应台湾七福广播传播事业有限公司邀请，山东人民广播电台台长李志毅率考察组赴台交流考察，就台湾电台经营模式、节目合作和资源共享等项目进行了实地调研和座谈，并初步达成进一步加强合作的几点意向。

12月7日 厦门广播电视集团与厦门大学、台湾世新大学三方合作

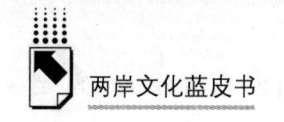

签约仪式暨两岸新闻采编与媒介管理高级研究班、两岸广播电视媒体实务研修班开训仪式在厦门大学举行。20名学员赴台湾参训，10名台湾媒体从业者到厦门学习交流。

12月25日 海峡两岸旅游节目研讨会暨两岸广播春节联播协议会议在福建漳浦召开，福建省广播影视集团与台湾26家《旅游我最大》节目协作电台负责人参加了会议。

2010年

6月13日 "第八届海峡两岸中华传统文化与现代化研讨会暨两岸四地电影产业发展论坛"在上海开幕。本届论坛由民进中央、中国电影家协会主办。来自内地、香港、台湾、澳门近百名电影人，就推动两岸四地多元文化交融、繁荣电影产业、扩大中华文化影响力进行了深入探讨。

6月20日 由国家广电总局和福建省人民政府联合主办的第二届海峡论坛·海峡影视展映展播周暨两岸影视制作业峰会在福建省的厦门等地成功举办。活动期间，举办了海峡影视展映展播周首映式，全省展映台湾电影和大陆电影108场，举办了两岸影视制作业峰会，现场宣传推介了47个两岸影视合作洽谈项目。

7月1日 作为"两岸产业高峰会议——2010年桂台经贸文化合作论坛"重要活动之一的"广西广播电影电视展播周"在台北开幕。广西人民广播电台、广西电视台分别与台湾中国广播公司、台湾中国电视公司签订了战略合作协议。广西电台与台湾亚洲广播网签订了举办两岸歌会项目合作协议，广西电视台与台湾元鼎娱乐（股份）有限公司签订了制作《寻找台湾金花》电视系列节目合作协议。

8月19日 闽西南五市广播电台与台湾传媒合作发展论坛在泉州举办，来自福建厦门、漳州、泉州、龙岩、三明等五市广播业界和台湾同行现场观摩了泉州人民广播电台与台湾广播节目协会联办的优秀广播节目，并围绕与台湾传媒交流、合作、发展这一主题进行了探讨。

9月30日　由国家广电总局、国家版权局、广东省人民政府主办，东莞市人民政府、广东省广播电影电视局和南方广播影视传媒集团等单位承办的第二届中国国际影视动漫版权保护和贸易博览会（简称漫博会）在广东省东莞市举办。

10月2日　由中华影视交流协会、中华文化联谊会、福建省广播影视集团等多家单位联合主办的《妈祖之光·福航彰化》大型电视晚会，在台湾彰化县成功举办，这是"妈祖之光"大型电视晚会连续五年第七次走进台湾。

10月16日　根据9月12日生效的《海峡两岸经济合作框架协议》（ECFA）关于服务贸易早期收获应在框架协议生效后尽速实施的规定，开始实施以下对台电影开放措施：根据台湾有关规定设立或建立的制片单位所拍摄的、拥有50%以上的电影片著作权的华语电影片经大陆主管部门审查通过后，不受进口配额限制在大陆发行放映。该电影片主要工作人员组别中台湾居民应占该组别整体员工数目的50%以上。

10月26日　由中央人民广播电台主办的《你好台湾，相约世博》——台湾网友DV大赛颁奖礼在北京举行。

12月29日　台湾2010两岸广播产业文化交流团访问中央电台。

2011年

1月13日　国家广电总局副局长李伟会见了以台湾"中华财经电视台"董事长杨继昌为团长的台北影音节目制作商业同业公会代表团。

3月11日，国家广电总局副局长李伟会见了国民党中常委丁守中等台湾"两岸文化创意产业发展协会"访问团成员，就加强两岸广播影视文化创意产业交流合作交换了意见。

3月16日　中国电影资料馆与台北电影资料馆共同召开了"两岸电影数字修复及再利用经验交流会"。中国电影资料馆、中影影视基地、中国电影科研所、电影数字节目中心等7家单位的代表参加了会议。

4月23日 广西广播影视局赴台湾举办"广西广播影视花莲行"活动，本次活动是2011年桂台经贸文化合作论坛暨广西·花莲友好交流系列活动之一，包括"广西广播影视花莲行"联合采访活动和"广西电影花莲巡映"活动。

6月9日 由广电总局电影频道和台南艺术大学、台湾艺术大学、台北艺术大学等单位联合举办的"两岸电视电影观摩展暨论坛"在台南、高雄、新北和台北成功举办。电影频道选送了《我是植物人》、《前妻》、《百炼成钢》等12部电视电影参展。

（撰稿：段莉）

B.19
大陆新闻出版系统与台湾交流活动大事记（1985～2011年）

1985年

4月25日 深圳首次举办台湾图书展销会，展销会展出台湾出版的图书11000多种、2万多册。

1988年

10月20日 "海峡两岸图书展览"在上海举办，开启了两岸出版交流的大门。

1989年

2月28日 由合作出版促进会主办的"第一届合作出版洽谈会"在深圳举行。这是我国首次以民间形式举办的较大规模版权贸易和出版交流活动。台湾光复书局、锦绣文化企业、五南图书出版公司、淑馨出版社等20多家出版机构参加洽谈，这也是台湾出版界第一次成规模地参加两岸出版与版权贸易洽谈。

1990年

8月28日 台北出版人访问团40余人参加第三届北京国际图书博览

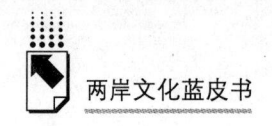

会，并参加由中国出版工作者协会、合作出版促进会、中国出版对外贸易总公司举办的"海峡两岸出版交流研讨会"。

1990 年 台湾工商时报与大陆中华工商时报签订了海峡两岸新闻界第一份合作协议。协议规定，两报自 1990 年 8 月 1 日起，通过传真交换经济信息，由此使台湾报纸上第一次出现大陆报纸提供消息的电头。同年 8 月 26 日，新华社经济信息部与美国美亚国际有限公司在台湾地区发行中文版《中国经济信息》的合同正式在纽约签字。这是 40 多年来新华社开通的第一条通往台湾地区的专线。

1992 年

9 月 1 日 台湾出版界 109 人参加"第四届北京国际图书博览会"。期间，合作出版促进会与台湾出版代表团联合举办了"两岸图书合作出版座谈会"。

9 月 台湾光复书局企业股份有限公司与大陆外文出版社所属的海豚出版社、北京市通县纸箱厂合资设立光海文化用品有限公司，这是大陆第一家两岸三方合资的文化企业。

1993 年

5 月 5 日 以中国出版工作者协会副主席许力以为团长的大陆出版代表团赴台参加"海峡两岸图书出版合作研讨会"，这是两岸出版界的第一次大型合作交流，并与台湾方面达成"五点共识"。

11 月 4 日 台湾图书展在北京举办，展出了台湾 307 家出版社 2.04 万册图书，这是台湾出版物首次在大陆公开单独展出，显示海峡两岸图书贸易与出版合作进入一个新阶段。

1994 年

3 月 29 日 由中国书刊发行业协会主办、中国图书进出口总公司承办的"1994年大陆图书展"首次在台湾举行，大陆180余家出版社的1.8万种图书参展，这是大陆图书首次在台湾展出。

6月23日 "九四南京台湾书展"在江苏省美术馆举行。此次书展由江苏省出版总社和台湾人类文化事业有限公司联合主办，江苏省图书进出口公司协办。

1995年

3月25日 京、津等15家出版社参加由台湾敦煌书局在台北主办的"海峡两岸科技图书出版交流成果暨科技图书展"，两岸共展出图书900余种。

5月15日 由中国出版工作者协会、台湾两岸图书出版合作委员会与香港出版总会联合举办的"第一届华文出版联谊会议"在香港举行，会议主题为"保护版权、加强交流"。

1995年开始 由中国出版工作者协会、台湾两岸图书出版合作委员会与香港出版总会联合举办的两岸三地"华文出版联谊会议"（后来澳门出版协会加入成为两岸四地），使华文出版人在不断交流、不断沟通、不断研讨中，增进了了解，加强了信任，为今后实现共同理想、让华文图书走向世界、让中华文化走向世界搭建了坚实的合作平台。

1997年

8月23日 "第二届华文出版联谊会议"在台北举行，主题为"华文出版走向世界所面临的问题"。同时举办了"1997年祖国大陆图书展览会暨版权贸易洽谈会"，1.3万余册图书参展。

1998年

4月17日 应台湾联合报系文化基金会邀请，包括人民日报、新华

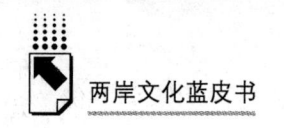

社、经济日报、光明日报、中央电视台及有关部门的17位负责人组成的代表团赴台访问,成为两岸新闻交流以来规模最大、层次最高的一次交流活动。

8月26日 由中国出版工作者协会主办、台湾图书出版事业协会及香港出版总会共同参与的第三届华文出版联谊会在北京举行。

2000年

7月3日 由中国出版对外贸易总公司、台湾南华大学编译出版中心主办的"两岸网络与出版研讨会"在北京召开。

2002年

1月10日 中国出版工作协会主席于友先一行4人,访问了台湾图书出版事业协会等有关出版机构。访台期间,与台湾图书出版协会共同举办了"两岸出版座谈会",达成了五点合作共识,商定当年5月在北京举办两岸杰出青年出版人才研讨会。

1月23日 中国期刊协会应台北市杂志商业同业公会邀请,组团访问台湾,并在台北举办"大陆杂志展",共展出期刊1200余种、13000余册。这是大陆期刊首次在台湾展出。两会同时举办了"中文杂志在新世纪发展前景探析研讨会"。

5月12日 中国音像协会赴台湾交流访问团一行31人赴台湾进行业务交流、考察。

5月26日 在北京举办了"两岸合作出版回顾与展望研讨会"。

10月14日 台北市杂志商业同业公会组团赴大陆访问,在北京、上海同时举办"2002台湾期刊展",展出期刊400余种、约1000册,同时在兰州市举办了"文化期刊 东方神韵"研讨会。

11月24日 "海峡两岸书刊发行研讨会"在台湾举办,大陆60多个发行单位组织 75 人赴台访问。

12 月 19 日　"两岸四地印刷交流联谊会"在台湾举办。

2003 年

4 月 2 日　受新闻出版总署委托,由中国出版工作者协会主办的 2003 年祖国大陆图书展在台北举办。

4 月 2 日　经新闻出版总署批准,以中国版协主席于友先为团长的中国版协代表团一行 18 人,赴台参加第二届两岸杰出青年出版专业人才研讨会和 2003 祖国大陆图书展及加入 WTO 后两岸出版交流座谈会。

7 月 28 日　台湾图书出版事业协会 13 家会员共同投资福建闽台书城。

8 月 18 日　海峡两岸出版交流中心成立。

9 月 19 日　两岸图书出版贸易座谈会在北京举行。

2004 年

1 月　中国书刊发行业协会邀请台湾地区代表团 60 余人在北京召开了"第二届海峡两岸书刊发行研讨会"。

7 月 29 日　中国书刊发行协会组织 86 人团组,赴台举办"首届大陆书刊展销会暨第三届海峡两岸书刊发行研讨会",参展书刊 2500 多种,码洋 30 万元,现场销售 18.75 万元,占图书总量的 75% 以上。

9 月 3 日　由中国出版工作者协会和台湾图书出版事业协会共同主办的"两岸出版交流座谈会"在北京召开,座谈会主题为大陆出版转制对两岸出版交流的影响。

10 月 25 日　中国版协代表团赴台北参加第九届华文出版联谊会议,代表团成员同时还参加了 2004 年祖国大陆书展。

10 月 30 日　应台湾图书出版事业协会邀请,中国出版工作者协会组织100人左右的团组,赴台举办2004祖国大陆图书展,展出图书5000多种。

12月31日 为了满足国内单位和个人、在华外国机构、外商投资企业外籍人士和港、澳、台人士对进口出版物的阅读需求,加强对进口出版物的管理,新闻出版总署发布《订户订购进口出版物管理办法》,自2005年2月1日起施行。

2005年

4月9日 经新闻出版总署、商务部批准,台湾康轩文教集团投资的南京康轩文化用品有限公司获得了由江苏省新闻出版局颁发的"出版物经营许可证",该公司可以在大陆进行内地版图书、报纸、期刊批发和零售业务(不含台、港、澳地区),成为2004年12月出版物批发权开放后首家在大陆经营的台资出版物批发公司。

5月 在天津举办的全国书市期间,设立了台湾图书展区,台湾发行协进会、台湾图书出版事业协会组织了100余人参展,展出3000多个品种的图书。

5月 中国出版工作者协会和台湾图书出版事业协会在京举办了第三届两岸杰出青年出版专业人才研讨会,共有40余人参加了研讨会,就"加强两岸交流互动、促进华文出版发展"这一主题进行了深入研讨。

7月 新闻出版总署成立了对台新闻出版工作领导小组,于永湛副署长任组长。7月7日,领导小组召开了第一次会议。

7月22日 为期3天的首届金门书展在金门举行,这是祖国大陆首次在台湾地区举办书展,展出大陆简体版图书近1万种、3万多册,台版图书3000多种,两岸图书首度在"小三通"的金门交流。

7月29日 由厦门市政府、福建省新闻出版局、中国版协、台湾图书出版事业协会和台湾图书发行协进会联合主办的首届海峡两岸图书交易会在厦门举行。这是两岸业界自1988年开始交流与合作以来的第一个冠以"海峡两岸图书交易会"名称的专题展会。本次交易会上展销图书达13万种、85万余册，台湾方面组织了来自261个出版单位的350余人参加，展出台版图书2万多种、5万余册，销售额达到301万元，其中现场零售46万元，团购80余万元，征订175万元。

2006 年

1月8日 中国版协召开海外华文书店、台港澳出版机构座谈会，60多位相关机构负责人参加了讨论交流。

6月27日 第十七届全国图书交易博览会暨海峡两岸及港澳地区出版界座谈会举行。

9月2日 北京大学现代出版研究所、台湾南华大学、台湾致远管理学院联合主办第二届海峡两岸华文出版论坛。

9月20日 第二届海峡两岸图书交易会在台北举办。展厅设精品展示、图书销售、版权贸易三个展区，展位330个（大陆展位160个，台湾展位150个，版权贸易展位20个）；参展单位共460家（大陆196家，台湾264家）；大陆参展人数303人；展示图书共13万种50余万册（其中大陆展示图书共26类、11万种、35万册）；大陆参展图书共2000万元码洋，现场销售图书470多万元码洋。参展图书全部被台湾业界一次性买断，这在两岸出版发行业20年交流史上尚属首次。

11月10日 由福建新华发行集团和台湾图书出版事业协会联合主办的第二届金门书展举行，展出总码洋超过200万元。展会期间，两岸出版发行界还就如何共同推动海峡两岸文化繁荣等议题进行了交流与探讨。

2006年 新闻出版总署共审核批准各类赴台团组共计12批、400余人。

2007 年

10月19日 第八届祖国大陆图书展分别在台湾省的台北、高雄两市举办，本次书展共组织祖国大陆 14 个省市的 50 余家出版发行单位共 82 人参展，参展图书汇集了祖国大陆百余家出版社的近万种图书。

10 月 20 日 "第四届两岸杰出青年出版专业人才研讨会"在台北举行，两岸出版界 50 多人围绕"文化出版的理念与实践"主题展开讨论，并主要就文学图书的品牌塑造和市场运作进行了互动式的交流与研讨。

10 月 26 日 两岸出版发行高峰论坛举行，两岸业者就如何共同开拓海内外出版市场和目前出版发行业的一些重大和前瞻性问题进行了交流。

10 月 26 日 以"书香两岸，情系中华"为主题的第三届海峡两岸图书交易会在厦门举办。本次交易会共有 745 家出版发行单位参展，参展图书 20 余万种、110.5 万册，交易码洋约 1948 万元，达成 52 项版权贸易合作（输出 42 项）。交易会还首次设立了"主宾城市"。"主宾城市"北京馆的系列活动、海峡两岸出版发行高峰论坛、出版相关产业项目展示与洽谈、两岸大学生"阅读与人生"演讲邀请赛等 50 多项活动精彩纷呈。

2008 年

1 月 9 日 台湾政治大学"出版高阶经营管理硕士学分班"、台湾图书发行协进会访问团一行到中国出版科学研究所调研访问。

2 月 26 日 由中国版权保护中心、海峡两岸出版交流中心和台湾中华出版基金会联合举办的"海峡两岸著作权保护研讨会"在我国台湾台北市举行。

4 月 8 日 中国出版工作者协会在北京举行"纪念海峡两岸出版交流 20 年座谈会"。

4 月 27 日 "纪念海峡两岸出版交流 20 年座谈会"在郑州举行。

8 月 6 日 中国版权协会与台湾海峡两岸商务协调会签字仪式举行。

9 月 19 日 第四届海峡两岸图书交易会在台湾举办，本届交易会以"书香两岸，情系中华"为主题。展会期间，共销售图书 1225 万元码洋，大陆图书馆采购台版图书 150 万元码洋，共达成了 138 项图书版权交易合作项目。

9月10日 柳斌杰会见台湾海基会董事长江丙坤。

9月19~28日 新闻出版总署署长柳斌杰率团,组织565人赴台参加纪念海峡两岸出版交流20年系列活动。期间举办了纪念海峡两岸出版交流20年座谈会、图片展、第四届海峡两岸图书交易会、第九届大陆图书展、北京市主宾城市展、第十三届华文出版联谊会等20多项文化活动。主展场设在台北,分展场分别在台中、台南和高雄。大陆参展出版社202家、期刊社30家,另有323家出版社参加图书现场销售,17家发行单位、15家相关产业企业和15家新闻媒体参会。台湾图书出版事业协会、台北出版同业公会、台湾图书发行协进会、台北杂志商业同业公会所属90余家大型出版单位参加了纪念活动。两岸展销图书共20余万种,展会期间,共售出图书2200多万元码洋,共达成版权贸易138项。

9月20日 两岸学者共编《闽南文化丛书》在台首发。

9月20日 两岸业界人士共同编辑《书香两岸》杂志首发。

9月20日 在台湾举办的海峡两岸图书交易会上,"海峡两岸出版交流20年成果图片展"见证海峡两岸20年合作。

9月20日 第九届祖国大陆书展在台湾拉开帷幕,展览和销售的图书近20万种。主宾城市——北京以"阅读新北京,感受新北京"的主题参展,同时还举办了主题为"全民阅读与中华文化"的出版论坛。

9月21日 新闻出版总署署长柳斌杰与中国国民党主席吴伯雄在台北会面。

9月21日 第四届海峡两岸图书交易会图书版权转让签约仪式在台北举行。

9月22日 新闻出版总署署长柳斌杰在台湾世新大学发表演讲。

9月22日 新闻出版总署署长柳斌杰与中国国民党荣誉主席连战在台北会面。

9月22日 新闻出版总署署长柳斌杰一行到台湾联合报系参观。

9月 第六届海峡两岸印刷业交流联谊会在台湾台北世贸中心举行。

10月13日 第七届海峡两岸知识产权学术研讨会在深圳举行,两岸知识产权专家、学者围绕"知识产权战略与两岸经济发展"主题,在推动两岸知识产权实务和学术方面展开交流,就共同关心的知识产权问题进行深入研究。

10月13日 两年一次的第七届海峡两岸知识产权学术研讨会在深圳举行。

10月26日 "海峡两岸出版发行高峰论坛"在厦门举行。

11月1日 国务院台湾事务办公室公布了《台湾记者在祖国大陆采访办法》。

11月18日 新闻出版总署和福建省人民政府在福州签署《共同推进海峡西岸经济区新闻出版业建设合作协议》。

11月27日 第十届祖国大陆图书展在台北举办,本次书展共选送各类参展图书3万种,期刊近千种。

11月27日 首届海峡两岸(厦门)文化产业博览交易会在厦门开幕,共签约109个项目,签约总金额为58.7226亿元,展会期间的交易总额为1.7057亿元。

11月27日 由中国版权协会和海峡两岸商务协调会共同举办的"2008海峡两岸版权保护研讨会"在成都召开。

2009年

5月17日 由福建省新闻出版局主办的海峡论坛——闽台出版印刷发行界座谈会在厦门举行。

7月7日 以"两岸携手,合作共赢"为主题的"2009两岸互联网发展论坛"在北京举行,300余名两岸互联网业界专家、企业代表,就两岸网络营销模式、电子商务、网络游戏等互联网产业内容及未来发展方向开展了交流。

7月9日 台湾城邦集团与方正阿帕比在北京签署战略合作协议,双方表示将在电子书、期刊、图书内容及电子书复本销售和手持阅读器等方面进行合作。

7月11日 新闻出版总署副署长邬书林在出席第五届两岸经贸文化论坛时称，新闻出版总署将把北京、上海、福建、江苏、浙江作为两岸出版交流试验区，支持两岸业者以版权贸易形式合作出版科学技术类期刊。

8月22日 首届海峡媒体峰会在福建福州开幕，峰会由福建日报报业集团和台湾旺旺中时媒体集团、民众日报社、澎湖日报社联合主办，两岸46家媒体代表共同探讨海峡两岸媒体合作的空间与前景，并签署了《深化交流合作框架协议》。

9月2日 第十四届两岸四地华文出版年会在北京举行。从本届起，1995年5月发起的"华文出版联谊会"正式更名为两岸四地华文出版年会。

10月29日 新闻出版总署署长柳斌杰在北京会见台湾海基会董事长江丙坤率领的海基会新闻交流团一行。

10月29日 第三届涉台图书联展在厦门举办，本届联展举办了涉台书刊展示、涉台书刊征订、图书版权贸易和两岸出版界交流等活动。

10月29日 福建省副省长陈桦在海峡两岸（厦门）文化产业博览交易会城市论坛上表示，未来将设立1亿元的专项资金，扶持推出一批闽台业界合作出版的图书、报刊、音像产品和电子出版物。这是闽台出版交流合作工程的组成部分，闽台出版交流合作工程将由出版印刷发行、版权、数字出版的对台合作项目组成。

10月30日 第五届海峡两岸图书交易会在厦门举办，首次设立两岸期刊展示区，首次举办由两岸出版社、馆配商、图书馆参加的大陆图书馆馆配订货会，首次举办全国大学出版社图书订货会。本次交易会参展图书达20万种、146万册，参展图书总码洋约2500万元，现场销售采样量近百万册，突破4000万元码洋，签约17个版权、贸易项目。书展期间，还举办了华文出版产业发展高层论坛。

11月17日 由安徽出版集团和台湾联合报系、联经出版事业公司、

台湾上海书店共同主办的台湾·安徽文化周图书展在台湾上海书店举行，安徽出版集团携带 2000 余种精品图书参展。

11 月 18 日 首届海峡印刷技术展览会在福建泉州开幕，共签约项目 30 个，达成合作或购买意向及合同共 37 份，项目内容包括大型设备采购、印刷环保材料开发合作、印刷产业基地建设等，签约项目总成交额为 7.08 亿元。

12 月 30 日 海峡出版发行集团成立揭牌仪式在福州举行。

2010 年

1 月 9 日 2010 海峡两岸出版界新春联谊会在北京举行。

5 月 18 日 由福建省人民政府、中国版权协会主办的"中国·福州海峡版权（创意）产业精品博览交易会"在福建省福州市开幕，共签约动漫及文化创意产业项目 14 项，利用外资 1.16 亿美元，动漫作品和工艺精品拍卖成交金额达 1540 万元。

6 月 11 日 浙江省出版代表团赴台湾考察交流，举办了 2010 台湾第三届浙江图书展暨浙江风光摄影展、大陆儿童插画展。期间，浙、台两地举行了双向版权贸易和合作出版签约仪式，共签订了 30 多项版权合作协议。

6 月 18 日 福建省新闻出版（版权）局在厦门给 5 家台湾企业的 12 件动漫影视美术作品颁发了"版权登记证书"。

6 月 19 日 厦门市被国家新闻出版总署认定为"海峡两岸新闻出版交流与合作基地"。

6 月 20 日 作为第二届海峡论坛和第三届海峡两岸文化产业博览交易会的重要活动，海峡 27 城市新闻出版业发展论坛在厦门举行，论坛主题为"加强两岸交流与合作，携手发展新闻出版业"。

7 月 30 日 由中国出版工作者协会与台湾图书出版事业协会共同主办的第十一届大陆书展在台湾三民书局复兴店开幕，大陆 75 家出版社、

大陆新闻出版系统与台湾交流活动大事记（1985～2011年）

杂志社和图书馆参展，共展出图书6万多种、期刊近千种，是历届大陆书展规模最大的一次。

8月31日 重庆出版集团与全球纸业百强企业台湾正隆集团签订合同，双方共同出资4050万美元成立重庆正隆纸业有限公司，首期打造年产值3亿元的工程项目。

8月31日 第十七届北京国际图书博览会"10+10"两岸数字出版人会议召开。

9月15日 以"书香两岸，情系中华"为主题，第六届海峡两岸图书交易会在台湾举行。

9月15日 第六届海峡两岸图书交易会大陆参访团总团长、新闻出版总署副署长邬书林一行，在台北会见了台湾海峡交流基金会副董事长兼秘书长高孔廉，双方对20多年来两岸出版交流合作取得的积极成果给予了充分肯定，并对今后继续秉承务实态度深化两岸出版交流合作充满了信心。

9月18日 第六届海峡两岸图书交易会设在台中、台南、高雄3个市的分会场同时开幕，上海为交易会的主宾城市。本届交易会图书零售与征订合计1840万元码洋，其中，台版图书订单593万元码洋，两岸版权签约共30项，还达成了多项合作意向。

9月29日 第二届海峡媒体峰会在台中举行，来自两岸40多家媒体的负责人、从业人员齐聚一堂，共话两岸媒体合作新途径，以及扩大华文媒体世界影响力的新思路。

11月8日 由福建省新闻出版局、台湾印刷暨机器材料公会、香港印刷业商会和泉州市人民政府联合举办的第二届海峡印刷技术展览会在福建泉州举行。

12月1日 《读者》杂志获准进入台湾发行，成为大陆第一本进入台湾发行的杂志。

12月26日 中国文字著作权协会与中华语文著作权集体管理协会在北京签署相互代表协议。根据协议，从2011年起，中华语著协将在我国

221

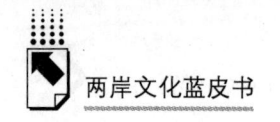

台湾地区首先面向高校和社会复印店收取大陆书刊版权使用费,并有权向拒不支付者展开诉讼。

2011 年

1月10日 海峡两岸出版交流中心在北京举行2011海峡两岸出版界联谊会,近80位两岸业者参加活动。

3月6日 由福建日报报业集团旗下的《石狮日报》、《收藏快报》、《东方收藏》杂志、东方收藏网联合厦门古代艺术品研究会和厦门市博物馆共同主办的"构建海峡西岸文博与收藏文化高地研讨会"在厦门成功举行。

3月11日 新闻出版总署副署长邬书林在北京会见了国民党中常委、台湾中华两岸文化创意产业发展协会理事长丁守中一行。邬书林表示,两岸文化创意产业合作发展空间广阔,两岸要加强沟通与合作,大力发展文化创意产业,为提升中华文化的影响力共同努力。

5月18日 第二届中国·福州海峡版权(创意)产业精品博览交易会在福州海峡国际会展中心召开,版博会分设版权精品展示区、漆艺展区和木雕展区三大展区,两岸动漫、木雕、软木画、工业设计和原创音乐等专业协会顶尖企业和业内专家参展,参展作品达1530件。展会期间,陆续举行了海峡设计创意产业高峰论坛、海峡装修设计竞赛和海峡动漫作品设计大赛等系列主题活动。本届版博会项目签约及现场交易额达61.2亿元。

5月24日 在2011年海峡媒体庐山峰会上,台湾15家主流媒体和大陆10家省级报社联合发布了促进两岸新闻交流共同建议书。建议书建议从6个方面加强两岸媒体合作和新闻交流。

5月28日 新闻出版总署副署长邬书林,黑龙江省委常委、宣传部长张效廉在哈尔滨市会见了参加第二十一届全国图书交易博览会的港澳台代表。

6月12日 第三届海峡新闻出版业发展论坛开幕式上，新闻出版总署副署长邬书林宣布了在福建先行先试的惠及台湾同胞的五条政策。

6月14日 新闻出版总署副署长邬书林在京会见到访的台湾海基会副董事长兼秘书长高孔廉一行。这是台湾海基会首次组织"广电出版参访团"到大陆交流。双方就两岸业界共同关心的图书零售、数字出版、版权保护等话题进行了深入交流。

6月 作为新闻出版总署确定的纪念辛亥革命100周年重点出版物之一——《辛亥前夜：大清帝国最后十年》由黄山书社、香港三联书店、台湾采舍国际出版有限公司于三地同时出版发行，这是大陆、香港、台湾出版人为纪念辛亥革命100周年同步推出的13种重点图书中的第一部，另外12种图书陆续面世。

7月19日 由福建少年儿童出版社、厦门市青少年宫、台湾儿童文学学会、台湾游学学会主办的首届海峡两岸青少年快乐读书会在厦门拉开帷幕，来自两岸的200多名青少年参加了快乐读书会。

（撰稿：段莉）

B.20
中华文化联谊会两岸文化交流大事记（1987~2011年）

1987年

文化部文化联谊会成立。

1991年

文化部文化联谊会更名为中华文化联谊会。

1992年

大陆演出家小组一行12人于1992年8月赴台交流，首开两岸双向文化交流。

1993年

1. 应中华文化联谊会邀请，台湾中华说唱艺术团组派台湾中华友好说唱艺术团一行24人，于1993年1月26日至2月8日来北京、天津、上海等地演出六场。

2. 应中华文化联谊会和中国海外交流协会邀请，台湾《中国时报》组派台湾"云门舞集"舞蹈团一行59人，于1993年10月18日至11月1日来北京、上海、深圳等地演出六场。

1994 年

应台湾传大艺术事业有限公司邀请，中华文化联谊会组派以任秉欣为团长的中国少数民族器乐演奏团一行21人，于1994年3月28日至4月8日赴台北、台中、台南、高雄和新竹市演出六场。

1995 年

1. 应台湾《中国时报》邀请，中华文化联谊会和山东省文化交流基金会联合组派以山东省文化厅副厅长吕常凌为团长的孔子文化展团一行6人，于1995年3月18日至5月19日赴台中世贸中心和台北"国父纪念馆"等地举办"孔子故乡四千年文物大展"。

2. 应中华文化联谊会邀请，台湾击乐文教基金会组派台湾朱宗庆打击乐团一行21人，于1995年3月30日至4月10日来北京、深圳、西安等地演出六场。

3. 应台湾沈春池文教基金会邀请，中华文化联谊会组派以文化部艺术局副局长姚欣为团长的大陆美术馆长、院长学术访问团一行12人，于1995年12月10日至12月19日赴台北、台中、高雄等地参访。

1996 年

1. 应中华文化联谊会邀请，台湾台阳美术协会组派台湾现代美术精粹巡回展团，于1996年5月21日至6月2日来北京、上海举办了台阳美展，并举办"海峡两岸美术家学术研讨会"。

2. 应中华文化联谊会和中和文化艺术公司邀请，台湾画家林谋秀于1996年9月2~7日在北京举办了个人画展，展出作品100幅。

3. 应中华文化联谊会邀请，台湾沈春池文教基金会组派台湾杰出青

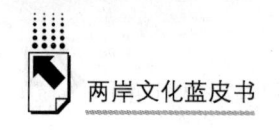

年音乐家访问团一行19人，于1996年9月16~23日来北京、上海演出四场。

4. 应台湾表演工作坊邀请，中华文化联谊会组派以云南新闻图片社社长林志远为团长的代表团，于1996年12月20~29日赴台举办云南风光、风情摄影艺术展——《红土、韵律风采》，影展共100幅彩色照片。

1997年

1. 应中华文化联谊会邀请，台湾沈春池文教基金会组派台湾美术馆长、校长学术访问团一行16人，于1997年7月10~20日来北京、上海、西安参访。

2. 应中华文化联谊会邀请，台湾沈春池文教基金会组派台湾青少年音乐、舞蹈研习班一行42人，于1997年7月28日至8月6日来昆明、西双版纳参加中央民族音乐、舞蹈青少年研习班学习。

3. 应台湾沈春池文教基金会邀请，中华文化联谊会组派以中国作协书记处书记陈昌本为团长的大陆文化人士参访团一行7人，于1997年9月15~24日赴台北、花莲、高雄等地参访。

4. 应第五届中国艺术节组委会和中华文化联谊会邀请，台湾沈春池文教基金会派叶树涵钢管五重奏乐团一行13人，于1997年10月24~29日来北京参加第五届中国艺术节。

5. 应台湾逸仙文教基金会邀请，中华文化联谊会、中国革命博物馆、文物交流中心联合组派以夏燕月为团长的代表团一行15人，于1997年12月10日至1998年5月赴台北"国父纪念馆"举办"中山文物真迹大展"。

1998年

1. 应中华文化联谊会、中国名人协会和中国美协邀请，台湾曹崇恩展团于1998年6月26日至7月5日在香港举办"曹崇恩雕塑展"。

2. 应台湾沈春池文教基金会邀请，中华文化联谊会组派以刘德有会长为团长的大陆文化管理人士交流访问团，于1998年6月28日至7月7日赴台参访。

3. 应中华文化联谊会邀请，台湾财团法人黄君璧先生美术奖助文教基金会组派台湾国画宗师黄君璧展团，于1998年9月2~16日于中国历史博物馆举办黄君璧个人画展。

4. 中华文化联谊会组派大陆直辖市文化机构负责人交流团赴台访问。

5. 中华文化联谊会组派大陆艺术院校负责人交流团赴台访问。

6. 中华文化联谊会组织欢迎台湾"海基会"辜振甫先生京剧晚会。

1999 年

1. 应台湾财团法人牛耳文教基金会邀请，中华文化联谊会组派大陆文化管理人士参访团王济夫等一行6人，于1999年3月31日至4月9日赴台交流参访。

2. 应台湾财团法人中华民俗艺术基金会邀请，中华文化联谊会组派大陆民俗文化交流团，于1999年4月28日至5月7日赴台交流并举办两岸民俗文化学术座谈会。

3. 应台北县摄影学会邀请，中华文化联谊会组派云南风情摄影展团王光华等7人，于1999年7月7~16日赴台出席台北县文化中心举办的《天下奇观——云南石林》摄影艺术展。

4. 应台湾中华技术剧场协会邀请，中华文化联谊会组派大陆文化设施建设管理人员考察团一行8人，于1999年11月3~10日赴台交流考察。

5. 应中华文化联谊会邀请，台湾中华青年交流协会组派台湾青年学生历史文化研修团一行25人于1999年12月11~19日来西安参加台湾青年学生古都长安文化研习营。

6. 中华文化联谊会组派汕头市少儿艺术团赴台演出。

7. 中华文化联谊会组派大陆京剧艺术家演出团赴台与国光剧团联合演出。

8. 中华文化联谊会邀请台湾原住民台北市山舞艺术团来北京、贵阳、南宁参加国际民族歌舞年活动。

9. 中华文化联谊会邀请台湾原住民新竹县旷野艺术团来昆明、重庆、武汉参加国际民族鼓舞年活动。

10. 中华文化联谊会邀请台湾"中国广播公司"国乐团来京、沪、蓉举办两岸民艺金曲音乐会。

11. 中华文化联谊会邀请台湾地区文化机构主管交流团来北京、上海、南京、西安交流参访。

12. 中华文化联谊会邀请台湾艺术院校负责人交流团来沪、杭、宁、京交流参访。

13. 中华文化联谊会安排台湾汉唐乐府南管乐团在京演出。

14. 中华文化联谊会参与组织在福州举办的支援台湾地震灾区赈灾义演演唱会。

2000 年

1. 应台湾唐龙艺术有限公司邀请，中华文化联谊会组派大陆文化艺术演出单位负责人访问团一行12人，于2000年4月7~18日赴台参访。

2. 应台湾辜公亮文教基金会邀请，中华文化联谊会组派大陆京剧艺术家赴台湾演出团一行10人，于2000年4月7日至5月15日赴台参加"2000春剧公演"活动。

3. 应台湾中华青年交流协会邀请，中华文化联谊会组派大陆直属院校表演艺术专业学生交流团一行33人，于2000年4月25日至5月5日赴台参加联欢演出。

4. 应中华文化联谊会邀请，台湾国画精品展团一行10人于2000年5

月 25~31 日在北京举办台湾国画精品大展（2000"相约北京"活动之一）。

5. 应中华文化联谊会邀请，台湾周凯剧场基金会组派"丝路文化之旅"参访团一行 48 人，于 2000 年 8 月 15~28 日来陕西、新疆、甘肃交流参访。

6. 应中华文化联谊会邀请，台湾国光剧团一行 52 人，于 2000 年 9 月 12~20 日来北京交流演出。

7. 应台湾辜公亮文教基金会邀请，中华文化联谊会组派大陆京剧艺术家赴台湾演出团一行 11 人，于 2000 年 9 月 15 日至 11 月 15 日赴台参加"2000 秋剧公演"活动。

8. 应中华文化联谊会邀请，台湾著名画家陈其宽于 2000 年 9 月 17 日至 10 月 3 日在北京、上海举办"陈其宽 80 岁回顾展"。

9. 应台湾周凯剧场基金会邀请，中华文化联谊会组派大陆文化博物馆负责人访问团一行 12 人，于 2000 年 9 月 18~27 日赴台参访。

10. 应台湾魏海敏艺术文教基金会邀请，中华文化联谊会组派大陆京剧艺术家赴台湾演出团一行 24 人，于 2000 年 10 月 24 日至 11 月 24 日赴台参加"国剧文物 200 年展"和"两岸国剧大联演"活动。

11. 中华文化联谊会组派大陆昆曲艺术联合团（上昆、浙昆、南昆、永嘉）赴台演出。

12. 中华文化联谊会邀请台湾台北市原舞者艺术团来北京参加 2000 相约北京活动。

13. 中华文化联谊会邀请台湾高雄市实验国乐团来浙江、福建交流演出。

14. 中华文化联谊会在石家庄举办有 8 位台湾歌手参加的"爱心跨千年"文化扶贫公益演唱会等。

2001 年

1. 应台湾唐龙艺术有限公司邀请，中华文化联谊会组派大陆著名演艺人员演出团一行36人，于2001年1月18~24日赴台参加"同一首歌"交流演出。

2. 应中华文化联谊会邀请，台湾台北多元化艺术团一行30人，于2001年4月24日至5月4日来北京参加第二届"相约北京"联欢活动。

3. 应中华文化联谊会邀请，台湾牛哥漫画文教基金会组派漫画家代表团一行15人，于2001年5月14~20日来北京举办"台湾牛哥漫画展"。

4. 由中华文化联谊会主办的"情系三峡——两岸文化联谊行"大型文化交流活动于2001年7月中旬举行，台湾文化界知名人士100余人应邀参加。

5. 应中华文化联谊会邀请，台湾演出团一行6人于2001年7月13~15日在重庆、武汉参加"情系三峡——两岸文化联谊行"演唱会。

6. 应中华文化联谊会邀请，台湾水墨名家展团一行20人于2001年8月6~12日举办"新世纪台湾水墨画名家联展"。

7. 应台湾击乐文教基金会邀请，中华文化联谊会组派大陆文化管理人士参访团一行12人，于2001年8月23日至9月1日赴台交流。

8. 应台湾唐龙艺术有限公司邀请，中华文化联谊会组派大陆著名演艺人员演出团一行50人，于2001年9月5~20日赴台参加"同一首歌"中秋节目录制。

9. 应台湾传大艺术有限公司邀请，中华文化联谊会组派大陆民乐艺术演出团一行27人，于2001年11月15~20日赴台参加联合演出。

10. 应中华文化联谊会邀请，台湾文化单位负责人参观访问团一行19人，于2001年12月16~27日来大陆交流参访。

2002年

1. 应中华文化联谊会邀请，台湾表演工作坊于2002年3~5月来大陆联合演出。

2. 应台湾唐龙艺术有限公司邀请，中华文化联谊会组派大陆文化管理人士交流参访团一行15人，于2002年4月28日至5月9日赴台参访。

3. 应台湾龙唐文化艺术有限公司邀请，中华文化联谊会组派大陆文化艺术科技交流参访团一行16人，于2002年5月赴台参访。

4. 应中华文化联谊会邀请，台湾画家刘国松等一行12人，于2002年5月19日至7月28日在北京、上海、广州举办"宇宙心印——台湾画家刘国松70回顾展"。

5. 应台湾台北艺术推广协会邀请，中华文化联谊会组派武术演员一行11人，于2002年6月10~23日赴台参加音乐剧演出。

6. 由中华文化联谊会主办的"情系黄山——两岸文化联谊行"活动于2002年7月5~12日在安徽举行，台、港、澳及内地文化界人士120人应邀参加。

7. 应中华文化联谊会邀请，台湾演出团一行8人，于2002年7月20~21日来大陆参加"跨越海峡——情系两岸演唱会"两岸联谊行活动。

8. 应台湾沈春池文教基金会邀请，中华文化联谊会组派大陆美术馆、博物馆专业人士访问团一行10人，于2002年8月5~14日赴台参访。

9. 应台湾表演工作坊邀请，中华文化联谊会组派大陆文化行政管理人士参访团一行10人，于2002年9月5日赴台交流参访。

10. 应中华文化联谊会邀请，台湾文化社教机构负责人参访团一行18人，于2002年9月19~30日来北京、河北、山西、河南、四川参访交流。

11. 应台湾周凯剧场基金会邀请，中华文化联谊会组派大陆表演艺术展演场所负责人参访团一行13人，于2002年10月7~19日赴台参访。

12. 应台湾周凯剧场基金会邀请，中华文化联谊会组派以艾青春为团长的大陆剧场建设与经营管理考察组一行4人，于2002年10月19~30日赴台考察交流。

13. 应中华文化联谊会邀请，台湾传统艺术中心柯基良一行7人，于2002年11月21~24日来上海观摩上海国际艺术节并进行交流访问活动。

14. 应台湾传大艺术有限公司邀请，中华文化联谊会组派以田丹为团长的大陆民乐演奏家演出团一行27人，于2002年12月9~25日赴台演出。

2003 年

1. 应台北市国乐团邀请，中华文化联谊会组派"中华唐宋名篇音乐朗诵会"表演团李新等一行15人于2003年3月23日至4月1日赴台演出，该团组成了包括李默然、王铁成、张家声、乔榛、丁建华等著名演员在内的强大演出阵容。

2. 应台湾传大艺术事业有限公司邀请，中华文化联谊会组派宁夏歌舞团一行31人于2003年3月24日至4月2日赴台湾演出。

3. 应中华文化联谊会邀请，台湾歌手赵传一行7人，于2003年7月10日来武汉参加演唱会。

4. 应中华文化联谊会邀请，台湾陶艺家孙超一行5人，于2003年7月28日至8月14日来大陆参加展览和有关艺术交流活动。

5. 应中华文化联谊会邀请，李锡奇、楚戈、洪根深、袁金塔、李振明、刘国兴和李重重等7位台湾画家于2003年8月在国家博物馆举办"台湾现代水墨展"。

6. 由中华文化联谊会主办的"海峡两岸文化交流发展恳谈会"于2003年8月14~16日在浙江温州举行。台湾文化界人士一行16人应邀参加恳谈会。

7. 应中华文化联谊会邀请，台湾抽象画家陈正雄一行25人，于2003年8月27日至9月5日在国家博物馆举办"台湾画家陈正雄50年回顾展"。

8. 应中华文化联谊会邀请，台湾歌手张信哲一行7人，于2003年9月6日来大陆参加"跨越海峡 情系两岸"演唱会。

9. 应中华文化联谊会邀请，台湾歌手任贤齐一行6人，于2003年9

月12日来大陆参加"跨越海峡 情系两岸"演唱会。

10. 应中华文化联谊会邀请，台湾歌手赵传一行6人，于2003年9月26日来西安参加"跨越海峡 情系两岸"演唱会。

11. 应中华文化联谊会邀请，台湾文化机构负责人及公共艺术交流团刘万航等一行19人，于2003年11月23日至12月5日来大陆参访交流。

12. 应中华文化联谊会邀请，台北影舞集表演印象团一行35人，于2003年12月10~19日来北京、天津表演"非爱情故事@梦"。

13. 应中华文化联谊会邀请，台湾文化交流考察团张珑等一行17人，于2003年12月12~22日来大陆进行文化考察和交流活动。

2004 年

1. 应台湾"中国青年大陆研究文教基金会"邀请，中华文化联谊会和宋庆龄基金会共同组派江西赣南青少年采茶艺术团一行35人，于2004年2月18~26日赴台交流演出。

2. 应台北观想艺术有限公司邀请，中华文化联谊会和中外文化交流中心组派吕军等13人于2004年5月14~24日赴台举办"大陆优秀中青年国画家精品展"。

3. 应台湾传大艺术有限公司邀请，中华文化联谊会组派大陆民乐艺术家一行20人，于2004年5月21日至6月1日赴台举办"国乐名家荟萃音乐会"演出。

4. 由中华文化联谊会主办的"情系香格里拉——两岸文化联谊行"大型文化交流活动于2004年7月3~13日在云南举行，台、港、澳地区文化界人士76人应邀参加。

5. 应中华文化联谊会邀请，台湾著名艺术家王侠军等15人在北京中国美术馆举办"风光琉园——王侠军现代玻璃艺术展"。

6. 应台湾琴园国乐团邀请，中华文化联谊会组派笛子文化艺术小组一行4人，于2004年8月20日至9月7日赴台参加笛子独奏音乐会演出

活动。

7. 由中华文化联谊会、厦门市人民政府、福建省文化厅共同主办的"海峡两岸歌仔戏艺术节"于 2004 年 8 月 28 日至 9 月 1 日在厦门举行。台湾中华民俗艺术基金会董事长曾永义率台湾明华园等歌仔戏剧团体一行 150 人应邀参加艺术节。文化部部长孙家正、国务院台办副主任王富卿出席艺术节开幕式并会见台湾嘉宾。

8. 应中华文化联谊会邀请，台湾国光剧团一行 65 人，于 2004 年 10 月 26 日至 11 月 6 日来北京、上海演出，并参加第六届上海国际艺术节演出。

9. 应中华文化联谊会邀请，台湾实验国乐团一行 70 人，于 2004 年 10 月 30 日至 11 月 8 日来北京、南京、上海演出，并参加第七届北京国际音乐节和第六届上海国际艺术节。

10. 中华文化联谊会与福建省广播影视集团共同于 2004 年 10 月 30 日在北京工人体育场举办"情系两岸　相约东南"大型电视晚会。

11. 应台湾沈春池文教基金会邀请，中华文化联谊会组派大陆美术专业人士访问团一行 10 人，于 2004 年 11 月 5～14 日赴台交流。

12. 应台湾周凯剧场基金会邀请，中华文化联谊会组派大陆剧场行政管理人员参观团一行 9 人，于 2004 年 11 月 10～19 日赴台考察、参访。

13. 应中华文化联谊会邀请，台湾周凯剧场基金会组派"2004 大陆创意文化园区交流考察团"一行 17 人，于 2004 年 11 月 28 日至 12 月 8 日来北京等地交流。

2005 年

1. 应台湾沈春池文教基金会邀请，中华文化联谊会组派以张爱平为团长的大陆文化行政人员交流参访团一行 15 人，于 2005 年 3 月 7～18 日赴台交流参访。

2. 应台湾传大艺术事业有限公司邀请，中华文化联谊会组派马少青为团长的甘肃敦煌艺术剧院一行38人，于2005年3月21日至4月3日赴台演出。

3. 应台湾唐龙艺术有限公司邀请，中华文化联谊会组派大陆演出管理人员交流参访团一行14人，于2005年3月25日至4月5日赴台交流参访。

4. 应中华文化联谊会邀请，台湾美术专业人士交流参访团黄光南一行13人，于2005年3月31日至4月10日来大陆交流参访。

5. 由中华文化联谊会与国务院台办、海南省政府共同主办的"'同一首歌'走进海南五指山——两岸少数民族歌会"于2005年4月12日在海南举行。

6. 应台湾中华两岸文化艺术基金会邀请，中华文化联谊会、文化部艺术服务中心和中国画研究院共同组派大陆知名画家参访团一行32人，于2005年4月26日至5月6日赴台举办"中华魂——宝岛情艺术采风之旅"活动。

7. 中华文化联谊会和福建省广播影视集团、香港福建社团联合于2005年6月14日在香港红磡体育馆成功举办"情满香江　相约东南"大型电视晚会。

8. 应台湾"中国青年大陆研究文教基金会"邀请，中华文化联谊会和宋庆龄基金会共同组派四川省青少年艺术团一行29人，于2005年6月15～25日赴台交流演出。

9. 应中华文化联谊会名义邀请，台北市文化参访团廖咸浩一行3人，于2005年6月18～25日来大陆交流参访。

10. 由中华文化联谊会与甘肃省政府共同举办"情系敦煌——两岸文化联谊行"大型文化交流活动于2005年7月2～12日在甘肃举行，台、港、澳地区文化界人士90人应邀参加。文化部部长助理丁伟出席活动开幕式。

11. 应中华文化联谊会邀请，台湾著名画家江明贤于2005年7月24日至8月3日来中国美术馆举办"纵笔天地——江明贤墨彩特展"。

12. 应中华文化联谊会邀请，台湾画家李锡奇和陶艺家陈佐导，于2005年8月8~17日来中国美术馆举办"本位 新发 李锡奇"画展和"陈佐导陶艺展"。

13. 应中华文化联谊会和文化部艺术服务中心邀请，台湾中华两岸文化艺术基金会会长庄汉生等一行6人，于2005年8月23~28日来北京参加"中华魂——宝岛情艺术采风之旅"写生作品展。

14. 由中华文化联谊会、河南省文化厅、河南省台办、郑州市政府共同主办的"2005海峡两岸豫剧交流活动"于2005年9月7~22日在北京、河南等地成功举办。台湾国光剧团豫剧队一行50人来大陆交流演出，并参加"海峡两岸河洛文化暨豫剧发展论坛"。

15. 由中华文化联谊会、厦门市政府、福建省文化厅共同主办的"海峡两岸南音展演暨民间艺术节"于2005年9月17~20日在厦门举行。来自我国台湾地区、香港特区及菲律宾、新加坡、印尼等国的15个南音团体应邀参加艺术节。文化部副部长赵维绥出席艺术节开幕式。

16. 应台北市电影电视演艺职业工会邀请，中华文化联谊会组派北京巨龙文化公司刘忠奎、福建广播影视集团马鑫等一行4人，于2005年9月27日至10月3日赴台考察。

17. 应台湾艺术大学邀请，中华文化联谊会组派中国艺术研究院牛克成等一行9人，于2005年10月12~19日赴台参加"两岸当代艺术学术研讨会"。

18. 应台北市国乐团邀请，中华文化联谊会组派中国音乐学院教授罗忠镕等一行11人，于2005年10月18~24日赴台湾参加"第四届民族音乐创作奖暨论坛"活动。

19. 中华文化联谊会与北京市台办、北京市文化局联合主办的"海峡两岸文化节暨京台文化周"活动于2005年10月21~28日在京举办。台湾200多名艺术家、学者应邀来京参加该艺术节。文化部副部长赵维绥出席艺术节开幕式。

20. 应中华文化联谊会邀请，台湾联合昆剧团一行45人与上海昆剧团合作，于2005年11月2~13日来上海、杭州、佛山演出新编昆剧《梁祝》，并参加第七届上海国际艺术节和第七届亚洲艺术节。

21. 应台湾传大艺术事业有限公司邀请，中华文化联谊会组派大陆民乐艺术家吴玉霞等一行18人，于2005年11月15~25日赴台湾举办"国乐名家荟萃音乐会"。

22. 由中华文化联谊会主办的"2005海峡两岸文化交流论坛"于2005年12月24~25日在上海举行，以台湾艺术大学校长黄光南为团长的台湾文化界知名人士一行15人应邀参加。

23. 应中华文化联谊会邀请，台湾著名演员魏海敏等20人、台湾影舞集陈瑶等35人于2005年12月24~30日来上海参加沪台文化交流系列活动。

2006年

1. 应台湾"中国青年大陆研究文教基金会"邀请，中华文化联谊会和宋庆龄基金会共同组派山东省济南市少儿艺术访问团一行30人，于2006年1月12~21日赴台湾中小学校交流、联谊和演出。

2. 应台北市电影电视演艺业职业工会邀请，中华文化联谊会与福建省广播影视集团共同组派大陆艺术团及演艺人员一行115人，于2006年2月14~21日赴台参加在台北小巨蛋举办的"情声艺动 相约东南"大型晚会演出。这是祖国大陆首次在台湾大型场馆举办大型演艺活动。

3. 应中华文化联谊会邀请，台北市文化交流访问团一行11人于2006年2月24日至3月6日来广州、上海、北京访问交流。

4. 应台湾沈春池文教基金会和台北市文化局邀请，中华文化联谊会组派以北京市文化局副局长王珠为团长的大陆城市文化交流访问团11人，于2006年3月8~17日赴台湾交流访问。

5. 应台北市国乐团邀请，中华文化联谊会组派大陆演奏家刘德海等一行10人，于2006年4月2~18日赴台湾参加"2006年弹拨艺术节"。

6. 应台湾沈春池文教基金会邀请，中华文化联谊会组派大陆文化行政与文化产业交流访问团李小磊一行10人,于2006年5月29日至6月7日赴台交流参访。

7. 应台湾"中国青年大陆研究文教基金会"邀请,中华文化联谊会和宋庆龄基金会共同组派广东省深圳市杰出青少年艺术访问团孙建华等一行30人,于2006年6月8~17日赴台湾中小学校交流、联谊和演出。

8. 由中华文化联谊会和河南省政府共同主办的"情系中原——两岸文化联谊行"大型文化交流活动于2006年7月2~12日在河南省举行,台、港、澳嘉宾100余人参加。文化部副部长孟晓驷出席活动开幕式并会见台、港、澳主要嘉宾。

9. 应中华文化联谊会邀请,台湾奇美管弦乐团一行82人于2006年7月12~20日来北京、南京、镇江、宁波、上海及佛山等地巡回演出。

10. 应台湾传大艺术事业有限公司邀请,中华文化联谊会组派新疆木卡姆艺术团吕家传等一行31人,于2006年8月8~23日赴台演出。

11. 应中华文化联谊会邀请,台北市文化艺术促进会林圣芳等20人于2006年8月11~23日在北京中国美术馆举办"彼岸 看见:台湾摄影二十家1923~2006"摄影大展。

12. 应中华文化联谊会邀请,台湾玮氏传播事业有限公司组派台湾创意文化园区交流考察团一行22人,于2006年8月15~25日来上海、江苏、广东等地交流访问。

13. 应中华文化联谊会邀请,台湾画家李奇茂等20人、台北市国乐团一行20人、台湾朱宗庆打击乐团一行16人等于2006年8月16日至9月16日来上海参加"两岸一家亲"系列文化活动。

14. 应中华文化联谊会邀请,台湾唐龙艺术有限公司组派台湾画家刘国松等一行12人,于2006年8月22~30日在国家博物馆举办"宝岛风情画展"。

15. 应台湾廖琼枝文教基金会邀请,中华文化联谊会和厦门市共同组派厦门歌仔戏艺术团一行87人于2006年9月7~25日赴台参加"2006华人歌仔戏创作艺术节"。

16. 应中华文化联谊会和北京市文化局邀请，台北市文化交流访问团廖咸浩一行25人、台北市国乐团郭玉茹一行68人、台北市交响乐团徐家驹一行91人、台北越界舞团何晓玫一行16人、汉唐乐府陈美娥一行17人、创作社剧团纪蔚然一行14人、华岗艺术学校艺术团丁永庆一行32人，于2006年9月14～24日来京参加"两岸城市艺术节——城市文化互访系列（台北周2006）"活动。

17. 应中华文化联谊会邀请，台湾艺术家李奇茂等10人，于2006年10月8～15日来陕西参加"中华魂——黄河情艺术采风之旅"活动。

18. 应台湾沈春池文教基金会邀请，中华文化联谊会组派以文化部部长助理丁伟为团长的北京文化行政人员交流访问团一行31人，于2006年10月15～25日赴台举办"两岸城市艺术节——城市文化互访系列（北京周2006）"大型文化交流活动。

19. 应台北市交响乐团、台北市国乐团、台北市社会教育馆邀请，中华文化联谊会、北京市文化局、北京市台办联合组派北京交响乐团等5个表演艺术团体一行234人，于2006年10月16～24日赴台举办"两岸城市艺术节——城市文化互访系列（北京周2006）"大型文化交流活动。

20. 应台湾传大艺术事业有限公司邀请，中华文化联谊会组派云南文山州民族歌舞剧团陈亚非等35人，于2006年11月13～25日赴台交流演出。

21. 应中华文化联谊会邀请，台湾唐龙艺术有限公司组派台湾文化产业参访团一行16人，于2006年12月9～19日来北京、上海、福建等地交流访问。

22. 应台湾"中国青年大陆研究文教基金会"邀请，中华文化联谊会和宋庆龄基金会共同组派福州市小繁星少儿艺术团张继兰一行30人，于2006年12月20～29日赴台中小学校交流演出。

2007年

1. 应中华文化联谊会邀请，沈春池文教基金会组派台湾文化行政专业人士访问团一行 14 人于 2007 年 1 月 15～25 日来桂林、长沙、北京参访。

2. 应台湾国光剧团邀请，中华文化联谊会组派大陆文化艺术参访团一行 9 人于 2007 年 3 月 15～19 日赴台参访。

3. 应台湾沈春池文教基金会邀请，中华文化联谊会组派大陆文化行政与文化产业参访团一行 15 人于 2007 年 4 月 16～27 日赴台参访。

4. 应台中县文化建设基金会邀请，中华文化联谊会和福建省广播影视集团组派"相约东南"综艺晚会艺术团一行 92 人于 2007 年 4 月 17～22 日在台中县举办"妈祖之光 相约东南"大型电视晚会。

5. 中华文化联谊会于 2007 年 5 月 16～20 日在上海举办"海峡两岸文化艺术管理论坛"，台北艺术大学校长朱宗庆、香港特区民政事务局局长何志平等台、港、澳文化界人士 26 人应邀参加论坛。

6. 由中华文化联谊会和湖南省政府共同主办的"情系湖湘——两岸文化联谊行"大型文化交流活动于 2007 年 7 月 8～18 日在湖南省举行，台、港、澳嘉宾 100 余人应邀参加。文化部部长助理丁伟出席活动开、闭幕式。

7. 应中华文化联谊会邀请，台湾著名画家黄光男于 2007 年 8 月 15～24 日在中国美术馆举办"得意忘象——黄光男水墨创作展"。

8. 应中华文化联谊会邀请，台湾著名陶艺家刘铭侮于 2007 年 8 月 25 日至 9 月 4 日在中国美术馆举办"台湾陶艺家刘铭侮陶画作品展"。

9. 应中华文化联谊会邀请，台湾著名摄影家柯锡杰于 2007 年 9 月 5～17 日在中国美术馆举办"柯锡杰《看》：柯锡杰摄影创作 50 年回顾展"。

10. 应中华文化联谊会邀请，台湾中华文化基金会董事长萧祥玲等一行 4 人来北京参访。

11. 由中华文化联谊会、福建省文化厅、厦门市政府共同主办的"海峡两岸民间艺术节"于 2007 年 9 月 21～24 日在厦门市举行，台湾传统艺术中心组派明华园、亦宛然等表演艺术团体 110 多人参加艺术节。文化部部长助理丁伟出席了艺术节开幕式。

12. 应台湾沈春池文教基金会邀请，中华文化联谊会组派大陆文化行政和文化产业专业人士参访团一行10人于2007年10月17~26日赴台参加"海峡两岸文化创意产业论坛"并进行交流访问。

13. 应台湾"中国大陆青年研究文教基金会"邀请，中华文化联谊会和宋庆龄基金会组派湖南省青少年艺术访问团一行30人于2007年10月21~30日赴台中小学校交流、联谊和演出。

14. 应台湾击乐文教基金会邀请，中华文化联谊会组派大陆打击乐演奏家艺术团一行25人于2007年10月22~30日赴台巡回演出。

15. 应中华文化联谊会邀请，台湾沈春池文教基金会组织台湾文化界知名人士一行14人于2007年11月4~8日来武汉出席第八届中国艺术节开幕式系列活动。

16. 应中华文化联谊会邀请，台湾周凯剧场基金会组派台湾文化创意产业参访团一行14人于2007年11月9~17日来北京、南京、苏州、杭州参访，并观摩第二届中国北京国际文化创意产业博览会。

17. 应台湾传大艺术事业有限公司邀请，中华文化联谊会组派新疆木卡姆艺术团一行40人于2007年11月12~25日赴台巡回演出。

18. 应台湾"中国大陆青年研究文教基金会"邀请，中华文化联谊会和宋庆龄基金会组派黑龙江省青少年艺术访问团一行30人于2007年12月17~26日赴台中小学校交流、联谊和演出。

2008年

4月1~21日 中华文化联谊会与中国美术馆共同在中国美术馆举办"艺器·造艺——台湾当代陶艺展"，邀请台北县立莺歌陶瓷博物馆馆长游冉琪等一行9人来北京参加该展开幕式及座谈会。

4月1~8日 中华文化联谊会与福建省广播影视集团应台湾大甲妈社会福利基金会邀请，组派"妈祖之光"综艺晚会艺术团一行95人赴台

交流，在台中县、台南市举办"妈祖之光"大型晚会。

4月9~20日 应中华文化联谊会邀请，台湾戏曲学院京剧团一行60人来北京、苏州、上海、厦门巡演新编昆曲《孟姜女》。

4月21~30日 应台湾"中国青年大陆研究文教基金会"邀请，中华文化联谊会和中国宋庆龄基金会共同组派黑龙江青少年艺术团一行32人赴台演出。

4月28日至5月10日 应台南市文化中心邀请，中华文化联谊会和福建省文化厅组派福建文化艺术交流团一行150人赴台南参加"2008郑成功文化节"。

6月8~18日 中华文化联谊会和台湾沈春池文教基金会在京举办"相约北京——2008"——海峡两岸艺术周奥运文化活动，邀请台湾文化交流访问团、台北新剧团、无垢舞蹈剧场、台湾豫剧团、鸿胜醒狮团及原舞者舞蹈团等一行193人和河南省豫剧二团一行45人参加。

6月22~29日 中华文化联谊会邀请台湾艺术大学校长黄光男率台湾地区大学院校艺文中心协会访问团一行25人来北京、上海参访交流。

6月29日 中华文化联谊会和河南文化联谊会在郑州联合举办"海峡两岸豫剧发展理论研讨会"。

8月25日至9月3日 应中华文化联谊会邀请，台湾沈春池文教基金会组织台湾文化行政专业人士交流访问团一行18人来重庆、西安、济南访问，并出席海峡两岸文化交流座谈会。

8月28日至9月6日 应中华文化联谊会邀请，台湾周凯剧场基金会组织台湾表演艺术专业人士交流访问团一行18人来广西、贵州、浙江访问并出席海峡两岸文化交流座谈会。

10月13~22日 应台湾"中国青年大陆研究文教基金会"邀请，中华文化联谊会和中国宋庆龄基金会共同组派安徽青少年艺术团一行32人赴台交流。

10月16~25日 应中华文化联谊会邀请，台湾唐龙艺术有限公司组织台湾中南部地区文化界人士交流访问团一行18人来厦门、江苏、上海访问，并观摩"海峡两岸民间艺术节暨歌仔戏展演"。

10月17～21日 中华文化联谊会和福建省文化厅、厦门市政府在厦门共同主办"海峡两岸民间艺术节"。

10月23日至11月1日 应台北艺术大学邀请，中华文化联谊会组派大陆文化艺术管理专业人士交流参访团一行19人赴台参加"2008海峡两岸文化艺术管理论坛"。

10月23日至11月4日 应中华文化联谊会邀请，台湾艺术大学艺术团一行40人来山东、上海、浙江交流演出。

11月14～21日 中华文化联谊会、南京市政府共同主办"两岸城市艺术节——台北县文化艺术周"。

11月27～30日 中华文化联谊会、福建省人民政府等单位共同主办"第一届海峡两岸（厦门）文化产业博览交易会"。

12月3～12日 应台湾中国青年大陆研究文教基金会邀请，中华文化联谊会和中国宋庆龄基金会共同组派南京小红花艺术团赴台交流并参加"两岸城市艺术节——南京市文化艺术周"。

12月4～11日 应台北县政府邀请，中华文化联谊会和南京市政府共同组派南京文化交流访问团刘建等一行142人赴台北县举办"两岸城市艺术节——南京市文化艺术周"。

12月26日至2009年1月2日 中华文化联谊会与福建省广播影视集团共同组派闽南语歌曲大赛交流访问团一行57人，应台湾东森电视事业股份有限公司邀请，赴台中县举办"全球闽南语歌曲创作大赛"总决赛暨颁奖晚会演出

2009年

2月13～20日 应中华文化联谊会邀请，台湾地区大学院校文化交流访问团一行25人来辽宁、黑龙江访问。

2月23日至3月1日 应中华戏剧学会邀请，中华文化联谊会与中国

艺术研究院共同组派大陆戏剧艺术交流访问团一行98人赴台参加"第四届华文戏剧节"。

3月12~19日 应台中县港区文化艺术基金会邀请，中华文化联谊会与福建省文化厅共同组派由厦门南乐团、泉州木偶剧团、福建芳华越剧团、福建莆仙戏剧团等福建文化艺术交流团一行185人赴台参加台中县举办的第十届"妈祖观光文化节"。

4月28日至5月7日 应沈春池文教基金会邀请，中华文化联谊会组派大陆文化行政人士交流访问团一行15人赴台访问交流。

4月29日至5月8日 应台南市文化中心邀请，中华文化联谊会与福建省文化厅共同组派福建杂技团、泉州南乐团、厦门歌仔戏剧团、漳州木偶剧团等组成的福建文化艺术交流团一行170人赴台参加台南市举办的"2009郑成功文化节"。

5月15~24日 应中华文化联谊会邀请，以台湾"文建会"副主任委员张誉腾为团长的台湾文化创意产业专业人士考察团一行15人来北京、上海、深圳访问并考察深圳文博会。

5月18~24日 应台湾美术馆邀请，中华文化联谊会和中国美术馆组团赴台举办"海峡两岸当代艺术展"，该展于5月23日至6月28日在台湾美术馆展出。

5月26日至6月7日 中华文化联谊会邀请台湾沈春池文教基金会在中国美术馆举办"福华人生——廖修平现代版画展"。

6月18日至7月1日 中华文化联谊会邀请台湾唐龙艺术经纪公司在中国美术馆举办"台湾李茂宗陶雕创作巡回展"和"倪再沁水墨画展"。

6月24日至9月20日 应台北县莺歌陶瓷博物馆、沈春池文教基金会、台南艺术大学邀请，中华文化联谊会和中国美术馆组派"大陆当代陶艺展"赴台展出。

7月12~22日 中华文化联谊会与陕西省政府在陕西共同举办"情系长安——两岸文化联谊行"大型文化交流活动。

7月23日至8月13日 中华文化联谊会与中国美术馆在北京共同举

办"海峡两岸当代艺术展"。

8月28日至9月6日 应台北听障奥运基金会和沈春池文教基金会邀请，中华文化联谊会组团赴台参加"台北听障奥运文化月"，其中，文化部副部长周和平率访问团于8月27日至9月5日、云南映象艺术团于8月25日至9月1日赴台。

10月2日 中华文化联谊会与福建省广播影视集团共同组派大陆综艺晚会艺术团赴南投县日月潭举办"妈祖之光"大型晚会。

10月13~25日 中华文化联谊会和上海市政府组派上海大型文化团体一行171人赴台北举办"两岸城市艺术节——上海文化周"。

10月19~26日 应台北教育大学人文艺术学院邀请，中华文化联谊会组派大陆文化产业交流访问团张希光等一行7人赴台湾参访交流，并出席"两岸文化创意产业发展研讨会"。

10月26日至11月2日 中华文化联谊会所属北京巨龙文化公司赴台举办"美丽之路——陈思思个人音乐会"。

10月28日至11月2日 中华文化联谊会与福建省政府、厦门市政府等共同主办第二届海峡两岸（厦门）文化产业博览会暨第六届海峡两岸民间艺术节。

11月17~29日 中华文化联谊会邀请台湾国光剧团来大陆演出《金锁记》。

11月5~13日 中华文化联谊会组派中华非物质文化遗产专场演出团一行154人赴台参加第一届两岸非物质文化遗产月系列活动。

11月25日至12月4日 赵少华副部长率团赴台参加中华非物质文化遗产大展和两岸非物质文化遗产论坛在台北的开幕活动。

12月7~16日 应台湾戏曲学院邀请，中华文化联谊会组派中国戏曲学院艺术团赴台交流演出。

12月10~20日 中华非物质文化遗产大展和两岸非物质文化遗产论坛在台中举办。

12月14~23日 应台湾"中国青年大陆研究文教基金会"邀请，中

华文化联谊会和中国宋庆龄基金会共同组派陕西青少年艺术团赴台交流演出。

2010年

3月6~15日 中华文化联谊会与中国美术馆合作在北京举办台湾著名雕塑家杨英风和杨奉琛艺术展。

4月8~18日 应台中县港区文化艺术基金会邀请,中华文化联谊会组派陕西秦腔、河南少林功夫及杭州杂技团一行154人赴台参加台中县举办的第十一届"妈祖观光文化节"。

4月9~16日 中华文化联谊会与福建省广播影视集团共同组派大陆综艺晚会艺术团一行115人赴台中县举办"妈祖之光·世遗之华"大型综艺晚会。

4月22~29日 应台湾沈春池文教基金会邀请,中华文化联谊会组派以文化部港澳台办副主任侯湘华为团长的大陆文化产业交流访问团一行12人赴台参访交流,并为举办两岸文化论坛做前期准备。

4月26日至5月9日 应台北市文化艺术促进协会邀请,中华文化联谊会和陕西省文化厅组派陕西戏曲研究院秦腔艺术团等一行138人赴台举办"陕西民俗艺术节"。

5月3~11日 应台湾传大艺术公司邀请,中华文化联谊会组派"大陆民乐名家音乐会"演出团一行18人赴台演出5场。

5月14~17日 中华文化联谊会与中国艺术研究院、台湾文化总会合作举办首届"两岸汉字艺术节"新闻发布会,台湾文化总会会长刘兆玄等一行49人来京参加。

6月3~7日 应台北教育大学邀请,中华文化联谊会组派大陆文化产业访问团一行13人赴台出席两岸文化创意产业研讨会。

6月10~17日 应台湾"中华海峡两岸客家文经交流协会"、台北县客家事务局、民间全民电视股份有限公司邀请,中华文化联谊会与福建省广播影视集团、龙岩市人民政府共同组派大陆客家综艺演出团一行 94 人赴台在台北县举办"客家之歌·海峡缘 客家欢"大型综艺晚会。

6 月 14~25 日 中华文化联谊会与上海市政府共同主办"两岸城市艺术节——台北文化周"。

6 月 19~22 日 中华文化联谊会与福建省政府等部门共同主办,举办"第三届海峡两岸(厦门)文化产业博览会"。

7 月 10~20 日 中华文化联谊会邀请台湾艺术大学校长黄光男率台湾地区大学院校文化交流访问团一行 22 人来甘肃、新疆访问。

7 月 12~22 日 中华文化联谊会邀请台湾文化行政专业人士交流访问团一行 18 人来北京、上海、成都参访,并观摩上海世博会。

7 月 24 日至 8 月 10 日 中华文化联谊会组派厦门歌仔戏剧团一行 70 人赴台北、台中、高雄演出两岸合作新歌仔戏《蝴蝶之恋》。

8 月 15~24 日 中华文化联谊会与广西壮族自治区政府在广西共同举办"情系八桂——两岸文化联谊行",台湾文化教育界知名人士 101 人参加。

9 月 2~8 日 应台湾沈春池文教基金会邀请,文化部部长蔡武率中华文化联谊会交流访问团一行 44 人赴台访问并举办两岸文化论坛。

9 月 9~20 日 应台湾辜公亮文教基金会邀请,中华文化联谊会与福建省广播影视集团共同组派大陆戏曲艺术家演出团一行 90 人赴台举办"海峡梨园情"中秋戏曲晚会。

9 月 22~19 日 中华文化联谊会、中国艺术研究院、台湾文化总会合作举办首届"两岸汉字艺术节"。

9 月 26 日至 10 月 3 日 应台湾彰化县政府、台湾民间全民电视股份有限公司邀请,中华文化联谊会与福建省广播影视集团共同组派大陆综艺演出团一行 92 人赴台举办"妈祖之光·福航彰化"大型综艺晚会。

10 月 11~20 日 中华文化联谊会邀请朱宗庆打击乐团一行 31 人来北京、西安演出。

10 月 15~19 日 中华文化联谊会与厦门市政府、福建省文化厅在厦

门成功举办第六届"海峡两岸民间艺术节"。

12月16~25日 中华文化联谊会与宋庆龄基金会共同组派广西优秀青少年艺术团一行32人赴台交流演出，该项目是大陆优秀青少年团体台湾校园巡演计划项目之一。

2011年

1月6~12日 中华文化联谊会与徐悲鸿纪念馆在北京保利艺术博物馆共同举办"落笔生花，情牵两岸——王农画马85岁回顾展"。

1月14~23日 应中华文化联谊会邀请，以台湾地区大学院校艺文中心协会理事长、台湾艺术大学校长黄光男为团长的台湾地区大学院校文化交流访问团一行25人来江苏、浙江参访交流。

2月17日至3月30日 应台湾沈春池文教基金会邀请，中华文化联谊会、中国宋庆龄基金会与台北"国父纪念馆"、中国国民党党史馆合作在台北"国父纪念馆"举办"精诚笃爱——孙中山与宋庆龄文物特展"。

2月18~24日 中华文化联谊会与福建省广播影视集团等单位组派大陆综艺演出团一行99人赴台湾，并于2月22日在桃园县成功举办"客家之歌·桃园春风"大型综艺晚会。

3月7日至4月15日 中华文化联谊会与中国美术馆、台湾美术馆在中国美术馆共同举办"复感·动观——2011海峡两岸当代艺术展"。该展于2011年6月9日至9月11日移师台湾美术馆继续展出。

3月17~26日 应台湾沈春池文教基金会邀请，中华文化联谊会组派以中华文化联谊会副会长侯湘华为团长的大陆文化行政专业人士交流访问团等一行19人赴台湾交流。

3月21日至4月3日 中华文化联谊会与中国美术馆在该馆共同举办"八十回眸——刘国松创作大展"。

4月2~13日 中华文化联谊会与福建省广播影视集团等单位合作组派大型艺术团组一行136人赴台交流，于4月7日在台中市大甲体育场举办"妈祖之光·大爱镇澜"大型综艺晚会，于4月11日在新竹市立体育场举办"妈祖之光·福佑新竹"大型综艺晚会。

5月16～31日 中华文化联谊会与广西壮族自治区人民政府、台北市文化艺术促进协会合作，组派以李康副主席为团长的广西少数民族艺术团一行80人赴台成功举办"广西少数民族艺术节"演出、展览活动。

5月31日至6月10日 应沈春池文教基金会邀请，中华文化联谊会会长、文化部副部长赵少华率中华文化联谊会访问团一行13人访台，并出席"山水合璧——黄公望与富春山居图特展"在台北故宫博物院开幕等活动。

6月12～21日 应台湾"中国青年大陆研究文教基金会"的邀请，中华文化联谊会与中国宋庆龄基金会共同组派河南省青少年武术表演交流团闫国祥等32人赴台交流演出，该项目是大陆优秀青少年团体台湾校园巡演计划项目之一。

6月25日至8月31日 中华文化联谊会与上海文化联谊会、上海市海峡两岸交流促进会、台北市文化局等单位合作，组派上海京剧院、上海越剧院、上海评弹团、上海市文化艺术档案馆等单位一行270人，赴台举办"海派文化艺术节·上海戏曲季"大型文化交流活动。

7月3～10日 中华文化联谊会顾问、文化部部长助理高树勋率上海戏曲季交流访问团一行8人应台湾新象文教基金会邀请，赴台访问并参加了"海派文化艺术节·上海戏曲季"开幕系列活动。

7月10～19日 中华文化联谊会与四川省人民政府合作在四川成功举办"情系巴蜀——两岸文化联谊行"大型文化交流活动。

8月1～31日 中华文化联谊会资助台湾戏曲学院民俗技艺系大学生一行13人来中国杂技团随团研习。

8月18日至9月7日 应台湾辜公亮文教基金会邀请，中华文化联谊会与福建省广播影视集团共同组派演出团一行78人，赴台湾参加"海峡梨园情——2011京昆交响音乐会"演出。

8月22～30日 中华文化联谊会与中国美术馆、台湾沈春池文教基

金会、台湾美术院文化艺术基金会共同主办的"开创·交流——台湾美术院院士作品大陆巡回展"在中国美术馆成功举办。

9月6~12日 应台湾沈春池文教基金会邀请，中华文化联谊会顾问、时任文化部副部长欧阳坚率中华文化联谊会交流访问团一行15人赴台交流，并出席第二届"海峡两岸文化创意产业展"开幕活动。

9月8~11日 中华文化联谊会与台湾"商业总会"合作在台湾举办第二届"海峡两岸文化创意产业展"。

9月22~28日 中纪委驻文化部纪检组组长、中华文化联谊会顾问李洪峰率团一行32人赴台参加第二届两岸汉字艺术节开幕式及相关活动。

9月23日至10月24日 中华文化联谊会与中国艺术研究院、台湾"中华文化总会"合作，在台湾举办第二届"两岸汉字艺术节"活动。

10月8~14日 中华文化联谊会邀请朱宗庆打击乐团、台湾豫剧团及春风歌剧团来重庆参加第十二届亚洲艺术节两岸板块演出。

10月29~31日 中华文化联谊会与福建省政府、中华广播影视交流协会、中国出版工作者协会等9家单位在厦门共同主办第四届"海峡两岸（厦门）文化产业博览交易会"。

10月29日至11月1日 中华文化联谊会、厦门市人民政府和福建省文化厅在福建省厦门市举办"2011海峡两岸民间艺术节"。

11月26日至2012年2月20日 中华文化联谊会与湖南省人民政府、台湾沈春池文教基金会共同合作，组派大型展演团一行185人分期、分批赴台参加第二届"守望精神家园——两岸非物质文化遗产月"活动。本届两岸非物质文化遗产月以"楚风湘韵"为主题，重点推出湖南省具有鲜明地域特色的非物质文化遗产，活动主要包括"楚风湘韵——湖南民艺民风民俗特展"、"楚风湘韵——两岸民间乐舞专场演出"及"保护、传承、弘扬——两岸非物质文化遗产论坛"。

（中华文化联谊会）

两岸文化交流与
合作重要文件

Documents Collection

B.21
2005年以来两岸文化交流与合作重要文件选编

中国共产党总书记胡锦涛与
中国国民党主席连战会谈新闻公报
二〇〇五年四月二十九日

应中国共产党中央委员会总书记胡锦涛邀请，中国国民党主席连战率国民党大陆访问团，于二〇〇五年四月二十六日至五月三日访问大陆。这是国共两党一次重要的交流与对话。在两党"正视现实，开创未来"的共同体认下，四月二十九日，胡总书记与连主席在北京举行会谈。双方就促进两岸关系改善和发展的重大问题及两党交往事宜，广泛而深入地交换了意见。这是六十年来国共两党主要领导人首次会谈，具有重大的历史和

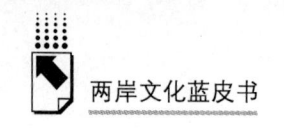

现实意义。四月二十八日，中共中央政治局常委贾庆林会见了国民党访问团全体成员。两党工作机构负责人进行了工作会谈。

基于两党对促进两岸关系和平稳定发展的承诺和对人民利益的关切，胡总书记与连主席决定共同发布"两岸和平发展共同愿景"。全文如下：

五十六年来，两岸在不同的道路上，发展出不同的社会制度与生活方式。十多年前，双方本着善意，在求同存异的基础上，开启协商、对话与民间交流，让两岸关系充满和平的希望与合作的生机。但近年来，两岸互信基础迭遭破坏，两岸关系形势持续恶化。目前两岸关系正处在历史发展的关键点上，两岸不应陷入对抗的恶性循环，而应步入合作的良性循环，共同谋求两岸关系和平稳定发展的机会，互信互助，再造和平双赢的新局面，为中华民族实现光明灿烂的愿景。

两党共同体认到：

——坚持"九二共识"，反对"台独"，谋求台海和平稳定，促进两岸关系发展，维护两岸同胞利益，是两党的共同主张。

——促进两岸同胞的交流与往来，共同发扬中华文化，有助于消弭隔阂，增进互信，累积共识。

——和平与发展是二十一世纪的潮流，两岸关系和平发展符合两岸同胞的共同利益，也符合亚太地区和世界的利益。

两党基于上述体认，共同促进以下工作：

一、促进尽速恢复两岸谈判，共谋两岸人民福祉

促进两岸在"九二共识"的基础上尽速恢复平等协商，就双方共同关心和各自关心的问题进行讨论，推进两岸关系良性健康发展。

二、促进终止敌对状态，达成和平协议

促进正式结束两岸敌对状态，达成和平协议，建构两岸关系和平稳定发展的架构，包括建立军事互信机制，避免两岸军事冲突。

三、促进两岸经济全面交流，建立两岸经济合作机制

促进两岸展开全面的经济合作，建立密切的经贸合作关系，包括全面、直接、双向"三通"，开放海空直航，加强投资与贸易的往来与保

障，进行农渔业合作，解决台湾农产品在大陆的销售问题，改善交流秩序，共同打击犯罪，进而建立稳定的经济合作机制，并促进恢复两岸协商后优先讨论两岸共同市场问题。

四、促进协商台湾民众关心的参与国际活动的问题

促进恢复两岸协商后，讨论台湾民众关心的参与国际活动的问题，包括优先讨论参与世界卫生组织活动的问题。双方共同努力，创造条件，逐步寻求最终解决办法。

五、建立党对党定期沟通平台

建立两党定期沟通平台，包括开展不同层级的党务人员互访，进行有关改善两岸关系议题的研讨，举行有关两岸同胞切身利益议题的磋商，邀请各界人士参加，组织商讨密切两岸交流的措施等。

两党希望，这次访问及会谈的成果，有助于增进两岸同胞的福祉，开辟两岸关系新的前景，开创中华民族的未来。

中国共产党总书记胡锦涛与亲民党主席宋楚瑜会谈公报

（2005 年 5 月 12 日）

亲民党主席宋楚瑜应中国共产党中央委员会总书记胡锦涛的邀请，于 2005 年 5 月 5 日至 13 日率亲民党大陆访问团正式访问大陆。这是中国共产党与亲民党之间首次进行两党交流对话，具有重要意义。5 月 12 日，胡总书记与宋主席在北京举行正式会谈，双方就促进两岸关系改善与发展的重大问题及两党交往事宜，坦诚、深入地交换了意见。5 月 11 日，中共中央政治局常委、书记处书记曾庆红会见了亲民党访问团全体成员。

两党认为，当前两岸关系发展正处于重要关键时刻，两党应共同努力，促进两岸关系的缓和，谋求台海地区和平稳定，增进两岸人民福祉，维护中华民族的整体利益。

一、促进在"九二共识"基础上,尽速恢复两岸平等谈判。

一九九二年两岸达成的共识应受到尊重(一九九二年两会各自口头表述原文:海基会表述——"在海峡两岸共同努力谋求国家统一的过程中,双方虽均坚持一个中国的原则,但对于一个中国的涵义,认知各有不同。";海协表述——"海峡两岸均坚持一个中国的原则,努力谋求国家统一,但在海峡两岸事务性商谈中,不涉及一个中国的政治含义。")。

在前述两岸各自表明均坚持一个中国原则,即"九二共识"("两岸一中")的基础上,尽速恢复两岸平等协商谈判,相互尊重,求同存异,务实解决两岸共同关心的重大议题。

二、坚决反对"台独",共谋台海和平与稳定。

"台独"主张伤害两岸人民情感,不利台湾与大陆发展正常的互利合作关系,更严重破坏台海及亚太地区的安全与稳定。双方对任何推动"正名"、"公投制宪"等破坏台海现状的"台独"活动,均坚决反对。

希望台湾当局领导人切实履行2月24日重申的"四不一没有"的承诺和不通过"宪改"进行"台湾法理独立"的承诺。只要台湾没有朝向"台独"发展的任何可能性,才能有效避免台海军事冲突。

三、推动结束两岸敌对状态,促进建立两岸和平架构。

两岸应通过协商谈判正式结束敌对状态,并期未来达成和平协议,建立两岸军事互信机制,共同维护台海和平与安全,确保两岸关系和平稳定发展。

四、加强两岸经贸交流,促进建立稳定的两岸经贸合作机制。

两岸合则两利,分则两害,通则双赢。双方愿促进加强推动两岸经贸等实质性交流;在互惠合作、创造双赢的基础上,开展两岸关系良性互动。

——积极推动两岸通航。促进以2005年春节包机成功的模式,实现客运包机节日化、常态化,并逐步推动货运便捷化,逐步促成2006年开始全面、直接、双向通航。

——促进实现两岸直接贸易和直接通汇,进一步实现两岸经贸关系正常化。

——促进两岸恢复协商后，就建立两岸贸易便利和自由化（两岸自由贸易区）等长期、稳定的相关机制问题进行磋商。

——加强两岸农业合作，扩大台商在农业领域的投资，增加台湾农产品在大陆的销售。大陆方面提供通关、检验、检疫便利和部分农产品（水果）零关税等优惠待遇，以协助解决台湾水果丰收季节之滞销问题。台湾方面落实农产品（水果）的直接运输。

——促进实现两岸企业双向直接投资。推动两岸银行、保险、证券、运输、医疗等服务业的具体合作。促进两岸展开全面经济交流，进而建立稳定的经贸合作机制。

——促进两岸在互惠互利基础上商谈解决保护台商投资权益的问题；商谈处理避免对台商双重征税的问题。

——扩大两岸民间交往，为两岸人员往来提供便利。大陆方面进一步简化台湾同胞往来大陆的入出境手续。

——大陆方面尽快实施在大陆就读的台湾学生与大陆学生同等收费标准，并争取于年内设立台湾学生奖学金。

——扩大两岸人才交流。大陆方面逐步放宽政策，鼓励和促进台湾同胞在大陆就业。

五、促进协商台湾民众关心的参与国际活动的问题。

促进恢复两岸平等协商后，讨论台湾民众关心的参与国际活动的问题，包括优先讨论参与世界卫生组织（WHO）活动的相关问题。双方共同努力，求同存异，逐步寻求最终解决办法。

六、推动建立"两岸民间菁英论坛"及台商服务机制。

汇集两岸专家学者及各界杰出青年之智慧与经验，筹设"两岸民间菁英论坛"，集思广益，研讨两岸关系发展的各项政策性建议。双方共同推动建立和完善为台商服务的机制。

两党相信，两岸关系和平稳定发展，符合两岸人民的共同利益，也符合亚太地区和全球的利益。两党领导人的会谈成果，将有助于增进彼此互

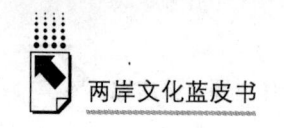

信，对促进两岸关系改善与发展产生重要的积极影响。两党愿为两岸同胞福祉和中华民族整体发展共同努力。

两岸经贸论坛共同建议

（2006年4月15日）

依据2005年4月29日中国共产党中央委员会总书记胡锦涛与中国国民党主席连战会谈新闻公报中关于"建立党对党定期沟通平台"的共识，由中共中央台湾工作办公室海研中心与中国国民党国政研究基金会共同主办，海峡经济科技合作中心与两岸和平发展基金会共同承办的两岸经贸论坛，于2006年4月14日至15日在北京举行。

两岸经贸论坛的举办，是中国共产党与中国国民党继续开展政党交流与对话的一次重要活动。4月14日，中国国民党荣誉主席连战、中共中央政治局常委贾庆林出席论坛开幕式并先后发表演讲。两党人士和两岸企业界人士、专家学者、台商代表等共400余人出席了会议。本届论坛之主题是"两岸经贸交流与直接通航"。与会人士就"在全球化浪潮下，两岸经贸交流对双方经济发展的影响"、"两岸农业交流与合作"、"两岸直航对产业发展策略、企业全球布局的影响"、"两岸观光交流对双方经济发展的影响"、"两岸金融交流与两岸经贸发展"五项议题，进行了广泛而深入的研讨。

会议认为，去年4月，中国共产党中央委员会总书记胡锦涛与中国国民党主席连战就促进两岸关系改善和发展的重大问题深入交换了意见，取得广泛而重要的成果，其中在促进两岸经济全面交流，建立两岸经济合作机制，推动两岸实现全面、直接、双向"三通"，加强两岸农业合作和解决台湾农产品在大陆销售，推动大陆居民赴台旅游等涉及两岸经贸合作方面达成的共识，对于维护两岸同胞的利益和福祉、改善和发展两岸关系、实现两岸双赢和共同繁荣，有着重大意义。论坛积极评价去年以来两党在推动两岸经济关系发展方面所做的各种努力，并就进一步落实两党领导人会谈成果、在新的历史发展机遇面前加强和深化两岸经济交流与合作，提出以下共同建议。

——两岸经济交流与合作，符合两岸同胞的共同利益和期望。面对经济全球化和区域经济整合的各种机遇与挑战，两岸同胞应当在两岸经济关系持续发展之基础上，更加紧密地携起手来，全面深化和扩大经济交流与合作，相互扶持，优势互补，实现两岸共同繁荣，推动两岸关系朝和平稳定的方向发展，造福两岸同胞。

——积极推动两岸直接通航。共同推动两岸民间航空行业组织尽快按既有模式，就两岸货运包机便捷化和客运包机节日化、周末化、常态化的相关问题进行协商，作出安排，尽早实施。为便于包机的协商和实施，可以根据两岸航空业者和市场的需求，务实、灵活处理相关事宜。大陆"海峡两岸航空运输交流委员会"与"台北市航空运输商业同业公会"应尽早就两岸空中通航的航路进行协商，争取建立最为便捷的直达航路。积极推动大陆"海峡两岸航运交流协会"与台湾民间航运行业组织按2005年春节包机澳门协商的模式，就海上直航相关事宜进行沟通，务实推进两岸海上直航的进程。继续扩大福建沿海与金门、马祖海上客货运直航的功能与范围，推动福建沿海与澎湖的直航及两岸贸易货物经金门、马祖、澎湖的中转。

——促进两岸农业交流与合作。两岸农业具有很强的互补性，两岸应结合双方的农业优势，强化研发、技术管理及行销的能力，互惠双赢，扩大两岸农业技术交流与合作的平台。大陆方面将进一步扩大开放台湾部分农产品的准入品种，对其中部分农产品实行关税优惠政策。双方共同努力促成两岸民间团体就有关台湾农产品输入大陆所涉及的原产地认证、检验检疫等技术问题进行协商，并采取措施防止假冒台湾农产品。大陆方面积极提供方便条件，欢迎台湾农民、农业企业到大陆投资、兴业。推动两岸农业组织本着互利互惠的原则，加强经验交流，相互合作，振兴农村经济。呼吁台湾方面同意农产品采直航方式经高雄等港口销往大陆，以争取

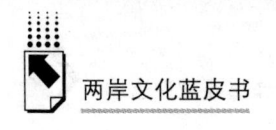

时效，减少损耗。

——加强两岸金融交流，促进两岸经贸发展。鼓励和推动两岸金融行业组织就监管机制的建立开展研讨。鼓励两岸金融行业的业者和组织就双方金融机构相互准入有关业务技术性安排进行进一步研究。鼓励和推动两岸金融业者采取多种形式、通过多种渠道开展人才培训和学术交流，共享经验，共同发展。大陆方面将进一步创造条件，为广大中小台资企业在经营过程中的融资需求提供方便。呼吁台湾方面尽快同意大陆金融机构在台湾设立代表处。

——积极创造条件，鼓励和支持台湾其他服务业进入大陆市场。开展两岸产业合作研究，实现优势互补、互惠互利和共同繁荣。加强两岸在通讯、资讯（信息）领域的交流与合作，共同推动信息产业标准的制定。大陆方面进一步鼓励和支持海峡西岸及其他台商投资相对集中地区与台湾的经济交流与合作。

——积极推动实现大陆居民赴台旅游，促进两岸人员的往来和经济关系发展。开放大陆居民赴台旅游，是海峡两岸同胞和业者多年的期盼，有利于推动台湾地区旅游业及相关服务业的发展与繁荣，有利于稳定和振兴台湾经济。建议大陆方面尽快公布大陆居民赴台湾地区旅游管理措施。呼吁台湾方面参照2005年春节包机澳门协商模式，同意台湾民间旅游行业组织与大陆"海峡两岸旅游交流协会"尽快进行协商，作出安排，建立健康有序的两岸旅游交流合作机制。

——共同探讨构建稳定的两岸经济合作机制，扩大和深化两岸经济交流与合作，促进两岸关系发展，实现共同繁荣。要努力推动两岸经济关系实现正常化、规范化、稳定化，消除在两岸经贸关系中的各种障碍。推动两岸学者专家、工商界人士就更紧密的两岸经贸合作关系、两岸共同市场的相关问题进行探讨。

大会与会人士共同认为，在经贸发展全球化的浪潮下，两岸经贸的进一步推展与合作，必能产生互利互补的效果。因此，除了透过民间力量将大会所做结论认真推动外，并呼吁透过两党沟通平台所建立的机制，将大会结论运用各种管道积极研商付诸实施的办法，同时将建议转达两岸有关方面重视并获得支持。

第三届两岸经贸文化论坛共同建议

（2007 年 4 月 29 日）

依据 2005 年 4 月 29 日中国共产党中央委员会总书记胡锦涛与中国国民党主席连战会谈新闻公报中关于"建立党对党定期沟通平台"的共识，由中共中央台湾工作办公室海研中心与中国国民党国政研究基金会共同主办的第三届两岸经贸文化论坛，于 2007 年 4 月 28 日至 29 日在北京举行。本届论坛之主题是"直航、教育、旅游观光"。4 月 28 日，中共中央总书记胡锦涛和中国国民党荣誉主席连战会见了出席论坛的海峡两岸各界人士，并发表重要讲话。连战和中共中央政治局常委贾庆林出席论坛开幕式并先后发表演讲。国共两党及亲民党、新党、无党团结联盟人士和两岸企业界人士、专家学者、台商代表等共 500 余人出席了会议。

会议认为，国共两党领导人两年前就促进两岸关系改善和发展的重大问题达成的共识，具有重要意义。两年来，国共两党有关方面和两岸各界有识之士本着增进两岸同胞福祉、促进两岸关系和平发展的真诚愿望，为落实两党领导人会谈达成的共识付出了巨大努力，特别是去年 4 月举办的两岸经贸论坛和 10 月举办的两岸农业合作论坛及其系列活动，捐华务实，注重实效，贴近民生，促成解决了一系列台湾民众关心的问题，推动两岸关系向着和平稳定的方向发展。本届论坛在前两届论坛的基础上，紧扣当前两岸同胞关注的直航、教育交流和旅游观光问题深入探讨，集思广益，深化了两党交流与对话，延伸了两岸民间交流平台。为促进两岸直航和大陆居民赴台旅游早日实现，提升两岸教育交流水平，密切两岸同胞交流与往来，厚植共同利益，增进文化认同，融合同胞亲情，论坛提出以下共同建议。

——促进两岸空中直航与航空业交流合作。推动两岸民间航空行业组织，就包机周末化、常态化尽早做出安排。增加包机地点，扩大乘客范围，增加班次密度，相对固定时刻，完善营销方式，以便捷两岸人员往来。在两岸业者包机总班次对等的情况下，允许双方根据实际情况各自指定包机承运人。鼓励两岸民间航空行业组织尽早就建立直达航路事宜进行沟通和落实，尽快实现两岸空中交通管制直接交接。希望台湾方面尽快允许大陆航空公司在台湾设立相应的办事机构或代表处。在条件允许的情况下，两岸航空公司可在对方自办业务。

——推动两岸海上通航和救援合作。推动两岸民间航运行业组织尽早按照既有模式就两岸海上通航相关事宜进行沟通，达成共识，做出安排。台湾方面应本着互惠双赢、互利共享的原则，允许大陆海运企业在台湾设立经营性机构。支持、鼓励两岸民间专业组织在两岸海上搜救、打捞方面开展技术交流与合作。两岸专业救助力量应全力以赴对发生在台湾海峡的自然灾害和海难事故提供紧急救援，共同维护海上人员生命财产与环境安全。

——继续拓展福建沿海与金门、马祖、澎湖直接往来的范围和层次。两岸应采取切实有效措施，推动福建与金、马、澎直接往来朝着积极稳妥、安全顺利、健康有序的方向发展。当前应重点推动扩大两地人员往来和货物贸易的范围。希望台湾方面充分考虑金门、马祖民众的需求，尽快同意金、马与福建沿海建立直达水电供应管路。呼吁两岸有关方面为两岸船公司及其他企业从事福建与金、马、澎直接往来的相关业务提供税收优惠、通关便利等方面的政策支持。

——积极促进两岸教育交流与合作。全面开展两岸幼儿教育、基础教育、职业技术教育、高等教育、继续教育等领域的交流。鼓励、支持两岸校际交流与合作，加大互派讲学、合作研究、研修学习等多层次专业交流力度，推动双方在办学、科研等方面的合作，丰富交流合作的形式与内容。加强两岸学生交流。在教育领域重视两岸血脉相连的史实，加强中华民族历史和文化的传承。大陆方面欢迎台湾大专院校来大陆招生，并为此提供便利。继续扩大台湾学生在大陆就业的渠道。呼吁台湾方面尽早承认大陆学历。

——继续推动实现大陆居民赴台旅游。开放大陆居民赴台旅游惠及两岸同胞，有利于台湾旅游业及相关产业的发展与繁荣，有利于进一步加强两岸人员往来与交流，促进相互了解。支持两岸旅游民间组织在既有协商基础上继续磋商并做出安排，建立健康有序的两岸旅游交流合作机制。呼吁台湾有关方面采取积极、务实态度，以利大陆居民赴台旅游尽早成行。鉴于周末包机方式可节约游客时间与费用，建议大陆居民赴台旅游与包机周末化同步安排、同步实施。两岸并应制订旅游的相关配套措施，包括简化申请手续、相互开放设立旅行社、办理旅游保险等。

——促进两岸关系和平发展。和平与发展是当今世界的潮流。两岸关系和平发展符合两岸同胞的共同利益。反对"台独"活动，维护台海地区和平稳定。促进在"九二共识"基础上尽速恢复两岸平等协商，建构两岸关系和平发展的框架。继续按照"两岸和平发展共同愿景"，推进两岸关系互利双赢。

第四届两岸经贸文化论坛共同建议

（2008年12月21日）

由中共中央台湾工作办公室海峡两岸关系研究中心与中国国民党国政研究基金会共同主办的第四届两岸经贸文化论坛，于2008年12月20日至21日在上海举行。本届论坛以扩大和深化两岸经济交流与合作为主题，与会人士围绕拓展两岸金融及服务业合作、促进两岸双向投资、构建两岸经济交流合作机制三项议题进行了广泛深入研讨。中共中央政治局常委贾庆林和中国国民党主席吴伯雄、荣誉主席连战出席论坛并发表演讲。国共两党有关方面负责人、台湾其他党派负责人、两岸经济界及各界人士、专家学者等共400余人出席。两岸经济和金融主管部门人士作为特邀嘉宾和特邀专家出席了本届论坛。

会议认为，2008年5月以来，两岸关系和平发展出现了历史性机遇，在两岸人民共同期盼与两岸双方努力下，两岸协商得以恢复并取得重要成果，多项便民利民的措施陆续实施。然而两岸事务经纬万端，有待解决的问题众多，轻重缓急各不相同，亟需两岸各界加强对话、密切沟通、凝聚共识。在此新形势下，两岸经贸文化论坛举办的环境比以前更好，所形成的共识比以往更有条件供两岸制定政策参考。论坛应成为两岸各界交流沟通的重要平台，扩大参与，集思广益，务实探讨当前问题，前瞻未来发展契机，创造互信互利条件，为促进两岸关系和平发展作出更大的贡献。

会议认为，两岸经济关系已经发展到了一个新的起点，出现了新契机。同时，国际金融危机不断扩散蔓延，给世界各国和两岸经济及人民生活造成冲击。为抓住机遇，迎接挑战，携手应对国际金融危机，扩大和深化两岸经济交流合作，以促进两岸经济发展，造福两岸同胞，不断开创两岸关系和平发展新局面，与会各界人士经过两天的研讨，提出以下共同建议：

一、积极合作应对国际金融危机的冲击

——加强两岸互惠互利的经济合作，共同探讨应对国际金融危机的方法和途径。采取适当方式，在金融、经济方面加强相互支持，以促进两岸经济金融稳定发展。

——促进两岸加强合作，解决广大中小台资企业的融资问题，支持和帮助台资企业转型升级、持续发展。

二、促进两岸金融合作

——两岸双方应尽快商谈建立银行业、证券业、保险业监管合作机制和货币清算机制，开展两岸证券交易所交流合作，为扩大两岸金融合作创造更好条件。

——加强两岸金融监管机构之间的资讯交流与监管合作，维护两岸金融机构稳定健康运行，增强防范金融风险的能力。

——鼓励和推动两岸金融业者采取多种形式、通过多种渠道开展人才培训和学术交流。

三、相互参与扩大内需及基础建设

为因应全球经济衰退，两岸皆在积极推动扩大内需及加强基础建设相关计划，双方应采取具体作为，支持两岸企业相互参与扩大内需及基础建设，创造新的商机，强化共同应对经济变局的能力。

四、深化两岸产业合作，拓展领域，提高层次

——加强两岸产业界交流和沟通，建立两岸产业优势互补的合作机制，逐渐形成合理的两岸产业分工合作布局。

——加大在资讯、通讯、环保、新能源、生物科技、中草药、航空工业、纺织及纤维、LED 照明、工业设计等领域的合作。

——推动两岸在高科技、基础科学等方面的深入合作，加强两岸共同制订电子信息等产业技术标准的合作，加快科技研发成果产业化进程。

——及早协商建立两岸农产品快速便捷的检验检疫程序，加强两岸检验检疫的技术交流与合作。

——鼓励两岸企业合作开发油气资源。

五、加强两岸服务业合作

——积极创造条件，鼓励和支持台湾服务业进入大陆市场，推动服务业成为两岸经济合作的新热点。

——加强信息服务业、运输物流、商业零售、医疗、会计、管理咨询、职业技术教育、文化创意、电信等多个服务业领域的合作。

——两岸进一步强化健康有序的旅游交流合作机制，共同简化赴台旅游申请流程，循序渐进地积极扩大大陆居民赴台旅游。

六、完善两岸海空直航

——两岸应根据市场需求增长情况，积极考虑增加班次，并尽速就常态包机转为定期航班作出安排，同时就建立更便捷直达航路及航空器安全技术事宜进行沟通和落实。

——尽速推动实现两岸航空公司在对方设立营利机构及办事机构，以扩大业者互利互惠的交流合作。

——两岸海运界加强联系，根据市场需求，合理安排运力，确保两岸海运市场规范有序。双方业务主管部门应采取切实有效措施，充分保障航运公司从事两岸海上直航的各项权益。

七、加强两岸渔业合作

——两岸尽早协商建立渔业劳务合作机制及渔事纠纷处理机制，落实各项管理，保障大陆船员及渔船船主的权益。

——加强两岸渔业资源相关议题的合作交流，共同保护作业渔场的渔业资源，让两岸渔业可以永续发展。

八、加强投资权益保障

——两岸尽快就投资权益保障问题进行商谈并签署协议，建立和完善两岸投资权益保障协调机制。

——两岸尽快就智慧产权保护、避免双重课税、通关便利、标准检测及认证合作等攸关两岸企业利益的议题进行协商。

——大陆方面进一步落实台商投资权益保护的相关法律法规，完善相关工作机制。

九、实现两岸经济关系正常化，推动建立两岸经济合作机制

——加快推动两岸资金、资讯、技术正常流动，实现双向投资。

——台湾方面尽快就大陆企业参与台湾经济建设的方式和领域作出安排，尽快公布大陆企业资金进出、人员往来等配套措施，为大陆企业赴台投资创造必要的条件。

——两岸就市场开放和弱势产业保护问题进行协商，达成共识并作出安排。

——为维护两岸交流秩序，保障两岸同胞权益，推动尽快就共同打击犯罪进行协商。

——为解决两岸经济交流中的问题，扩大两岸经济互利合作，按照先易后难、逐步推进的步骤，推动建立两岸经济合作机制。

第五届两岸经贸文化论坛共同建议

（2009年7月12日）

由中共中央台湾工作办公室海峡两岸关系研究中心与中国国民党国政

研究基金会共同主办的第五届两岸经贸文化论坛，于2009年7月11日至12日在湖南长沙举行。

本届论坛以推进和深化两岸文化教育交流合作为主题。与会人士就中华文化的传承与创新、推进两岸文化产业合作、拓展两岸教育交流合作三项议题进行深入讨论，并举行了两岸经贸合作座谈会。中共中央政治局常委贾庆林和中国国民党主席吴伯雄出席论坛并发表演讲。国共两党有关方面负责人、台湾其他党派、两岸文化界、教育界、经贸界等各界人士、专家学者500余人出席。两岸文化和教育主管部门人士作为特邀嘉宾和特邀专家出席了本届论坛。

会议认为，去年5月以来，两岸关系出现历史性机遇，取得重大积极进展，步入和平发展的正轨，符合两岸人民的共同利益与期盼。在进一步密切两岸经贸关系的同时，积极加强两岸文化教育交流合作，对持续推动两岸关系和平发展具有重要深远意义。悠久灿烂的中华文化是两岸的共同财富，是维系两岸民族感情的重要纽带。新形势下，应全面推进和深化两岸文化教育交流合作，增进两岸对中华文化的认同，缔造中华民族的新时代。与会各界人士经过两天的研讨，提出以下共同建议：

一、加强两岸文化交流合作，共同传承和弘扬中华文化

——不断推进两岸在文化、艺术、宗教及民间信仰等各领域的交流合作。

——加强两岸在文化古迹和非物质文化遗产的保护、传承和利用等方面的交流合作，共同做好文化典籍整理工作，建立维护文化资产的沟通合作平台，切实保护好中华文化瑰宝。

——共同促进中华文化创新，激发创造活力，不断增强中华文化的时代性。

——鼓励两岸各地各有关机构加强文化交流，轮流举办或相互参加各种主题的文化节、艺术节等大型文化交流活动。协助台湾文艺团体参加上海世博会展演。

——支持两岸文化艺术机构、团体、院校和艺术家开展艺术教学、联

合创作、互访巡演及合作演出、商业演出等交流合作。

——鼓励两岸图书馆、美术馆、博物馆、文物保护机构和文化研究机构开展多种形式交流和合作研究、联合办展等活动。

——两岸使用的汉字属于同一系统。客观认识汉字在两岸使用的历史和现状，求同存异，逐步缩小差异，达成更多共识，使两岸民众在学习和使用方面更为便利。鼓励两岸民间合作编纂中华语文工具书。

——支持两岸学者就术语和专有名词规范化、辞典编纂进行合作，推动异读词审音、电脑字库和词库、地名审音定字及繁、简字体转换软件等方面的合作。

——支持制订有利于两岸文化交流的政策，简化相关行政手续，为交流合作营造良好的环境。

——发挥双方的优势，共同推动中华文化同世界各民族文化的对话与交流，促进中华文化在全球传播。

二、深化两岸文化产业合作，增强两岸文化产业的国际竞争力

——积极整合两岸文化产业资源，优化资源配置和布局结构，培育文化市场，共同打造文化产业链，形成产业群。

——深入发掘中华传统文化资源，共同打造具有民族特色、风格、气派和原创性的知名品牌。

——共同加强推进文化与科技融合，发展新兴文化产业，建设现代文化产业体系，促进两岸文化产业发展。

——共同推动制定两岸文化产业标准，加强保护知识产权，建立沟通合作平台，优化两岸文化产业发展条件。

——加强文化创意产业合作。合办两岸文化创意产业博览会。推动成立促进两岸文化创意产业交流合作的权责单位。

——扩大及深化两岸广播电影电视领域的交流合作。在两岸影视剧合拍、影视剧及电视节目之市场准入、影视演职人员交流等方面，积极探讨扩大交流合作。

——建立两岸出版交流机制，积极扩大出版物贸易与版权贸易，加强

出版合作，并共同开拓海外华文出版市场。

三、促进两岸教育交流与合作，提升两岸教育品质

——促进两岸教育发展，在教育中展现中华文化的精神与精髓，加强交流，相互切磋砥砺，培养具有文化内涵的优秀人才。

——发挥两岸各自优势，努力实现教育资源相互开放和共享，并营造有利于两岸学术交流的环境。

——支持两岸各级各类学校深入开展交流合作，构建多种合作平台，通过校际交流合作，共同提高办学水准。推动两岸院校建立学分转换承认及累积机制。

——两岸互认学历有利于推动两岸教育交流与合作向实质性阶段迈进。

——鼓励两岸学生互至对岸学习，并为此创造良好条件。

——加强两岸教师和学生互访、交流。鼓励举办两岸青少年学生大型交流活动，并逐步构建交流平台。

——鼓励两岸相关团体和学校合办以诵读和书写中华经典为主题的中小学生交流活动。

四、共同探讨协商签订两岸文化教育交流协议，建立两岸文化教育合作机制

——支持两岸相关机构和专家学者就协商两岸文化教育交流协议进行研究规划，以利建立两岸文化教育交流合作机制，实现两岸文化教育交流制度化、规范化、长期化。

五、加强两岸新闻交流

——扩大两岸资讯交流，促进尽快实现两岸新闻媒体互设常驻机构，鼓励两岸新闻界加强交流合作。

六、支持台资企业在大陆发展壮大，推动两岸在节能环保和新能源产业领域的合作

——支持台资企业积极因应全球金融环境剧烈变动，进一步运用大陆实施中部崛起等区域发展战略和扩大内需市场的有利时机，结合自身实际

情况，调整发展策略和市场布局，加快转型升级和产业转移步伐，努力实现更好更快发展。

——加强两岸节能环保、新能源产业在技术研发、产品应用、市场推广、双向投资等方面的合作，鼓励两岸企业积极研究、使用和推广节能环保产品和新能源技术，定期召开两岸研讨会，建立沟通平台，推动两岸建设节能、环保社会。

——促进两岸共同研究及合作因应气候变化；进行气象观测及预报技术和资料的交流；共同提高对暴雨、台风等灾害性天气的预报预警水平；针对环保议题，加强交流合作，建立沟通机制。

第六届两岸经贸文化论坛共同建议

（2010年7月11日）

由中共中央台湾工作办公室海峡两岸关系研究中心与中国国民党国政研究基金会共同主办的第六届两岸经贸文化论坛，于2010年7月8日至11日在广东省广州市举行。

本届论坛以"加强新兴产业合作，提升两岸竞争力"为主题。中共中央政治局常委贾庆林和中国国民党荣誉主席吴伯雄出席论坛并致词。两党有关方面负责人、台湾其他党派代表、两岸经济、科技产业以及文教、体育等各界人士和专家学者四百余人出席。两岸有关部门主管人士作为特邀嘉宾和特邀专家出席论坛。与会人士围绕增强两岸经济竞争力这一主题，就加强两岸新能源产业合作、节能环保产业合作及深化两岸经济合作三项议题展开深入讨论，并举行了文化教育专题座谈会。论坛大会召开前，部分与会代表在广州、深圳等地进行了参访座谈。

会议认为，自去年7月第五届两岸经贸文化论坛以来，两岸关系取得新的重要进展，继续保持和平发展良好态势。两岸直接双向"三通"全面实现，共同应对国际金融危机取得积极成效，得到两岸民众的肯定与支持。两岸签署经济合作框架协议，标志着两岸经济关系进入一个新阶段，对两岸经济的未来发展将产生重大和深远影响，开启了两岸交流合作的新时代。

会议认为，面对后国际金融危机时期世界经济和科技发展的新趋势，两岸应把握重要机遇，积极应对挑战，通过全面扩大和深化经济合作，加强文化和教育等各领域的交流合作，共同推进科技进步与创新，共同提升两岸经济的国际竞争力，不断增进两岸民众福祉和同胞感情，维护和扩大中华民族的整体利益。与会各界人士经过充分交流研讨，提出以下共同建议：

1. 积极促进两岸经济合作框架协议及早期收获计划等尽快生效和执行，以利两岸产业和民众尽早受益。及时展开后续商谈并签署相关协议，进一步推动两岸经济关系正常化、机制化进程。

2. 推动两岸新兴产业全面合作。促进两岸新能源、节能环保等新兴产业规划和产业政策的对接；通过规划引导、政策支持、产学研共同参与的项目合作，探索两岸产业合作新模式和新途径，提升合作水平。

3. 扩大两岸产业合作领域。继续实施两岸产业合作搭桥项目，鼓励双向投资，推动产业合作试点项目；深化在纺织、电子、精密机械、石化等领域的合作；加强信息、生技、新能源、节能环保、电动车等新兴领域的合作。

4. 积极发展现代服务业，提升两岸服务业竞争力。在金融服务、农产品物流、网络服务、观光医疗、电信增值服务等领域加强合作，创造两岸服务业新价值，提供更多就业机会，提升人民生活质量。

5. 加强新能源、节能环保产业链优化整合。鼓励两岸企业通过共同投资、研发、生产及开拓市场等形式，提升产业技术和制造能力，降低生产成本，增强产品核心竞争力。

6. 推动两岸科技合作，提高自主创新能力。鼓励两岸共同建立研发中心，建立以企业为主体、产学研相结合的创新机制；鼓励两岸的科技园区、科研机构、高等院校就新能源、节能环保等战略性新兴产业开展合

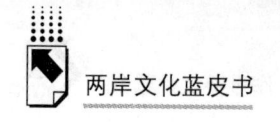

作；深化两岸技术标准合作，建立沟通机制。

7. 协助企业加快转型升级。引导大陆台商利用大陆实施区域发展规划和扩大内需市场的契机，调整发展策略和市场布局；鼓励两岸中小企业发挥优势，加强合作，增强应对市场竞争和适应技术变革的能力。

8. 加强两岸技术、管理人才教育培训的合作。为太阳光电、风力发电、节能环保等产业提供高素质人才，提升两岸新兴产业技术研发与创新能力。

9. 建立两岸新能源、节能环保产业（节能车辆、先进电池、LED 照明、光电产业等）交流合作平台。定期举办新能源、节能环保项目合作交流；扩大知识产权合作，共同推进产业标准的研究与制定，探索联合组建专利数据库或建立专利许可合作机制；加强两岸氢能领域的信息交流与学术研讨；研商两岸企业参与全球碳交易市场机制的可行性；建设以低碳排放为特征的产业体系和消费模式。

10. 推动两岸环境保护和环保产业共同发展。促进两岸在发展循环经济、环境污染防治与生态保护、信息交换、环境监测技术与仪器研制等领域的交流合作。

11. 支持两岸企业共同开拓国际市场。通过定期发布产业、市场信息，促进两岸产业相互了解，掌握国际市场最新动态，加强对两岸出口企业合作的支持力度。

12. 鼓励两岸积极开展应对极端气候的防灾、救灾合作。推动建立气象监测数据、遥感数据的交流平台；开展灾害监测、预警与应急响应的交流合作；通报灾害预警警报，建立定期交流与灾害联防机制；鼓励开展两岸灾害应变及专业救灾人员交流；联合举行应对重大环境威胁的演练；建立重大自然灾害相互救援时的联系协调机制，简化手续，便利两岸专业人员及物资尽速投入救灾。

13. 支持制定扩大两岸文化教育交流的政策，继续加强两岸文教交流，推进交流的制度化、规范化，共同传承和弘扬中华文化。

14. 鼓励两岸就协商文化、教育交流协议进行规划研究，推动商签工作尽快启动。

15. 积极促进两岸在合作编纂中华语文工具书、规范术语和专有名词及建设中华语文云技术数据库方面获得实质进展。

16. 继续鼓励和支持两岸青少年参加形式多样的交流活动。

17. 加快推动两岸学历学位互认,鼓励两岸学生互至对岸学习研修,促进建立两岸高等院校相互招生的联系与协调机制,建立两岸学历学位证件查验及作业平台。

18. 积极促进两岸体育交流合作。加强两岸奥委会、单项协会和各类体育组织及专业人员的交流;继续推动两岸优秀运动员、教练的交流互访和移地训练。

19. 建立出版物交流合作规范,继续扩大出版物贸易和版权贸易。探讨两岸图书批发零售业相关促进政策。

20. 采取具体步骤,推动尽快实现两岸媒体互设常驻机构。支持制定促进新闻交流与媒体合作的政策。营造便捷、良好的采访环境。

21. 完善两岸广播、影视、出版等业界沟通对话机制,鼓励加强两岸文创、数字内容、音乐产业的交流合作,支持制定两岸合作发展文创产业的规划及相关政策,共同开拓海外文化市场。

22. 推动落实两岸知识产权保护合作协议,共同维护两岸文化市场秩序,保障两岸业者权益。

第七届两岸经贸文化论坛共同建议

(2011年5月8日)

由中共中央台湾工作办公室海峡两岸关系研究中心与中国国民党国政研究基金会共同主办的第七届两岸经贸文化论坛,于2011年5月6日至8日在四川省成都市举行。中共中央政治局常委贾庆林和中国国民党荣誉主席吴伯雄出席论坛并致词。国共两党有关方面负责人、台湾其他党派代

表、两岸工商界、产业规划与研究、农产品购销、文化教育界等方面人士和专家学者，以及两岸青年代表出席。两岸有关部门主管人士作为特邀嘉宾和特邀专家出席论坛。

与会人士围绕"深化两岸合作，共创双赢前景"的主题，就大陆"十二五"规划与台湾中长期经济发展构想（黄金十年）、"《海峡两岸经济合作框架协议》（ECFA）实施与促进两岸经济发展"、"两岸文教合作与青年交流"三项议题展开深入讨论。会议认为，自去年第六届两岸经贸文化论坛以来，两岸关系取得新的重要进展，继续保持和平发展的良好趋势。今后一段时期，两岸经济都将进入结构调整与转型期，经济与社会发展面临新的重大机遇。两岸应抓住这一契机，深化经济合作，弘扬中华文化，加强青少年交流，巩固两岸关系和平发展的基础。与会各界人士经过充分交流研讨，提出以下共同建议：

1. 以大陆"十二五"规划与台湾中长期经济发展构想（黄金十年）为契机，积极落实ECFA，扩大两岸经济合作领域，提升合作层次，完善合作机制，促进共同发展和繁荣。

2. 完善具有两岸特色的经济合作机制。确保ECFA早期收获计划顺利、有效实施。考量双方的实际情况，积极推动后续商谈，按照平等互惠、循序渐进的原则，商签包括货物贸易、服务贸易、投资、争端解决等后续协议，逐步实现两岸经济关系正常化、制度化、自由化。

3. 因应经济全球化及区域经济整合持续发展，两岸应继续加强合作，研讨共同参与华人经济区及连接区域经济合作机制的可行性，提升应对国际竞争和抵御外部风险的能力。

4. 加强核电安全交流与合作。支持两会将核电安全纳入商谈议题。推动两岸建立核电安全信息通报机制，加强两岸核电安全专业机构合作，针对核电事故应急管理与安全技术进行深入交流，提高两岸核电安全水平，共同预防核电事故。

5. 深化两岸产业合作。合力建构完整的产业链与价值链，推动创新、品牌、行销、通路等交流合作。加速产业标准合作，发展产品之相互认证机制，共同推进产业标准的研究与制定，共同开发国际市场。推动两岸新兴产业研发合作。加强现代服务业交流合作，探索科技服务业的培育和创新模式。

6. 深化两岸金融业合作。加强两岸金融监管合作，共同维护两岸金融市场稳定。依互利互惠原则，务实推动两岸互设金融机构，积极为双方金融业准入提供便利。推动建立两岸货币清算机制。

7. 鼓励两岸中小企业加强合作。建立两岸中小企业交流合作平台，扩大中小企业参与两岸经贸合作领域，协助中小企业加快转型升级，增强其应对市场竞争和适应技术变革的能力。

8. 深化两岸农业合作交流。鼓励两岸农业界共同推进两岸农业科技经营创新，发展高产、优质、高效、生态、安全农业。共同努力建立畅通、有序、常态的两岸农产品贸易渠道。加强两岸在农业知识产权保护、农产品商标及品种权保护、食品安全、检验检疫等方面的合作，逐步解决两岸农产品贸易的相关问题。

9. 推进两岸双向投资。共同营造有助两岸资源互补、产业合作的投资环境，逐步减少相互投资限制，以利双方企业在两岸进行合理布局，共同开拓全球商机。

10. 尽快商签两岸投保协议。充分发挥既有平台和机制的作用，妥善解决台商关切的问题，切实保障台商合法权益及其人身安全。

11. 加强对大陆台资企业的辅导和扶持。协助台资企业利用大陆转变经济发展方式、扩大内需市场机遇，把握ECFA实施的有利时机，调整发展策略和市场布局，实现转型升级和持续发展。鼓励和支持两岸有关方面举办形式多样的台湾名品展，扩大台资企业产品内需市场的销售通路。支持台湾民众在大陆创业，并提供就业便利。

12. 构建两岸交流合作新平台。鼓励两岸企业共同参与海峡西岸经济区以及重庆两江新区、天津滨海新区等大陆新经济区的开发与合作。

13. 推动建立两岸文化交流与合作的机制。继续创造各种有利条件，逐步扩大两岸文化交流规模，促成文化信息交流管道的多元化，实现两岸

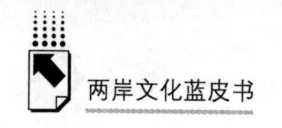

文化交流的制度化与常态化。鼓励两岸民间团体开展文化交流，深化两岸在文化创作、研究、推广等领域的合作。

14. 继续推动两岸文化产业交流与合作。扩大两岸出版物贸易、版权贸易及影视业合作，加强技术合作与项目合作，共同开拓海外华文市场，增强中华文化的国际传播力和影响力。拓展交流合作管道，加强业务往来和沟通协调，并探讨市场准入与通路议题，增强两岸文化产业实力。

15. 落实两岸知识产权保护合作协议。强化协处机制，共同防止抢注及打击仿冒盗版等侵权行为。持续进行业务主管部门人员交流，提升两岸知识产权的创新、运用、管理和保护水平。

16. 加强两岸青年交流。推动两岸青年交流制度化，构建实质交流平台。鼓励两岸学校、青年团体建立联系及交流互访机制。举办两岸青年交流、寒暑假营队活动，促成更多两岸青年参与。

17. 支持两岸青年就业创业与合作交流。鼓励两岸青年就职业生涯规划与提高就业竞争能力相关议题进行交流座谈，加强两岸青年创业团体互访交流，推动两岸大专院校创业竞赛活动与交流，培养两岸青年的创新思维。

18. 深化两岸教育交流与合作。加强以中华传统文化为主题的两岸青少年教育。开展形式多样的合作办学，鼓励两岸互设学生服务机构，促进两岸教育事业共同发展。

19. 针对论坛达成的共同建议，积极推动与落实。

《海峡两岸经济合作框架协议》

（2010年6月29日签署）

2010年6月29日，海峡两岸关系协会会长陈云林与台湾海峡交流基金会董事长江丙坤在重庆签署了《海峡两岸经济合作框架协议》。全文如下：

序　言

海峡两岸关系协会与财团法人海峡交流基金会遵循平等互惠、循序渐进的原则，达成加强海峡两岸经贸关系的意愿；

双方同意，本着世界贸易组织（WTO）基本原则，考虑双方的经济条件，逐步减少或消除彼此间的贸易和投资障碍，创造公平的贸易与投资环境；通过签署《海峡两岸经济合作框架协议》（以下简称本协议），进一步增进双方的贸易与投资关系，建立有利于两岸经济繁荣与发展的合作机制；

经协商，达成协议如下：

第一章　总则

第一条　目标

本协议目标为：

一、加强和增进双方之间的经济、贸易和投资合作。

二、促进双方货物和服务贸易进一步自由化，逐步建立公平、透明、便利的投资及其保障机制。

三、扩大经济合作领域，建立合作机制。

第二条　合作措施

双方同意，考虑双方的经济条件，采取包括但不限于以下措施，加强海峡两岸的经济交流与合作：

一、逐步减少或消除双方之间实质多数货物贸易的关税和非关税壁垒。

二、逐步减少或消除双方之间涵盖众多部门的服务贸易限制性措施。

三、提供投资保护，促进双向投资。

四、促进贸易投资便利化和产业交流与合作。

第二章　贸易与投资

第三条　货物贸易

一、双方同意，在本协议第七条规定的"货物贸易早期收获"基础上，不迟于本协议生效后六个月内就货物贸易协议展开磋商，并尽速完成。

二、货物贸易协议磋商内容包括但不限于：

（一）关税减让或消除模式；

（二）原产地规则；

（三）海关程序；

（四）非关税措施，包括但不限于技术性贸易壁垒（TBT）、卫生与植物卫生措施（SPS）；

（五）贸易救济措施，包括世界贸易组织《关于实施1994年关税与贸易总协定第六条的协定》、《补贴与反补贴措施协定》、《保障措施协定》规定的措施及适用于双方之间货物贸易的双方保障措施。

三、依据本条纳入货物贸易协议的产品应分为立即实现零关税产品、分阶段降税产品、例外或其他产品三类。

四、任何一方均可在货物贸易协议规定的关税减让承诺的基础上自主加速实施降税。

第四条 服务贸易

一、双方同意，在第八条规定的"服务贸易早期收获"基础上，不迟于本协议生效后六个月内就服务贸易协议展开磋商，并尽速完成。

二、服务贸易协议的磋商应致力于：

（一）逐步减少或消除双方之间涵盖众多部门的服务贸易限制性措施；

（二）继续扩展服务贸易的广度与深度；

（三）增进双方在服务贸易领域的合作。

三、任何一方均可在服务贸易协议规定的开放承诺的基础上自主加速开放或消除限制性措施。

第五条 投资

一、双方同意，在本协议生效后六个月内，针对本条第二款所述事项展开磋商，并尽速达成协议。

二、该协议包括但不限于以下事项：

（一）建立投资保障机制；

（二）提高投资相关规定的透明度；

（三）逐步减少双方相互投资的限制；

（四）促进投资便利化。

第三章 经济合作

第六条 经济合作

一、为强化并扩大本协议的效益，双方同意，加强包括但不限于以下合作：

（一）知识产权保护与合作；

（二）金融合作；

（三）贸易促进及贸易便利化；

（四）海关合作；

（五）电子商务合作；

（六）研究双方产业合作布局和重点领域，推动双方重大项目合作，协调解决双方产业合作中出现的问题；

（七）推动双方中小企业合作，提升中小企业竞争力；

（八）推动双方经贸社团互设办事机构。

二、双方应尽速针对本条合作事项的具体计划与内容展开协商。

第四章 早期收获

第七条 货物贸易早期收获

一、为加速实现本协议目标，双方同意对附件一所列产品实施早期收获计划，早期收获计划将于本协议生效后六个月内开始实施。

二、货物贸易早期收获计划的实施应遵循以下规定：

（一）双方应按照附件一列明的早期收获产品及降税安排实施降税；但双方各自对其他所有世界贸易组织成员普遍适用的非临时性进口关税税率较低时，则适用该税率；

（二）本协议附件一所列产品适用附件二所列临时原产地规则。依据该规则被认定为原产于一方的上述产品，另一方在进口时应给予优惠关税待遇；

（三）本协议附件一所列产品适用的临时贸易救济措施，是指本协议第三条第二款第五项所规定的措施，其中双方保障措施列入本协议附件三。

三、自双方根据本协议第三条达成的货物贸易协议生效之日起，本协议附件二中列明的临时原产地规则和本条第二款第三项规定的临时贸易救济措施规则应终止适用。

第八条 服务贸易早期收获

一、为加速实现本协议目标，双方同意对附件四所列服务贸易部门实施早期收获计划，早期收获计划应于本协议生效后尽速实施。

二、服务贸易早期收获计划的实施应遵循下列规定：

（一）一方应按照附件四列明的服务贸易早期收获部门及开放措施，对另一方的服务及服务提供者减少或消除实行的限制性措施；

（二）本协议附件四所列服务贸易部门及开放措施适用附件五规定的服务提供者定义；

（三）自双方根据本协议第四条达成的服务贸易协议生效之日起，本协议附件五规定的服务提供者定义应终止适用；

（四）若因实施服务贸易早期收获计划对一方的服务部门造成实质性负面影响，受影响的一方可要求与另一方磋商，寻求解决方案。

第五章 其他

第九条 例外

本协议的任何规定不得解释为妨碍一方采取或维持与世界贸易组织规则相一致的例外措施。

第十条 争端解决

一、双方应不迟于本协议生效后六个月内就建立适当的争端解决程序展开磋商，并尽速达成协议，以解决任何关于本协议解释、实施和适用的争端。

二、在本条第一款所指的争端解决协议生效前，任何关于本协议解释、实施和适用的争端，应由双方通过协商解决，或由根据本协议第十一条设立的"两岸经济合作委员会"以适当方式加以解决。

第十一条　机构安排

一、双方成立"两岸经济合作委员会"（以下简称委员会）。委员会由双方指定的代表组成，负责处理与本协议相关的事宜，包括但不限于：

（一）完成为落实本协议目标所必需的磋商；

（二）监督并评估本协议的执行；

（三）解释本协议的规定；

（四）通报重要经贸信息；

（五）根据本协议第十条规定，解决任何关于本协议解释、实施和适用的争端。

二、委员会可根据需要设立工作小组，处理特定领域中与本协议相关的事宜，并接受委员会监督。

三、委员会每半年召开一次例会，必要时经双方同意可召开临时会议。

四、与本协议相关的业务事宜由双方业务主管部门指定的联络人负责联络。

第十二条　文书格式

基于本协议所进行的业务联系，应使用双方商定的文书格式。

第十三条　附件及后续协议

本协议的附件及根据本协议签署的后续协议，构成本协议的一部分。

第十四条　修正

本协议修正，应经双方协商同意，并以书面形式确认。

第十五条　生效

本协议签署后，双方应各自完成相关程序并以书面通知另一方。本协议自双方均收到对方通知后次日起生效。

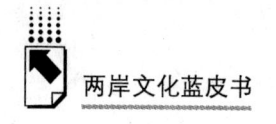

第十六条　终止

一、一方终止本协议应以书面通知另一方。双方应在终止通知发出之日起三十日内开始协商。如协商未能达成一致，则本协议自通知一方发出终止通知之日起第一百八十日终止。

二、本协议终止后三十日内，双方应就因本协议终止而产生的问题展开协商。

本协议于六月二十九日签署，一式四份，双方各执两份。四份文本中对应表述的不同用语所含意义相同，四份文本具有同等效力。

附件一　货物贸易早期收获产品清单及降税安排
附件二　适用于货物贸易早期收获产品的临时原产地规则
附件三　适用于货物贸易早期收获产品的双方保障措施
附件四　服务贸易早期收获部门及开放措施
附件五　适用于服务贸易早期收获部门及开放措施的服务提供者定义

海峡两岸关系协会　　　　财团法人海峡交流基金会
　会长　陈云林　　　　　　董事长　江丙坤

《海峡两岸知识产权保护合作协议》

（2010年6月29日签署）

2010年6月29日，海峡两岸关系协会会长陈云林与台湾海峡交流基金会董事长江丙坤在重庆签署了《海峡两岸知识产权保护合作协议》。全文如下：

为保障海峡两岸人民权益，促进两岸经济、科技与文化发展，海峡两岸关系协会与财团法人海峡交流基金会就两岸知识产权（智慧财产权）保护合作事宜，经平等协商，达成协议如下：

一、合作目标

双方同意本着平等互惠原则，加强专利、商标、著作权及植物新品种权（植物品种权）（以下简称品种权）等两岸知识产权（智慧财产权）保护方面的交流与合作，协商解决相关问题，提升两岸知识产权（智慧财产权）的创新、应用、管理及保护。

二、优先权利

双方同意依各自规定，确认对方专利、商标及品种权第一次申请日的效力，并积极推动作出相应安排，保障两岸人民的优先权权益。

三、保护品种

双方同意在各自公告的植物品种保护名录（植物种类）范围内受理对方品种权的申请，并就扩大植物品种保护名录（可申请品种权之植物种类）进行协商。

四、审查合作

双方同意推动相互利用专利检索与审查结果、品种权审查和测试等合作及协商。

五、业界合作

双方同意促进两岸专利、商标等业界合作，提供有效、便捷服务。

六、认证服务

双方同意为促进两岸著作权贸易，建立著作权认证合作机制，于一方音像（影音）制品于他方出版时，得由一方指定之相关协会或团体办理著作权认证，并就建立图书、软件（电脑程式）等其他作品、制品认证制度交换意见。

七、协处机制

双方同意建立执法协处机制，依各自规定妥善处理下列知识产权（智慧财产权）保护事宜：

（一）打击盗版及仿冒，特别是查处经由网络（网路）提供或帮助提供盗版图书、音像（影音）及软件（电脑程式）等侵权网站，以及在市场流通的盗版及仿冒品；

（二）保护驰名（著名）商标、地理标志或著名产地名称，共同防止恶意抢注行为，并保障权利人行使申请撤销被抢注驰名（著名）商标、

地理标志或著名产地名称的权利；

（三）强化水果及其他农产品虚伪产地标识（示）之市场监管及查处措施；

（四）其他知识产权（智慧财产权）保护事宜。

在处理上述权益保护事宜时，双方可相互提供必要的资讯，并通报处理结果。

八、业务交流

双方同意开展知识产权（智慧财产权）业务交流与合作事项如下：

（一）推动业务主管部门人员进行工作会晤、考察参访、经验和技术交流、举办研讨会等，开展相关业务培训；

（二）交换制度规范、数据文献资料（资料库）及其他相关资讯；

（三）推动相关文件电子交换合作；

（四）促进著作权集体管理组织交流与合作；

（五）加强对相关企业、代理人及公众的宣导；

（六）双方同意之其他合作事项。

九、工作规划

双方同意分别设置专利、商标、著作权及品种权等工作组，负责商定具体工作规划及方案。

十、保密义务

双方同意对于在执行本协议相关活动中所获资讯予以保密。但依请求目的使用者，不在此限。

十一、限制用途

双方同意仅依请求目的使用对方提供之资料。但双方另有约定者，不在此限。

十二、文书格式

双方同意交换、通报、查询资讯及日常业务联系等，使用商定的文书格式。

十三、联系主体

本协议议定事项，由双方业务主管部门指定的联络人相互联系实施。

必要时，经双方同意得指定其他单位进行联系。

本协议其他相关事宜，由海峡两岸关系协会与财团法人海峡交流基金会联系。

十四、协议履行与变更

双方应遵守协议。

本协议变更，应经双方协商同意，并以书面形式确认。

十五、争议解决

因适用本协议所生争议，双方应尽速协商解决。

十六、未尽事宜

本协议如有未尽事宜，双方得以适当方式另行商定。

十七、签署生效

本协议签署后，双方应各自完成相关程序并以书面通知对方。本协议自双方均收到对方通知后次日起生效。

本协议于六月二十九日签署，一式四份，双方各执两份。

海峡两岸关系协会　　　　财团法人海峡交流基金会
　会长　陈云林　　　　　　　董事长　江丙坤

B.22 后　记

《两岸文化产业合作发展报告（2012）》是由上海交通大学"文化部两岸文化研究基地"主持编撰的专题性研究报告。

两岸人民同属中华民族，两岸文化同根同源。实现中华民族的伟大复兴和实现中华文化的伟大复兴，是两岸和平发展的共同目标。推进两岸文化产业合作发展，提高中华文化国际竞争力是两岸共同愿望。反映两岸文化产业合作发展形势，研究两岸文化产业合作发展政策，揭示两岸文化产业合作发展趋势，提供两岸文化产业合作发展交流平台，促进两岸文化产业共同繁荣发展是本报告的宗旨。

为能切实反映两岸文化产业合作发展的现实和现状，包括理论、实践和政策三个方面，本报告充分联络两岸有关部门和有关方面，邀请专家学者、业界和官员，共同参与这项对于两岸文化产业合作发展来说具有重大意义的事业。本报告中，有关台湾文化创意产业发展概况的报告，是由台北教育大学的专家完成的；2010年，两岸有关方面在台湾联合主办"两岸文化论坛"，来自两岸文化行政主管部门的官员在这一论坛上分别阐述了双方就共同推进两岸文化产业合作发展主张和建议，本报告选择了其中具有代表性的几篇讲话和发言编为一组发表，以便让两岸的社会各界更好地了解双方共同点与分歧所在，这对凝聚共识是有益的，从而使本报告真正为促进两岸文化产业合作发展提供一个信息交流、政策研讨、凝聚共识的公共平台。因此，在坚持一个中国的原则下，我们尊重两岸现阶段在语言表述上的一些特点，以体现本报告的学术性。

后 记

　　本报告是研究两岸文化产业合作发展的开放性平台,凡是关注两岸文化产业合作发展的各界人士,都可以在本报告中发表真知灼见。

　　来稿请寄:上海市华山路1954号上海交通大学国家文化产业创新与发展研究基地《两岸文化产业合作发展报告》编辑部收,邮政编码:200030

皮书数据库

权威报告　热点资讯　海量资料

当代中国与世界发展的高端智库平台

皮书数据库 www.pishu.com.cn

　　皮书数据库是专业的社会科学综合学术资源总库，以大型连续性图书皮书系列为基础，整合国内外其他相关资讯构建而成。包含七大子库，涵盖两百多个主题，囊括了十几年间中国与世界经济社会发展报告，覆盖经济、社会、政治、文化、教育、国际问题等多个领域。

　　皮书数据库以篇章为基本单位，方便用户对皮书内容的阅读需求。用户可进行全文检索，也可对文献题目、内容提要、作者名称、作者单位、关键字等基本信息进行检索，还可对检索到的篇章再作二次筛选，进行在线阅读或下载阅读。智能多维度导航，可使用户根据自己熟知的分类标准进行分类导航筛选，使查找和检索更高效、便捷。

　　权威的研究报告，独特的调研数据，前沿的热点资讯，皮书数据库已发展成为国内最具影响力的关于中国与世界现实问题研究的成果库和资讯库。

皮书俱乐部会员服务指南

1. 谁能成为皮书俱乐部会员？

● 皮书作者自动成为皮书俱乐部会员；

● 购买皮书产品（纸质图书、电子书、皮书数据库充值卡）的个人用户。

2. 会员可享受的增值服务：

● 免费获赠该纸质图书的电子书；

● 免费获赠皮书数据库100元充值卡；

● 免费定期获赠皮书电子期刊；

● 优先参与各类皮书学术活动；

● 优先享受皮书产品的最新优惠。

卡号：9451321560606921
密码：

（本卡为图书内容的一部分，不购书刮卡，视为盗书）

3. 如何享受皮书俱乐部会员服务？

（1）如何免费获得整本电子书？

　　购买纸质图书后，将购书信息特别是书后附赠的卡号和密码通过邮件形式发送到pishu@188.com，我们将验证您的信息，通过验证并成功注册后即可获得该本皮书的电子书。

（2）如何获赠皮书数据库100元充值卡？

　　第1步：刮开附赠卡的密码涂层（左下）；

　　第2步：登录皮书数据库网站（www.pishu.com.cn），注册成为皮书数据库用户，注册时请提供您的真实信息，以便您获得皮书俱乐部会员服务；

　　第3步：注册成功后登录，点击进入"会员中心"；

　　第4步：点击"在线充值"，输入正确的卡号和密码即可使用。

皮书俱乐部会员可享受社会科学文献出版社其他相关免费增值服务
您有任何疑问，均可拨打服务电话：010-59367227　QQ:1924151860
欢迎登录社会科学文献出版社官网（www.ssap.com.cn）和中国皮书网（www.pishu.cn）了解更多信息

社会科学文献出版社　皮书系列

"皮书"起源于十七八世纪的英国，主要指官方或社会组织正式发表的重要文件或报告，并多以白皮书命名。在中国，"皮书"这一概念被社会广泛接受，并被成功运作、发展成为一种全新的出版形态，则源于中国社会科学院社会科学文献出版社。

皮书是对中国与世界发展状况和热点问题进行年度监测，以专家和学术的视角，针对某一领域或区域现状与发展态势展开分析和预测，具备权威性、前沿性、原创性、实证性、时效性等特点的连续性公开出版物，由一系列权威研究报告组成。皮书系列是社会科学文献出版社编辑出版的蓝皮书、绿皮书、黄皮书等的统称。

皮书系列的作者以中国社会科学院、著名高校、地方社会科学院的研究人员为主，多为国内一流研究机构的权威专家学者，他们的看法和观点代表了学界对中国与世界的现实和未来最高水平的解读与分析。

自20世纪90年代末推出以经济蓝皮书为开端的皮书系列以来，至今已出版皮书近800部，内容涵盖经济、社会、政法、文化传媒、行业、地方发展、国际形势等领域。皮书系列已成为社会科学文献出版社的著名图书品牌和中国社会科学院的知名学术品牌。

皮书系列在数字出版和国际出版方面也是成就斐然。皮书数据库被评为"2008～2009年度数字出版知名品牌"；经济蓝皮书、社会蓝皮书等十几种皮书每年还由国外知名学术出版机构出版英文版、俄文版、韩文版和日文版，面向全球发行。

经济蓝皮书 BLUE BOOK OF CHINA'S ECONOMY	社会蓝皮书 BLUE BOOK OF CHINA'S SOCIETY	文化蓝皮书 BLUE BOOK OF CHINA'S CULTURE
金融蓝皮书 BLUE BOOK OF FINANCE	法治蓝皮书 BLUE BOOK OF RULE OF LAW	欧洲蓝皮书 BLUE BOOK OF EUROPE
气候变化绿皮书 GREEN BOOK ON CLIMATE CHANGE	西部蓝皮书 BLUE BOOK OF WESTERN REGION OF CHINA	世界经济黄皮书 YELLOW BOOK OF WORLD ECONOMY
SSAP THE CHINESE ACADEMY OF SOCIAL SCIENCES YEARBOOKS ECONOMY	SSAP THE CHINESE ACADEMY OF SOCIAL SCIENCES YEARBOOKS SOCIETY	SSAP THE CHINESE ACADEMY OF SOCIAL SCIENCES YEARBOOKS POPULATION AND LABOR

法律声明

"皮书系列"（含蓝皮书、绿皮书、黄皮书）由社会科学文献出版社最早使用并对外推广，现已成为中国图书市场上流行的品牌，是社会科学文献出版社的品牌图书。社会科学文献出版社拥有该系列图书的专有出版权和网络传播权，其LOGO（ ）与"经济蓝皮书"、"社会蓝皮书"等皮书名称已在中华人民共和国工商行政管理总局商标局登记注册，社会科学文献出版社合法拥有其商标专用权。

未经社会科学文献出版社的授权和许可，任何复制、模仿或以其他方式侵害"皮书系列"和（ ）、"经济蓝皮书"、"社会蓝皮书"等皮书名称商标专用权的行为均属于侵权行为，社会科学文献出版社将采取法律手段追究其法律责任，维护合法权益。

欢迎社会各界人士对侵犯社会科学文献出版社上述权利的违法行为进行举报。电话：010-59367121，电子邮箱：fawubu@ssap.cn。

社会科学文献出版社